Fazenda Pública e Execução

Marco Aurélio Ventura Peixoto

Renata Cortez Vieira Peixoto

Fazenda Pública e Execução

2018

EDITORA *Jus*PODIVM

www.editorajuspodivm.com.br

EDITORA
*Jus*PODIVM
www.editorajuspodivm.com.br

Rua Mato Grosso, 164, Ed. Marfina, 1º Andar – Pituba, CEP: 41830-151 – Salvador – Bahia
Tel: (71) 3045.9051
• Contato: https://www.editorajuspodivm.com.br/sac

Capa: Ana Caquetti

C377f Peixoto, Marco Aurélio Ventura.
Fazenda Pública e Execução / Marco Aurélio Ventura Peixoto; Renata Cortez Vieira Peixoto. – Salvador : Juspodivm, 2017.
224 p.

Bibliografia.
ISBN 978-85-442-1793-1

1. Fazenda Pública e Execução. I. Direito, Peixoto II. Renata. III. Título.

CDD 340.

1.ª ed., *2.ª tir.:* jul./2018.

A José Guilherme e Laura,
razões de cada ponta
de nossos sorrisos diários.

Agradecimentos

A Deus, por ser a fonte inspiradora de todas as horas.

Aos nossos pais, Sônia (*in memoriam*) e Marinaldo, Eliene e Carlos, por nossa formação e por todo zelo e cuidado que sempre tiveram para conosco.

Aos nossos irmãos e cunhados, Renata e John, Carlos e Eide, pela torcida e compreensão de sempre.

À Advocacia-Geral da União e ao Tribunal de Justiça de Pernambuco, por nos permitirem a junção da teoria com a prática.

Ao Centro Universitário Estácio do Recife e ao Centro Universitário Maurício de Nassau, pela irrestrita confiança nesses mais de dez anos de ensino.

À Associação Norte-Nordeste de Professores de Processo, em especial aos Presidentes Fredie Didier Júnior e Leonardo Carneiro da Cunha, por tantas portas que nos foram abertas.

Aos amigos – professores ou não –, pelos conselhos, lealdade e solidariedade.

Aos alunos e ex-alunos, por representarem o combustível de nossa atividade acadêmica.

Prefácio

Quem examina mais superficialmente o CPC-2015 pode considerar que a disciplina da execução contra a Fazenda Pública não sofreu grande mudança. Essa impressão certamente decorre de uma espécie de *tropismo intelectual*, que nos faz *apenas* pensar na execução pecuniária contra o Poder Público – por estar regulada pela Constituição da República, o campo de atuação do CPC é necessariamente menor nesse tema.

Já me disseram, em mais de uma oportunidade, ainda, que a parte sobre execução foi a que menos mudou em relação ao Código passado.

Marco Aurélio e Renata nos mostram o equívoco dessa percepção.

Não apenas porque pode haver execução contra o Poder Público para a efetivação de prestações distintas da pecuniária (fazer, não fazer e dar coisa distinta de dinheiro). A cláusula geral executiva do art. 139, IV, e a cláusula geral de negociação processual do art. 190 têm óbvia incidência no processo de execução e desafiam a inteligência dos processualistas, chamados a compreender de que modo essa incidência se dá quando a Fazenda Pública está envolvida.

Este livro tem a coragem de apresentar algumas propostas de solução. Temas difíceis são enfrentados com descortino. Este livro aumenta a já imensa contribuição que a processualística nordestina já deu ao estudo do processo civil para os entes públicos. Apenas isso já seria motivo para, com grande honra, elaborar este prefácio. Mas há um outro: de um certo modo, sem saber e possivelmente em coautoria, posso ter agido como um Deus, Cupido. O livro é, também, prova de que a seta acertou o alvo.

Parabéns aos autores e à Editora.

Salvador, em junho de 2017.

Fredie Didier Jr.

Sumário

Capítulo 1

Considerações Iniciais

Analisando-se as prerrogativas processuais inerentes à atuação da Fazenda Pública em juízo, destaca-se o regime próprio das execuções para pagamento de quantia certa contra os entes que a compõem.

Tal regime se justifica, tendo em conta as particularidades que envolvem as pessoas jurídicas de direito público, que não suportariam se submeter ao mesmo procedimento aplicável às execuções comuns.

Caracterizando-se a execução, basicamente, pela invasão legítima e forçada sobre o patrimônio do devedor, a fim de lhe retirar bens com o objetivo de fazer valer um direito pré-afirmado em título judicial ou extrajudicial, por inúmeras razões – mas notadamente por serem públicos os bens que compõem o acervo patrimonial da Fazenda Pública – não se poderia cogitar de sua livre apreensão, penhora e expropriação, com vistas à satisfação indiscriminada de seus credores.

Estão instalados nos bens pertencentes à Fazenda Pública não apenas os órgãos públicos em que funcionam Ministérios ou Secretarias, mas também escolas, creches, postos de saúde, hospitais, delegacias, dentre outros, de modo que a própria continuidade dos serviços públicos disponibilizados à população restaria ameaçada caso houvesse a sujeição ao rito comum das execuções.

De todo modo, ainda que se considere o interesse público como elemento justificador de um regime diferenciado para as execuções contra a Fazenda Pública, não há como se ignorar as críticas advindas dos mais diversos setores em relação a tal prerrogativa.

A maioria das críticas reside exatamente no regime de pagamento dos débitos judiciais da Fazenda Pública, feito mediante precatórios, conforme prescrição do art. 100 da Constituição Federal, e que gera, não raras vezes, um atraso ainda maior na efetiva prestação jurisdicional. Credores ficam, em algumas situações, anos esperando pelo cumprimento de algo que o Poder Judiciário já lhe assegurou na demanda em fase cognitiva.

A execução contra a Fazenda Pública, prevista no Código de Processo Civil de 1973 em seus arts. 730 e 731, não restou esquecida no Novo Código de Processo Civil (Lei n. 13.105, de 16 de março de 2015).

Em tal lei, dita espécie de execução continua com regime próprio e diferenciado, mas há algumas modificações pontuais importantes, notadamente no tocante à efetivação dos títulos judiciais, que não mais se fará por meio de processo autônomo, mas mediante cumprimento de sentença, como etapa posterior ao término da fase de conhecimento.

Buscar-se-á, portanto, no livro presente, discorrer sobre os aspectos atinentes ao cumprimento de sentença contra a Fazenda Pública, discutindo-se as questões doutrinárias e jurisprudenciais relevantes sobre o tema e, fundamentalmente, analisando-se o cenário que se desenha com a entrada em vigor do novo Código de Processo Civil.

Posteriormente, tratar-se-á da sistemática estabelecida para as execuções de títulos extrajudiciais contra a Fazenda, contida no art. 910 do Código de Processo Civil, esta sim revelada por meio de um processo autônomo, cuja defesa haverá de se fazer por meio de embargos à execução.

Embora não seja objeto específico do presente livro realizar uma análise aprofundada da Lei de Execução Fiscal, afigura-se relevante discorrer sobre os principais impactos do Código de Processo Civil de 2015 na Lei 6.830/80.

Serão também abordados outros temas que se relacionam à execução e que afetam a Fazenda Pública: a autocomposição, os negócios processuais, o incidente de desconsideração da personalidade jurídica e a sistemática de precedentes, que sofreram modificações importantes com o advento do CPC/2015.

Capítulo 2

Conceito de Fazenda Pública

A expressão Fazenda Pública é utilizada para designar as pessoas jurídicas de direito público que figurem em ações judiciais, mesmo que a demanda não verse sobre matéria estritamente fiscal ou financeira[1].

A relevância do estudo da atuação da Fazenda Pública em juízo é de tamanha ordem, que se chega a afirmar que exista um chamado Direito Processual da Fazenda Pública, ou Direito Processual Público[2].

Não há dúvidas de que a expressão Fazenda Pública compreende: a) os entes da Administração Pública direta: União, Estados, Distrito Federal e Municípios; b) e, bem assim, as autarquias e as fundações de direito público[3], que compõem a Administração Pública Indireta. Incorreto, contudo, seria afirmar que todos os entes que integram a Administração Pública indireta inserem-se no conceito de Fazenda Pública[4].

Isto porque, no que concerne às empresas públicas e às sociedades de economia mista, embora também façam parte do conceito de Adminis-

1. CUNHA, Leonardo José Carneiro da. **A Fazenda Pública em juízo.** 13. Ed. Rio de Janeiro: Forense, 2016, p. 6.
2. RODRIGUES, Marco Antonio. **A Fazenda Pública no processo civil**. 2. Ed. São Paulo: Atlas, 2016, p. 1.
3. ASSIS, Araken de. **Manual da execução.** São Paulo: Revista dos Tribunais, 2013, p. 1101.
4. PEIXOTO, Marco Aurélio Ventura. A Fazenda Pública no Novo Código de Processo Civil. In ADONIAS, Antonio; DIDIER JR., Fredie (coordenadores). **Projeto do Novo Código de Processo Civil – 2ª série. Estudos em homenagem a José Joaquim Calmon de Passos.** Salvador: Ed. Jus Podivm, 2012, p.. 510

tração Pública indireta, como regra, por explorarem atividade econômica de produção ou comercialização de bens ou de prestação de serviços, estão sujeitas ao regime próprio das empresas privadas, nos termos do art. 173, §1º, II da Constituição, razão pela qual, quando devedoras, são executadas conforme as regras comuns previstas no CPC.

No entanto, relativamente às empresas públicas, se forem instituídas para fins de prestação de serviços públicos de competência dos entes da Administração Pública direta, haverá submissão ao regime executivo especial, porquanto tais entidades, nesse caso, são equiparadas à Fazenda Pública[5]. Essa é, inclusive, a orientação do Superior Tribunal de Justiça sobre a matéria[6][7].

No que concerne às sociedades de economia mista, o posicionamento do Superior Tribunal de Justiça é mais restrito: ainda que tais pessoas jurídicas prestem serviço público, submetem-se ao regime das execuções contra os devedores em geral, incidindo, entrementes, a impenhorabilidade no que concerne aos bens que estejam diretamente ligados à consecução dos serviços de natureza pública[8][9].

---

5. THEODORO JÚNIOR, Humberto. **Curso de Direito Processual Civil: processo de execução e cumprimento de sentença, processo cautelar e tutela de urgência**. Vol. II. Rio de Janeiro: Forense, 2013, p. 397.
6. "(...) A empresa pública, desde que prestadora de serviços públicos, goza dos privilégios inerentes à Fazenda Pública, de modo que a execução proposta contra essa empresa deve seguir o rito previsto nos arts. 730 e seguintes do CPC (...)". (STJ, AgRg no AREsp 234.159/RJ, Rel. Ministro CASTRO MEIRA, SEGUNDA TURMA, julgado em 07/05/2013, DJe 16/05/2013)
7. "(...) 2. A EMOP é uma empresa pública, criada pelo Poder Público, vinculada à Secretaria de Estado de Desenvolvimento Urbano e Regional (Decreto Estadual 15.122/1990), que presta, exclusivamente, serviços públicos para o Estado do Rio de Janeiro e, diga-se de passagem, serviços de interesse público primário. Assim, cabe, de fato, equipará-la à Fazenda Pública, possibilitando a execução por meio de precatório, pois tal empresa distingue-se das demais empresas públicas que, em geral, exercem atividades econômicas. 3. "As empresas públicas, quando prestadoras de serviços públicos de prestação obrigatória pelo Estado, devem ser processadas pelo rito do art. 730 do CPC, inclusive com a expedição de precatório (...)" (grifo nosso) (STJ, Esp 729.807/RJ, Rel. Ministro MAURO CAMPBELL MARQUES, SEGUNDA TURMA, julgado em 03/11/2009, DJe 13/11/2009)
8. PROCESSUAL CIVIL. PENHORA. BENS DE SOCIEDADE DE ECONOMIA MISTA. POSSIBILIDADE. 1. A sociedade de economia mista, posto consubstanciar personalidade jurídica de direito privado, sujeita-se, na cobrança de seus débitos ao regime comum das sociedades em geral, nada importando o fato de prestarem serviço público, desde que a execução da função não reste comprometida pela constrição. Precedentes. 2. Recurso Especial desprovido (REsp 521.047/SP, Rel. Ministro Luiz Fux, Primeira Turma, julgado em 20/11/2003, DJ 16/2/2004 p. 214).
9. PROCESSO CIVIL. EXECUÇÃO DE TÍTULO EXTRAJUDICIAL. PENHORA EM BENS DE SOCIEDADE DE ECONOMIA MISTA QUE PRESTA SERVIÇO PÚBLICO. A sociedade de economia mista tem personalidade jurídica de direito privado e está sujeita, quanto à cobrança de seus débitos, ao regime comum das sociedades em geral, nada importando o fato de que preste serviço público; só não lhe podem ser

No Supremo Tribunal Federal, em princípio, considera-se que as prerrogativas da Fazenda Pública não se estendem às empresas públicas e às sociedades de economia mista, a não ser que comprovem não exercer atividade econômica[10], mas sim serviço público próprio do Estado.

É o caso da Empresa Brasileira de Correios e Telégrafos que, segundo o STF, "é prestadora de serviço público de prestação obrigatória e exclusiva do Estado"[11], razão pela qual possui todas as prerrogativas processuais estabelecidas em prol das pessoas jurídicas de direito público, inclusive a impenhorabilidade de seus bens, rendas e serviços, conforme já decidido pelo pleno da referida Corte Superior[12].

Tomando-se por base o critério de *não exercer atividade econômica* para que se possa compreender uma entidade como beneficiária das prerrogativas da Fazenda Pública, deve-se consignar, nesse ponto, que há quem entenda que se uma autarquia, por exemplo, explorar atividade essencialmente privada não poderá dispor de tais benesses processuais, inclusive o regime do art. 100 da Constituição da República. Há precedente do STJ nesse sentido, inclusive[13].

No Supremo, não há decisões nesse teor. Todos os julgados que excluem a sistemática dos precatórios e, consequentemente, o regime executivo especial previsto na Constituição e no CPC para a Fazenda Pública referem-se a empresas públicas ou a sociedades de economia mista que exploram atividade econômica, nos moldes do já citado art.

---

penhorados bens que estejam diretamente comprometidos com a prestação do serviço público. Recurso especial conhecido e provido (REsp 176.078/SP, Rel. Ministro Ari Pargendler, Segunda Turma, julgado em 15/12/1998, DJ 8/3/1999 p. 200).

10. "A jurisprudência da Corte é firme no sentido de que as prerrogativas processuais da fazenda pública não são extensíveis às empresas públicas ou às sociedades de economia mista". (ARE 700429 AgR, Relator(a): Min. DIAS TOFFOLI, Primeira Turma, julgado em 21/10/2014, ACÓRDÃO ELETRÔNICO DJe-224 DIVULG 13-11-2014 PUBLIC 14-11-2014)

11. RE 424227, Relator(a): Min. CARLOS VELLOSO, Segunda Turma, julgado em 24/08/2004, DJ 10-09-2004 PP-00067 EMENT VOL-02163-05 PP-00971 RTJ VOL 00192-01 PP-00375

12. RE 220906, Relator(a): Min. MAURÍCIO CORRÊA, Tribunal Pleno, julgado em 16/11/2000, DJ 14-11-2002 PP-00015 EMENT VOL-02091-03 PP-00430.

13. "O rito previsto pelos artigos 730 e seguintes do Código de Processo Civil, aplicável à execução de quantia certa contra a Fazenda Pública, não é aplicável ao ente que, a despeito de formalmente ser considerado uma autarquia, na realidade, em razão de explorar atividade econômica, mediante fomento de setores da economia, se reveste de natureza de empresa pública, como sucede *in casu*". (REsp 579.819/RS, Rel. Ministro MASSAMI UYEDA, TERCEIRA TURMA, julgado em 04/08/2009, DJe 15/09/2009) (Grifo nosso).

173, §1º da Constituição. Nada há sobre autarquia que eventualmente exerça atividade própria das empresas privadas.

Por uma questão de coerência, entrementes, não há como pensar de forma diversa. Se as empresas públicas e sociedades de economia mista, quando exercem serviço essencialmente público, devem ser equiparadas à Fazenda Pública para que possam dispor de determinadas prerrogativas processuais, tais como a impenhorabilidade de bens, o contrário também deve ser admitido: se uma autarquia ou fundação se dedicar a uma atividade privada, deverá ser excluída do conceito de Fazenda Pública e, por conseguinte, será executada na forma comum prevista na lei processual.

Importante destacar que as agências executivas e reguladoras, por terem natureza jurídica de autarquias especiais, são consideradas pessoas jurídicas de direito público, integrando, portanto, o conceito de Fazenda Pública. Da mesma forma, os consórcios públicos que sejam constituídos sob a forma de associações públicas[14].

O Código de Processo Civil/2015, como já ocorria com o anterior, faz referência à Fazenda Pública em inúmeros dispositivos, inclusive nos arts. 534 e 535, que tratam do cumprimento de sentença. Certamente emprega a locução no sentido aqui referido.

Há uma regra no CPC/2015 que, especificando os entes estatais aos quais se aplica, menciona os conselhos de fiscalização de atividade profissional. Trata-se do art. 45, que trata do deslocamento da competência para a Justiça Federal quando intervierem no processo, como partes ou terceiros, entes da Administração Pública direta e indireta.

Os conselhos de fiscalização de atividade profissional, segundo o Supremo Tribunal Federal, têm natureza jurídica autárquica, sendo, portanto, considerados pessoas jurídicas de direito público[15].

Por isso, algumas prerrogativas processuais têm sido estendidas aos referidos conselhos pela jurisprudência do STJ, como a intimação pessoal na execução fiscal[16] e os prazos especiais previstos no art. 188 do CPC

14. CUNHA, Leonardo José Carneiro da. **A Fazenda Pública em juízo.** 13. Ed. Rio de Janeiro: Forense, 2016, p. 21.

15. RE 683010 AgR, Relator(a): Min. ROBERTO BARROSO, Primeira Turma, julgado em 12/08/2014, PROCESSO ELETRÔNICO DJe-165 DIVULG 26-08-2014 PUBLIC 27-08-2014.

16. REsp 1330190/SP, Rel. Ministro HERMAN BENJAMIN, SEGUNDA TURMA, julgado em 11/12/2012, DJe 19/12/2012

de 1973[17] (agora contido no art. 183 do CPC/2015), por exemplo. Assim, sendo os conselhos de fiscalização profissional considerados autarquias e, por consequência, pessoas jurídicas de direito público, devem ser compreendidos na definição de Fazenda Pública, submetendo-se, portanto, ao regime especial executivo previsto na Constituição e no CPC.

À guisa de conclusão, tem-se que a expressão Fazenda Pública abrange: a) os entes da Administração Pública direta (União, Estados, Distrito Federal e Municípios); b) as autarquias e fundações públicas, exceto, quanto às primeiras, se exercerem atividade privada (econômica); c) as empresas públicas e as sociedades de economia mista, se desempenharem serviço público próprio do Estado; d) as agências reguladoras; e) os consórcios criados sob a forma de associações públicas; f) e os conselhos de fiscalização profissional.

---

17. AgRg no Ag 1388776/RJ, Rel. Ministro HERMAN BENJAMIN, SEGUNDA TURMA, julgado em 07/06/2011, DJe 15/06/2011

Capítulo 3

O tratamento diferenciado para a atuação da Fazenda Pública em juízo no CPC/2015

Enquanto réus, os entes integrantes da Fazenda Pública são as figuras mais presentes nas relações processuais do ordenamento jurídico brasileiro[1], demonstrando, na visão de Hélio do Vale Pereira, a falta de sintonia entre o seu agir e as determinações legais, mormente constitucionais[2], o que contribui evidentemente para a sobrecarga do Poder Judiciário e para a lentidão na prestação jurisdicional.

Em função dessa presença estatisticamente marcante da Fazenda Pública em juízo, as normas processuais foram, com o passar dos anos,

1. Pesquisa elaborada pelo Tribunal Superior do Trabalho revela que, em 2016, a União liderou o ranking dos maiores litigantes da Justiça do Trabalho, seguida pela Petrobrás (sociedade de economia mista), pela Caixa Econômica Federal (empresa pública), pelo Banco do Brasil (sociedade de economia mista) e pelos Correios (empresa pública). Dados disponíveis em: http://www.tst.jus.br/web/estatistica/tst/mariores-litigantes, capturado em 12.04.2017. Pesquisa realizada pela Associação dos Magistrados Brasileiros (AMB) também mostra o Poder Público no topo dos cem maiores litigantes do país. Dados disponíveis em: http://s.conjur.com.br/dl/uso-justica-litigio-brasil-pesquisa-amb.pdf, capturado em 12.04.2017. A pesquisa sobre o tema realizada pelo Conselho Nacional de Justiça em 2012, do mesmo modo, aponta que os entes que compõem a Administração Pública lideram o ranking dos cem maiores litigantes do país. Dados disponíveis em: http://www.cnj.jus.br/images/pesquisas-judiciarias/pesquisa_100_maiores_litigantes.pdf, capturado em 12.04.2017.
2. PEREIRA, Hélio do Valle. **Manual da Fazenda Pública em Juízo.** 2. Ed. Rio de Janeiro: Renovar, 2006, p. 1.

adaptando-se, amoldando-se à sua participação nas demandas, o que faz parecer existir um sistema processual à parte, um verdadeiro direito processual público[3], como já dito, típico para as situações em que se litiga contra a Fazenda.

Por evidente, não são poucas as críticas de advogados privados, magistrados e mesmo de doutrinadores acerca das prerrogativas processuais inerentes à atuação em juízo da Fazenda Pública.

Previsões que constavam do CPC de 1973 e de outras leis esparsas, como a citação pessoal, o reexame necessário, o prazo quadriplicado para contestar e dobrado para recorrer, a possibilidade de suspensão de liminares, da segurança e de tutelas antecipadas, os honorários advocatícios fixados de modo equitativo, a impenhorabilidade de bens e o pagamento das dívidas por meio de precatórios, sempre despertaram polêmica, calorosos debates e opiniões contrárias.

Discute-se sempre, quer entre profissionais do Direito, quer mesmo entre os leigos, se a fixação de regras específicas para os entes dotados de personalidade jurídica de direito público causa algum tipo de afronta ao constitucional princípio da isonomia.

Não se deve assim entender. A Fazenda não deve ser vista como simplesmente mais uma pessoa jurídica, já que possui dimensão tão profunda que veda seja vista como um ente jurídico a disputar, com outros, interesses individualizados. Não há que se imaginar vinculação entre a Fazenda Pública e propósitos egoísticos, singularizados[4]. A isonomia material permite ao legislador que crie normas que protejam pessoas, a fim de equiparar suas condições em relação a outras, já que se encontram em situação de inferioridade[5].

A Fazenda Pública não reúne, para sua defesa em juízo, as mesmas condições que tem um particular na tutela de seus interesses. À Fazenda são conferidas várias prerrogativas, justificadas pelo excessivo volume de trabalho, pelas dificuldades estruturais da Advocacia Pública e pela

3. BUENO, Cássio Scarpinella. **O poder público em juízo.** 3. Ed. São Paulo: Saraiva, 2000, p. 1.
4. PEREIRA, Hélio do Valle. **Manual da Fazenda Pública em Juízo.** 2. Ed. Rio de Janeiro: Renovar, 2006, p. 25.
5. RODRIGUES, Marco Antonio. **A Fazenda Pública no processo civil.** 2. Ed. São Paulo: Atlas, 2016, p. 29.

burocracia inerente à sua atividade, que dificulta o acesso aos fatos, elementos e dados da causa[6].

As prerrogativas conferidas por lei à Fazenda Pública não devem, portanto, ser encaradas como privilégios, já que o tratamento diferenciado tem uma razão de ser – proteção do interesse público – e atende plenamente à ideia da isonomia processual.

Se há desigualdade entre os polos de uma relação processual, desigualmente devem ser tratados pelo legislador, razão pela qual é plenamente justificado que exista, no texto constitucional, no novo CPC ou em outras leis esparsas, um regime diferenciado para a atuação da Fazenda Pública em juízo.

Se cabe à Fazenda Pública velar pelo interesse público, e se este, além de indisponível, deve ser colocado em posição de supremacia em relação aos interesses privados, não há inconstitucionalidade ou ilicitude no estabelecimento de prerrogativas aos seus entes quando da atuação junto ao Poder Judiciário, desde que se evidenciem necessárias à adequada atuação de seus representantes judiciais, que as regras correspondentes sejam fixadas de acordo com a razoabilidade e que o tratamento diferenciado encontre respaldo na necessidade de preservação do interesse público primário, qual seja, o da coletividade.

Com isso, quer-se dizer que a indisponibilidade e a supremacia do interesse público, apesar de constituírem os principais fundamentos para justificar a existência de prerrogativas processuais em benefício do Poder Público, não podem ter a sua definição desvirtuada para que sejam indevidamente tomadas como base para a criação de privilégios descabidos, que tenham a única finalidade de tornar a Fazenda uma "superparte", o que certamente ensejaria afronta ao princípio da igualdade processual e não estaria de acordo com o verdadeiro interesse público.

A possibilidade de realização de acordos e da arbitragem envolvendo o Poder Público[7] constituem exemplos de que a indisponibilidade do patrimônio público não é uma regra absoluta e que, em consequência, não pode servir de fundamento para a criação indiscriminada de benefícios processuais para a Fazenda Pública, que devem guardar correlação com

---

6. CUNHA, Leonardo José Carneiro da. **A Fazenda Pública em juízo**. 13. Ed. Rio de Janeiro: Forense, 2016, p. 33.

7. Tais matérias serão objeto de análise no Capítulo 9 do presente trabalho.

a razoabilidade, com as peculiaridades da atuação do Poder Público em juízo e com a efetiva defesa do interesse público primário.

A temática é polêmica e evidentemente foi trazida à tona quando das discussões do novo Código. Fazia-se necessário rediscutir os fundamentos das prerrogativas até então existentes para analisar se deveriam ser mantidas ou modificadas. Além disso, também se afigurava indispensável debater sobre a necessidade de criação de outras regras específicas, que atendessem a outros problemas práticos envolvendo o Poder Público em juízo.

Assim é que, no diploma de 2015, houve a introdução de novas prerrogativas, enquanto outras foram restringidas ou eliminadas, cumprindo realçar alguns dos principais aspectos dessas mudanças, no que passou a ser um novo cenário de atuação da Fazenda Pública em juízo.

Nesse ponto, cabe-nos falar inicialmente acerca da previsão de prazos processuais ampliados para a Fazenda. Já se ouviu muito criticar, por exemplo, a regra constante do art. 188 do CPC/73, que estabelecia prazos em quádruplo para contestar e em dobro para recorrer, visto que tal dilatação dos prazos acarretaria demora às relações processuais ou feriria o constitucional princípio da duração razoável dos processos.

Ocorre que é sim razoável a ampliação desses prazos, na linha de que, além de o interesse perseguido e defendido ser o público e de suas derrotas refletirem ainda que indiretamente na própria sociedade, é de se convir que sua defesa é mais complicada quando envolve matéria fática, já que se faz necessário movimentar a máquina administrativa em busca de documentos, fichas financeiras e outras comprovações ou elementos que possam embasar a defesa do ente público.

O CPC/2015 continua prevendo prazos específicos e mais extensos para a Fazenda Pública, assim como para o Ministério Público e para a Defensoria Pública.

Ocorre que, diversamente do CPC/73 que estabelecia o prazo em quádruplo para contestar e em dobro para recorrer, o art. 183 do CPC/2015 determina que a Fazenda Pública gozará de prazo em dobro para todas as suas manifestações processuais, norma também aplicável ao Ministério Público e à Defensoria (arts. 180 e 186). Não há contagem em dobro ser houver prazo próprio para o ente público estabelecido pela lei, a exemplo do art. 535 do CPC/2015, que estabelece o prazo de trinta dias para a Fazenda impugnar a execução. Note-se que restou eliminada a prerrogativa da contagem em quádruplo do prazo para contestar.

Mantém-se a necessidade de que as comunicações processuais se façam de modo pessoal, ressaltando-se que a intimação deve ser feita por carga, remessa ou meio eletrônico (art. 183, §1º). Também foram reproduzidas as regras que dispensam o Poder Público do adiantamento de custas (art. 91) e do depósito do valor equivalente a 5% do valor da causa na ação rescisória (art. 968, §1º).

A fixação dos honorários advocatícios, notadamente quando vencida a Fazenda Pública, constituía temática bastante polêmica na vigência do Código revogado. Isto porque a regra insculpida no art. 20, §4º daquele diploma, que determinava que sendo a Fazenda vencida, os honorários seriam calculados de acordo com a equidade, sem respeitar necessariamente os limites de 10% a 20% do valor da condenação, despertava verdadeira ira de muitos que advogavam contra o Poder Público, insatisfeitos com o que chamavam de fixação irrisória ou ínfima de honorários sucumbenciais.

Assim, o Código de 2015, em seu art. 85, §3º, atendeu a esse anseio da classe dos advogados e prescreveu uma sistemática bem mais objetiva para o tema, criando faixas de percentuais, baseadas no valor da condenação[8]. Dita regra deve ser aplicada independentemente do conteúdo da decisão, ainda que se trate de sentença terminativa ou de improcedência, e o montante dos honorários deve ser definido a partir de uma avaliação com base em critérios mínimos, constantes dos incisos do §2º, e que depende de especificidades do processo ou da atuação do patrono[9]. Essa condenação em honorários nem sempre se dará na mesma faixa, tal como

---

8. Art. 85 (...) § 3º Nas causas em que a Fazenda Pública for parte, a fixação dos honorários observará os critérios estabelecidos nos incisos I a IV do § 2º e os seguintes percentuais:

   I – mínimo de dez e máximo de vinte por cento sobre o valor da condenação ou do proveito econômico obtido até 200 (duzentos) salários-mínimos;

   II – mínimo de oito e máximo de dez por cento sobre o valor da condenação ou do proveito econômico obtido acima de 200 (duzentos) salários-mínimos até 2.000 (dois mil) salários-mínimos;

   III – mínimo de cinco e máximo de oito por cento sobre o valor da condenação ou do proveito econômico obtido acima de 2.000 (dois mil) salários-mínimos até 20.000 (vinte mil) salários-mínimos;

   IV – mínimo de três e máximo de cinco por cento sobre o valor da condenação ou do proveito econômico obtido acima de 20.000 (vinte mil) salários-mínimos até 100.000 (cem mil) salários-mínimos;

   V – mínimo de um e máximo de três por cento sobre o valor da condenação ou do proveito econômico obtido acima de 100.000 (cem mil) salários-mínimos.

9. RODRIGUES, Marco Antonio. **A Fazenda Pública no processo civil**. 2. Ed. São Paulo: Atlas, 2016, p. 64.

ocorre com os descontos na fonte para imposto de renda, por exemplo. É de se registrar, ainda, que tal previsão em relação aos honorários não se aplica apenas às condenações contra a Fazenda, mas também quando esta se sagrar vitoriosa.

O que se observou, relativamente a esta temática dos honorários, foi a preocupação do legislador de 2015 com o fim do subjetivismo no arbitramento, que se dava em função da redação muito aberta, baseada em questões de equidade, prevista no diploma anterior.

No tocante à concessão das tutelas de urgência contra a Fazenda Pública, há inúmeras restrições previstas na legislação esparsa. Assim, de acordo com o art. 1º da Lei nº 8.437/92, não serão cabíveis liminares contra atos do Poder Público em ações de natureza cautelar ou preventiva quando providência semelhante não puder ser concedida em mandados de segurança. A mesma lei, em seu art. 4º, consigna a possibilidade de suspensão da execução de liminares contra o Poder Público.

A Lei nº 12.016/2009, que regulamenta o mandado de segurança, em seu art. 7º, §2º, proíbe a concessão de liminares que tenham por objeto a compensação de créditos tributários, a entrega de mercadorias e bens provenientes do exterior, a reclassificação ou equiparação de servidores públicos e a concessão de aumento ou a extensão de vantagens ou pagamento de qualquer natureza[10].

O CPC de 2015 remodelou as tutelas de urgência, inserindo-as como espécies de tutelas provisórias, ao lado da tutela da evidência. Em princípio, é possível a concessão de quaisquer espécies de tutelas provisórias contra a Fazenda Pública. O legislador poderia ter revogado, por meio do novo CPC, alguns dos óbices legais ao deferimento de medidas de urgência contra a Fazenda. Ocorre que o novo estatuto processual, em seu art. 1.059, expressamente determina que à tutela *provisória* requerida contra a Fazenda Pública aplica-se o disposto nos arts. 1º a 4º da Lei nº 8.437/1992 e no art. 7º, § 2º da Lei nº 12.016/2009, de modo que restam

10. Nos termos da Súmula nº 729 do STF, as vedações à concessão das tutelas de urgência contra a Fazenda Pública não se aplicam às ações previdenciárias. O art. 3º da Lei dos Juizados Especiais da Fazenda Pública (Lei nº 12.153/2009) também permite o deferimento de quaisquer providências cautelares e antecipatórias no curso do processo, para evitar dano de difícil ou de incerta reparação, inclusive de ofício. O art. 4º da Lei dos Juizados Especiais Federais (Lei nº 10.259/2001) permite a concessão de medidas cautelares contra o Poder Público, a requerimento das partes ou de ofício.

mantidas as vedações acima referidas à concessão de liminares contra o Poder Público.

Não é despiciendo dizer-se que as restrições legais acima mencionadas, contidas em normas extravagantes, relacionam-se a tutelas de *urgência*, não havendo qualquer limitação à concessão de tutelas da evidência contra o Poder Público.

Embora o art. 1.059 do CPC/2015 faça menção às tutelas provisórias, o dispositivo deve ser interpretado restritivamente, de modo a abranger apenas as tutelas de urgência requeridas contra a Fazenda. Nesse sentido, inclusive, é o Enunciado nº 35 do Fórum Permanente de Processualistas Civis - FPPC[11].

Por fim, cabe uma palavra acerca de uma das prerrogativas mais tradicionais da Fazenda Pública, qual seja, a remessa necessária. Suas hipóteses de cabimento sofreram uma brusca redução no CPC/2015, comparativamente ao CPC/73. No Código revogado, não havia reexame se a condenação, ou o direito controvertido, fosse de valor certo não excedente a 60 (sessenta) salários mínimos (art. 475, §2º, do CPC/73). Já de acordo com o art. 496, §3º, do CPC/2015, não haverá reexame quando a condenação ou o proveito econômico obtido na causa for de valor certo e líquido inferior a: a) 1.000 (mil) salários-mínimos para a União e as respectivas autarquias e fundações de direito público; b) 500 (quinhentos) salários-mínimos para os Estados, o Distrito Federal, as respectivas autarquias e fundações de direito público e os Municípios que constituam capitais dos Estados; c) e 100 (cem) salários-mínimos para todos os demais Municípios e respectivas autarquias e fundações de direito público.

11. Enunciado 35 do Fórum Permanente de Processualistas Civis – FPPC: "As vedações à concessão de tutela antecipada contra a Fazenda Pública não se aplicam aos casos de tutela de evidência".

Capítulo 4

Cumprimento de sentença e execução de títulos extrajudiciais contra a Fazenda Pública

4.1 SISTEMÁTICA ESPECÍFICA PARA A ATIVIDADE EXECUTIVA CONTRA A FAZENDA PÚBLICA

A Constituição Federal de 1969 já apresentava previsão específica para os pagamentos devidos pela Fazenda Pública em seus variados níveis[1].

Não foi diferente a preocupação do constituinte de 1988. No texto atual, os pagamentos devidos pela Fazenda Pública devem se limitar ao teto previsto nos respectivos orçamentos aprovados pelo Poder Legislativo.

1. Art. 117 da CF/69: Os pagamentos devidos pela Fazenda federal, estadual ou municipal, em virtude de sentença judiciária, far-se-ão na ordem de apresentação dos precatórios e à conta dos créditos respectivos, proibida a designação de casos ou de pessoas nas dotações orçamentárias e nos créditos extra-orçamentários abertos para esse fim. § 1º É obrigatória a inclusão, no orçamento das entidades de direito público, de verba necessária ao pagamento dos seus débitos constantes de precatórios judiciários, apresentados até primeiro de julho. § 2º As dotações orçamentárias e os créditos abertos serão consignados ao Poder Judiciário, recolhendo-se as importâncias respectivas à repartição competente. Caberá ao Presidente do Tribunal que proferir a decisão exequenda determinar o pagamento, segundo as possibilidades do depósito, e autorizar, a requerimento do credor preterido no seu direito de precedência, ouvido o chefe do Ministério Público, o sequestro da quantia necessária à satisfação do débito.

Desse modo, tais débitos somente podem ser saldados se o montante devido estiver previamente incluído no orçamento do respectivo órgão. Assim, a Constituição Federal de 1988 estatuiu dita prescrição no art. 100[2], de modo ainda mais específico.

Evidentemente, em atenção ao mandamento constitucional, existente, como visto, já na Constituição anterior, o legislador processual precisava estabelecer, como de fato o fez, regime próprio e diferenciado para as execuções movidas contra a Fazenda Pública. E isso restou tratado nos artigos 730 e 731 do Código de Processo Civil de 1973[3], assim como nos arts. 534 e 535 do CPC de 2015, que serão mais adiante analisados.

As regras próprias indicadas na legislação processual para a execução contra a Fazenda Pública decorrem de sua situação peculiar, pondo-se em relevo, nos dizeres de Leonardo Carneiro da Cunha, a própria instrumentalidade do processo, na medida em que as exigências de direito material na disciplina das relações jurídicas que envolvem a Fazenda Pública influenciam e ditam as regras processuais[4].

Aponta-se, portanto, a causa desse procedimento especial no regime dos bens de domínio nacional e do patrimônio administrativo[5]. Assim,

---

2. Art. 100 da CF/88: "Os pagamentos devidos pelas Fazendas Públicas Federal, Estaduais, Distrital e Municipais, em virtude de sentença judiciária, far-se-ão exclusivamente na ordem cronológica de apresentação dos precatórios e à conta dos créditos respectivos, proibida a designação de casos ou de pessoas nas dotações orçamentárias e nos créditos adicionais abertos para este fim. § 5º É obrigatória a inclusão, no orçamento das entidades de direito público, de verba necessária ao pagamento de seus débitos, oriundos de sentenças transitadas em julgado, constantes de precatórios judiciários apresentados até 1º de julho, fazendo-se o pagamento até o final do exercício seguinte, quando terão seus valores atualizados monetariamente. §6º As dotações orçamentárias e os créditos abertos serão consignados diretamente ao Poder Judiciário, cabendo ao Presidente do Tribunal que proferir a decisão exequenda determinar o pagamento integral e autorizar, a requerimento do credor e exclusivamente para os casos de preterimento de seu direito de precedência ou de não alocação orçamentária do valor necessário à satisfação do seu débito, o sequestro da quantia respectiva".
3. Art. 730. Na execução por quantia certa contra a Fazenda Pública, citar-se-á a devedora para opor embargos em 10 (dez) dias; se esta não os opuser, no prazo legal, observar-se-ão as seguintes regras: I – o juiz requisitará o pagamento por intermédio do presidente do tribunal competente; II – far-se-á o pagamento na ordem de apresentação do precatório e à conta do respectivo crédito.

Art. 731. Se o credor for preterido no seu direito de preferência, o presidente do tribunal, que expediu a ordem, poderá, depois de ouvido o chefe do Ministério Público, ordenar o seqüestro da quantia necessária para satisfazer o débito.

4. CUNHA, Leonardo José Carneiro da. **A Fazenda Pública em juízo.** 13. Ed. Rio de Janeiro: Forense, 2016, p. 331.
5. DALL´AGNOL JÚNIOR, Antônio Janyr. **Sobre o sequestro constitucional.** In **Estudos em homenagem ao Prof. Ovídio A. Baptista da Silva**. Porto Alegre: Fabris, 1989, p. 14.

não há por que se pensar em invasão indiscriminada do patrimônio e constrição imediata dos bens públicos.

Se, nos termos da legislação civil e administrativa, os bens de uso comum do povo e os de uso especial são inalienáveis, há de se compreender também por impenhoráveis.

Por seu turno, os bens públicos dominicais, que são aqueles integrantes do patrimônio disponível das pessoas jurídicas de direito público, previstos no art. 99, inciso III, do Código Civil, e os das pessoas jurídicas de direito público a que se tenha dado estrutura de direito privado, indicados no art. 99, parágrafo único do mesmo diploma, apesar de alienáveis em tese, não são passíveis de penhora, em razão do regime específico estabelecido pela Constituição para pagamento de seus débitos.

Não se pode olvidar que mesmo a alienação dos bens dominicais não ocorre livremente, mas dentro de parâmetros e limites definidos pela lei. O art. 17 da Lei de Licitações, por exemplo, subordina a alienação dos bens da Administração Pública à existência de interesse público devidamente justificado, à avaliação prévia e a outras normas, conforme a espécie de transferência que se pretenda fazer[6].

Assim é que a impenhorabilidade dos bens públicos, seja qual for a sua natureza, torna a execução por quantia certa contra a Fazenda Pública completamente distinta da execução comum, na qual se penhoram e se expropriam bens do devedor, via adjudicação, alienação por iniciativa particular, alienação por meio de leilão judicial presencial ou eletrônico ou apropriação de frutos e rendimentos de empresa ou de estabelecimentos e de outros bens, com vistas à satisfação do crédito[7].

Depreende-se, pois, que as prescrições constitucionais e legais atinentes ao regime especial para a execução por quantia certa contra a Fazenda Pública nada mais fazem senão proteger o próprio cidadão[8].

---

6. Em se tratando de bens imóveis, a alienação dependerá de autorização legislativa para órgãos da administração direta e entidades autárquicas e fundacionais, e, para todos, inclusive as entidades paraestatais, dependerá de avaliação prévia e de licitação na modalidade de concorrência, como regra (art. 17, inciso I da Lei nº 8.666/93).

7. DONIZETTI, Elpídio. **Curso Didático de Direito Processual Civil**. 16. Ed. São Paulo: Atlas, 2012, p. 1034. Texto adaptado ao CPC/2015.

8. PEIXOTO, Marco Aurélio Ventura; BELFORT, Renata Cortez Vieira. **O cumprimento de sentença contra a Fazenda Pública no novo CPC**. In ARAÚJO, José Henrique Mouta; CUNHA, Leonardo Carneiro da; RODRIGUES, Marco Antonio (coord). **Fazenda Pública (Coleção Repercussões do Novo CPC, v.3)**. 2. Ed. Salvador: Editora Jus Podivm, 2016, pp. 476/477.

Por um lado, a impossibilidade de penhora/constrição imediata dos bens públicos impede prejuízos à continuidade dos serviços públicos eventualmente prestados. De outra sorte, o regime de pagamento por precatórios protege o orçamento do respectivo ente e, por via de consequência, a própria execução das políticas públicas.

4.2 A INAPLICABILIDADE DO REGIME DE CUMPRIMENTO DE SENTENÇA PARA AS OBRIGAÇÕES DE PAGAR CONTRA A FAZENDA PÚBLICA NO CPC/1973

As decisões condenatórias de pagar quantia contra devedores comuns demandavam a propositura de uma ação autônoma executiva até a entrada em vigor da Lei nº 11.232/2005, que, finalmente, introduziu no CPC/73 o modelo do cumprimento de sentença, tornando o processo *sincrético*: havendo sentença condenatória de pagar quantia, desnecessária a instauração de um processo de execução após o trânsito em julgado; ao término da fase de conhecimento, seria iniciada a *fase executiva ou satisfativa*, de modo que haveria um único processo com diversas fases em seu bojo.

A partir de então, inúmeras modificações foram empreendidas na execução/cumprimento de sentença, com o fito de tornar o procedimento mais célere e efetivo, conduzido para a concreta satisfação do direito do credor, a exemplo da penhora *on line* e a possibilidade de averbação de certidão comprobatória do ajuizamento da execução nos registros dos bens sujeitos à penhora.

Se, de um lado, tais mudanças em nada solucionaram o grave problema das execuções de pagar quando o devedor, além de inadimplente, não tinha patrimônio suficiente para saldar suas dívidas, de outro, no que tange ao devedor solvente, é certo que se tornou muito mais simplificado o caminho para a satisfação do direito de crédito do exequente, que passou a dispor de diversos instrumentos, inclusive preventivos, para alcançar esse desiderato.

Não fazia mais nenhum sentido exigir-se a propositura de uma ação de execução ao final do processo de conhecimento, após o trânsito em julgado da condenação, para fins de cumprimento da obrigação de pagar constante do título.

A exigência de uma nova demanda executiva retardava a prestação jurisdicional – ante a própria distância temporal entre a definição do direito e a sua concretização – e permitia o uso de novos artifícios pelo devedor para evitar a submissão ao comando sentencial, a exemplo dos obstáculos diuturnamente enfrentados pelo Poder Judiciário para a realização da citação no processo executivo, quando o sujeito já havia sido citado no processo de conhecimento[9].

A adoção do procedimento de cumprimento de sentença, então, relativamente às obrigações de pagar, transformando a efetivação das decisões correspondentes em uma fase do processo, posterior ao término da fase de conhecimento, completou, àquela altura, o ciclo de reformas destinadas à modificação das técnicas executivas do sistema processual civil brasileiro.

Desde então, a ação de execução continua a ser utilizada no que tange aos títulos executivos extrajudiciais. O cumprimento das decisões condenatórias, porém, qualquer que seja a natureza da obrigação respectiva (fazer, não fazer, entregar coisa ou pagar), perfaz-se como etapa do processo, posterior ao encerramento da fase de conhecimento[10].

---

9. A Exposição de Motivos do Projeto de Lei nº 3253/2004, que deu ensejo à Lei nº 11.232/2005, reconhecendo essas dificuldades, expressava as razões da reforma legislativa nos seguintes termos: "(...) É tempo, já agora, de passarmos do pensamento à ação em tema de melhoria dos procedimentos executivos. A execução permanece o 'calcanhar de Aquiles' do processo. Nada mais difícil, com frequência, do que impor no mundo dos fatos os preceitos abstratamente formulados no mundo do direito. Com efeito: após o longo contraditório no processo de conhecimento, ultrapassados todos os percalços, vencidos os sucessivos recursos, sofridos os prejuízos decorrentes da demora (quando menos o 'damno marginale in senso stretto' de que nos fala ÍTALO ANDOLINA), O demandante logra obter alfim a prestação jurisdicional definitiva, com o trânsito em julgado da condenação da parte adversa. Recebe então a parte vitoriosa, de imediato, sem tardança maior, o 'bem da vida' a que tem direito? Triste engano: a sentença condenatória é título executivo, mas não se reveste de preponderante eficácia executiva. Se o vencido não se dispõe a cumprir a sentença, haverá iniciar o processo de execução, efetuar nova citação, sujeitar-se à contrariedade do executado mediante 'embargos', com sentença e a possibilidade de novos e sucessivos recursos. Tudo superado, só então o credor poderá iniciar os atos executórios propriamente ditos, com a expropriação do bem penhorado, o que não raro propicia mais incidentes e agravos. (...)A dicotomia atualmente existente adverte a doutrina, importa a paralisação da prestação jurisdicional logo após a sentença e a complicada instauração de um novo procedimento, para que o vencedor possa finalmente tentar impor ao vencido o comando soberano contido no decisório judicial. Há, destarte, um longo intervalo entre a definição do direito subjetivo lesado e sua necessária restauração, isso por pura imposição do sistema procedimental, sem nenhuma justificativa, quer que de ordem lógica, quer teórica, quer de ordem prática (...)". Disponível em: http://www.camara.gov.br/proposicoesWeb/fichadetramitacao?idProposicao=158523, capturado em 03.02.2015.

10. Ressalva apenas deve ser feita em relação a alguns títulos judiciais, cuja técnica executiva, apesar de ser a do cumprimento de sentença, enseja a propositura de uma ação executiva, nela impondo-se, por óbvio, a citação do devedor para pagamento em 15 dias, visto que os referidos títulos não foram produzidos no Brasil ou não o foram no juízo cível no qual o cumprimento da decisão deverá ser empreendido. Tais títulos são os seguintes: a sentença penal condenatória transitada em julgado, a

Apesar de tais relevantes alterações no que concerne aos devedores comuns, em razão da existência de procedimento específico no CPC de 1973 para a execução de pagar quantia certa contra a Fazenda Pública, em seus arts. 730 e 731, prevaleceu, mesmo após a vigência da Lei nº 11.232/2005, a tese da inaplicabilidade da técnica executiva do cumprimento de sentença aos entes que a compõem. Nesse teor era o escólio de Humberto Theodoro Júnior[11].

Luiz Guilherme Marinoni e Sérgio Cruz Arenhart[12] afirmavam que o procedimento teria início por petição inicial ou requerimento, conforme se tratasse de ação de execução ou de cumprimento de sentença, mas sempre para que a Fazenda oferecesse embargos à execução no prazo de 30 dias. Admitiam, portanto, que a condenação do Poder Público por sentença pudesse até dar origem a uma fase executiva, mas a defesa se perfaria mediante a propositura de embargos, de modo que seria também inviável a incidência das regras relativas ao cumprimento de sentença à Fazenda Pública.

Na jurisprudência do STJ, a matéria se pacificou no sentido de que não se aplicavam as regras previstas nos arts. 475-J e seguintes do CPC de 1973 à Fazenda Pública[13], por se tratar de procedimento especial e em função da sistemática dos precatórios, mesmo em se tratando de execução de decisão judicial homologatória de acordo celebrado pelo Poder Público[14].

---

sentença arbitral, a sentença estrangeira homologada pelo Superior Tribunal de Justiça e a decisão interlocutória estrangeira, após a concessão do *exequatur* à carta rogatória pelo Superior Tribunal de Justiça (art. 515, incisos VI a IX e §1º do CPC/2015).

11. Sustentava o autor (in: **Curso de Direito Processual Civil: processo de execução e cumprimento de sentença, processo cautelar e tutela de urgência.** Vol. II. Rio de Janeiro: Forense, 2013, p. 397): "Embora a abolição da ação de execução de sentença separada da ação condenatória tenha sido adotada como regra para o sistema renovado do Código de Processo Civil, o antigo sistema dual foi preservado para as ações que busquem impor o adimplemento de prestações de quantia certa ao Poder Público". No mesmo sentido era o ensinamento de Araken de Assis (in: **Manual da execução.** São Paulo: Revista dos Tribunais, 2013, p. 1098/1099).
12. **Curso de Processo Civil.** Vol. 3. São Paulo: Revista dos Tribunais, 2008, p. 404.
13. "(...) Não se aplica, à hipótese, o decidido no EREsp. 765.105/TO, uma vez que não incidem as disposições concernentes ao cumprimento de sentença nas execuções por quantia certa, dada a existência de rito próprio para a Fazenda Pública (art. 730 do CPC). (...)". AgRg no Ag 1366461/RS, Rel. Ministro NAPOLEÃO NUNES MAIA FILHO, PRIMEIRA TURMA, julgado em 08/11/2011, DJe 14/11/2011.
14. "(...) 1. A execução, contra a Fazenda Pública, de obrigação de pagar quantia está sujeita a rito próprio (CPC, art. 730 do CPC e CF, art. 100 da CF), que não prevê, salvo excepcionalmente (v.g., desrespeito à ordem de pagamento dos precatórios judiciários), a possibilidade de expropriação mediante bloqueio ou seqüestro de dinheiro ou de qualquer outro bem público, que são impenhoráveis.2. A

4.3 O PROCEDIMENTO DO CUMPRIMENTO DE SENTENÇA QUE RECONHEÇA A EXIGIBILIDADE DE OBRIGAÇÃO DE PAGAR QUANTIA CERTA PELA FAZENDA PÚBLICA NO CPC/2015

O Código de Processo Civil de 2015, a despeito do pensamento majoritário explanado no tópico anterior, terminou por adotar a sistemática do cumprimento de sentença no que atine às obrigações de pagar quantia certa contra a Fazenda Pública.

O procedimento é denominado *cumprimento de sentença que reconheça a exigibilidade de obrigação de pagar quantia certa pela Fazenda Pública* e está previsto nos arts. 534 e 535, que dispõem:

> Art. 534. No cumprimento de sentença que impuser à Fazenda Pública o dever de pagar quantia certa, o exequente apresentará demonstrativo discriminado e atualizado do crédito contendo:
>
> I – o nome completo e o número de inscrição no Cadastro de Pessoas Físicas ou no Cadastro Nacional da Pessoa Jurídica do exequente;
>
> II – o índice de correção monetária adotado;
>
> III – os juros aplicados e as respectivas taxas;
>
> IV – o termo inicial e o termo final dos juros e da correção monetária utilizados;
>
> V – a periodicidade da capitalização dos juros, se for o caso;
>
> VI – a especificação dos eventuais descontos obrigatórios realizados.
>
> § 1º Havendo pluralidade de exequentes, cada um deverá apresentar o seu próprio demonstrativo, aplicando-se à hipótese, se for o caso, o disposto nos §§ 1º e 2º do art. 113.
>
> § 2º A multa prevista no § 1º do art. 523 não se aplica à Fazenda Pública.
>
> Art. 535. A Fazenda Pública será intimada na pessoa de seu representante judicial, por carga, remessa ou meio eletrônico, para, querendo, no prazo de 30 (trinta) dias e nos próprios autos, impugnar a execução, podendo arguir:
>
> I – falta ou nulidade da citação se, na fase de conhecimento, o processo correu à revelia;

---

transação judicial homologada pelo juiz é título executivo judicial (art. 475-N do CPC, correspondente ao revogado art. 584 do CPC). Não cumprida a obrigação, sua execução judicial deve observar o procedimento comum da execução contra a Fazenda Pública.

3. Recurso especial a que se dá provimento". (REsp 890.215/RS, Rel. Ministro TEORI ALBINO ZAVASCKI, PRIMEIRA TURMA, julgado em 15/02/2007, DJ 22/03/2007, p. 315)

II – ilegitimidade de parte;

III – inexequibilidade do título ou inexigibilidade da obrigação;

IV – excesso de execução ou cumulação indevida de execuções;

V – incompetência absoluta ou relativa do juízo da execução;

VI – qualquer causa modificativa ou extintiva da obrigação, como pagamento, novação, compensação, transação ou prescrição, desde que supervenientes ao trânsito em julgado da sentença.

§ 1º A alegação de impedimento ou suspeição observará o disposto nos arts. 146 e 148.

§ 2º Quando se alegar que o exequente, em excesso de execução, pleiteia quantia superior à resultante do título, cumprirá à executada declarar de imediato o valor que entende correto, sob pena de não conhecimento da arguição.

§ 3º Não impugnada a execução ou rejeitadas as arguições da executada:

I – expedir-se-á, por intermédio do presidente do tribunal competente, precatório em favor do exequente, observando-se o disposto na Constituição Federal;

II – por ordem do juiz, dirigida à autoridade na pessoa de quem o ente público foi citado para o processo, o pagamento de obrigação de pequeno valor será realizado no prazo de 2 (dois) meses contado da entrega da requisição, mediante depósito na agência de banco oficial mais próxima da residência do exequente.

§ 4º Tratando-se de impugnação parcial, a parte não questionada pela executada será, desde logo, objeto de cumprimento.

§ 5º Para efeito do disposto no inciso III do caput deste artigo, considera-se também inexigível a obrigação reconhecida em título executivo judicial fundado em lei ou ato normativo considerado inconstitucional pelo Supremo Tribunal Federal, ou fundado em aplicação ou interpretação da lei ou do ato normativo tido pelo Supremo Tribunal Federal como incompatível com a Constituição Federal, em controle de constitucionalidade concentrado ou difuso.

§ 6º No caso do § 5º, os efeitos da decisão do Supremo Tribunal Federal poderão ser modulados no tempo, de modo a favorecer a segurança jurídica.

§ 7º A decisão do Supremo Tribunal Federal referida no § 5º deve ter sido proferida antes do trânsito em julgado da decisão exequenda.

§ 8º Se a decisão referida no § 5º for proferida após o trânsito em julgado da decisão exequenda, caberá ação rescisória, cujo prazo será contado do trânsito em julgado da decisão proferida pelo Supremo Tribunal Federal.

A modificação da técnica executiva – de *ação de execução* para *cumprimento de sentença* de pagar quantia – revela mais um elogiável avanço da legislação em vigor desde março de 2016.

Independentemente das peculiaridades que envolvem a Fazenda Pública em juízo e dos cuidados constitucionais e legais que devem ser observados no que se refere ao pagamento de seus débitos, nada impede que a efetivação das decisões condenatórias das obrigações de pagar proferidas contra o Poder Público se dê mediante processo sincrético, ou seja, por intermédio de uma fase executiva, iniciada após o termo da fase de conhecimento, desde que respeitadas as restrições constitucionais existentes relativas ao pagamento por meio de precatórios e requisições de pequeno valor, as quais são plenamente justificáveis, em função da inalienabilidade e impenhorabilidade dos bens públicos e do princípio da continuidade dos serviços de mesma natureza.

Nesse passo, deve-se chamar a atenção para a circunstância de que a execução especial contra a Fazenda Pública, estabelecida pelo legislador processual, abarca tão somente as suas dívidas pecuniárias, sejam elas decorrentes de títulos executivos judiciais ou extrajudiciais.

De outra sorte, outros títulos possuídos em face da Fazenda Pública não estão sujeitos a esse regime diferenciado, de modo que as execuções para cumprimento de obrigações de fazer, não fazer e de entregar coisa se submetem aos mesmos ditames existentes para os particulares, com a execução se fazendo nos próprios autos, quando decorrentes de títulos judiciais[15].

Ademais, não há que se falar também em procedimento próprio quando a Fazenda for credora dos particulares, ressalvados evidentemente os casos sujeitos à execução fiscal, cujos impactos decorrentes do novo diploma processual serão mais adiante estudados.

15. "(...) A orientação desta Corte é no sentido de que, no regime introduzido pela Lei 10.444/2002, as decisões judiciais que imponham obrigação de fazer ou não fazer passaram a ter execução imediata e de ofício, dispensando-se, assim, o processo executivo autônomo, de acordo com o disposto nos arts. 461 e 644 do CPC. Referido entendimento é aplicável para a execução para o cumprimento de obrigação de fazer, ainda quando movida contra a Fazenda Pública, pois não está sujeita ao rito do art. 730 do CPC, este limitado às execuções por quantia certa. (...)". (AgRg no REsp 1544859/DF, Rel. Ministro HUMBERTO MARTINS, SEGUNDA TURMA, julgado em 01/03/2016, DJe 08/03/2016)

4.3.1 A liquidação de sentença e a Fazenda Pública

Iniciando-se a análise dos dispositivos supra referidos, cumpre destacar que, para que se instaure a fase executiva, necessário que se esteja diante de sentença líquida, sob pena de nulidade.

Em caso de eventual iliquidez do título judicial formado contra a Fazenda Pública, obviamente não será possível o pleito de cumprimento da sentença, porquanto será imprescindível a sua prévia liquidação.

Nada obstante a orientação majoritária acerca da inaplicabilidade do procedimento de cumprimento de sentença contra a Fazenda de acordo com as regras previstas no CPC de 1973, a doutrina sempre reconheceu, a partir a entrada em vigor da Lei nº 11.232/2005, a possibilidade da liquidação de sentença ser promovida por meio de fase do processo, sendo descabida, portanto, a propositura de demanda autônoma.

No CPC/2015, foi obviamente mantida a liquidação de sentença como fase do processo, prevista nos arts. 509 a 512, nas modalidades por arbitramento e pelo procedimento comum (antiga liquidação por artigos), normas indiscutivelmente aplicáveis à Fazenda Pública[16].

Interessante notar que a liquidação pode ser requerida não apenas pelo credor, mas também pelo devedor, de modo que, sendo condenada, a Fazenda Pública pode solicitar o início da fase de liquidação, não havendo necessidade de aguardar a iniciativa do credor, atitude que certamente se adequa aos princípios da colaboração e da razoável duração do processo, que abrange a fase satisfativa (princípio da efetividade), insertos nos arts. 4º e 6º do Código.

Da mesma forma, continua sendo possível a liquidação antes do trânsito em julgado da decisão, na pendência de recurso, independentemente dos efeitos em que recebido, devendo tramitar em autos apartados no juízo de origem (art. 512 do CPC/2015).

Esse permissivo também pode ser utilizado em face da Fazenda Pública, porquanto o trânsito em julgado exigido pela Constituição pertine tão somente à expedição do precatório ou da requisição de pequeno

---

16. Segundo Fredie Didier Júnior, Leonardo Carneiro da Cunha, Paula Sarno Braga e Rafael Alexandria de Oliveira (In: **Curso de Direito Processual Civil: Execução**. Salvador: JusPodivm, 2017, p. 677), "Os tipos de liquidação de sentença – por procedimento comum e por arbitramento – são perfeitamente aplicáveis aos processos que envolvam a Fazenda Pública".

valor, não se aplicando às fases anteriores de liquidação de sentença e de execução provisória.

Se na decisão "houver uma parte líquida e outra ilíquida, ao credor é lícito promover simultaneamente a execução daquela e, em autos apartados, a liquidação desta" (art. 509, §1º). Assim, será possível realizar, simultaneamente, a liquidação e o cumprimento de sentença contra a Fazenda Pública.

Na liquidação pelo procedimento comum, o juiz determinará a intimação da Fazenda Pública na pessoa de seu representante judicial (por carga, remessa ou meio eletrônico, conforme art. 183, §1º), para, querendo, apresentar contestação no prazo de quinze dias.

Dependendo a apuração do valor exequendo apenas de cálculos aritméticos, o procedimento não é de liquidação, mas de cumprimento de sentença, o que não é novidade, ante o disposto no art. 475-B do CPC de 1973. As demais regras relacionadas a essa matéria é que foram corretamente deslocadas para o título relativo ao cumprimento de sentença no novo Código (art. 524, §§1º a 5º), as quais também se aplicam à Fazenda.

4.3.2 A fase inicial do cumprimento de sentença: o requerimento do credor e a apresentação da memória de cálculos

O início do cumprimento de sentença contra a Fazenda Pública depende de requerimento do credor, como também acontece em relação aos demais devedores. Apesar da adoção integral do processo sincrético no tocante às fases de conhecimento e de cumprimento de sentença, não houve qualquer alteração a esse respeito com a entrada em vigor do CPC/2015, que manteve – certamente por razões de política legislativa – a exigência de iniciativa do credor para que se inicie a fase executiva, ainda que em continuidade à fase de conhecimento.

O requerimento deve ser apresentado por meio de petição simples, estabelecendo o novo Código, como requisito, tão somente, a apresentação do demonstrativo discriminado e atualizado do crédito, ou seja, a memória de cálculos, que deverá conter os mesmos elementos exigidos para o cumprimento de sentença contra os demais devedores[17]: a) o nome completo e o número de inscrição no Cadastro de Pessoas Físicas

17. Contidos no art. 524 do novo CPC e reproduzidos no art. 534.

ou no Cadastro Nacional da Pessoa Jurídica do exequente; b) o índice de correção monetária adotado; c) os juros aplicados e as respectivas taxas; d) o termo inicial e o termo final dos juros e da correção monetária utilizados; e) a periodicidade da capitalização dos juros, se for o caso; e f) a especificação dos eventuais descontos obrigatórios realizados.

O único dado que não será informado na memória de cálculos que instruirá o pedido de cumprimento de sentença contra a Fazenda é o previsto no art. 524, inciso VII do Código, qual seja, "a indicação dos bens passíveis de penhora, sempre que possível", o qual não foi reproduzido no art. 534 em face da inalienabilidade dos bens públicos - e sua consequente impenhorabilidade - que torna o procedimento executório contra o Poder Público absolutamente diferenciado.

Seria desnecessária a reprodução do art. 524 no capítulo referente ao cumprimento de sentença contra a Fazenda Pública no CPC. Bastaria a menção à aplicabilidade do art. 524, incisos I a VI ao procedimento sob comento, embora nenhuma consequência prática relevante resulte dessa disposição repetitiva.

Ainda sobre o demonstrativo de créditos, deve-se abrir um parêntese para tratar de uma dificuldade muito peculiar à Fazenda Pública em juízo, vivenciada nessa fase inicial do cumprimento da sentença.

Não raras vezes, perde-se muito tempo no momento imediatamente anterior à execução, já após o trânsito em julgado, por não dispor o exequente de elementos bastantes para o cálculo e conseguinte apresentação da memória, estabelecendo-se muitas idas e vindas do processo, com o juiz intimando a Fazenda Pública ao fornecimento de fichas financeiras ou outros elementos capazes de possibilitar a elaboração dos cálculos pelo exequente.

Evidente que a Fazenda, na condição de devedora, tem sim o dever de colaborar com a condução do feito, apresentando os elementos necessários à confecção da conta, cabendo, para tanto, a requisição judicial, no exercício do seu poder de império[18]. No entanto, isso não pode representar a transferência do ônus de feitura dos cálculos à parte devedora.

---

18. PEREIRA, Hélio do Valle. **Manual da Fazenda Pública em Juízo.** 2. Ed. Rio de Janeiro: Renovar, 2006, p. 434.

Registre-se que alguns juízes chegam ao ponto de, em procedimento absolutamente desprovido de fundamentação legal, determinar a inversão do rito, ordenando que, antes de tudo, a Fazenda Pública forneça seus cálculos para só aí o exequente concordar ou não, isto é, retira o ônus do próprio exequente, o que não é nem um pouco razoável.

A Fazenda pode se antecipar, se assim desejar, e apresentar a memória de cálculos, buscando definir o montante da dívida[19], mas não pode ser compelida a tanto, porquanto a iniciativa de iniciar a fase executiva cabe ao credor.

Desse modo, o rito adequado é que o exequente, munido de título judicial líquido, requeira o cumprimento do julgado, instruindo o pedido com o demonstrativo de débito atualizado. Essa é a posição que predomina na jurisprudência, notadamente no âmbito do Superior Tribunal de Justiça[20].

Consigne-se que há uma relevante consequência prática decorrente desse entendimento: cabendo ao exequente requerer o cumprimento da sentença, ainda que a elaboração dos seus cálculos dependa de documentos de que dispõe a Fazenda, não haverá suspensão nem interrupção do prazo prescricional para início da fase executiva, cujo prazo é o mesmo da fase de conhecimento.

Se o credor encontrar dificuldades para elaborar os cálculos, por depender de documentação que se encontra em poder da Fazenda, deve se utilizar dos meios legais para o seu fornecimento, destacando-se os procedimentos previstos no art. 524, §§3º a 5º: a) se a elaboração dos cál-

---

19. A temática será abordada no próximo item.

20. ADMINISTRATIVO E PROCESSUAL CIVIL. RECURSO ESPECIAL. SERVIDOR PÚBLICO. AUSÊNCIA DE VIOLAÇÃO DO ARTIGO 535 DO CPC. PREQUESTIONAMENTO. SÚMULA N. 211/STJ. PRESCRIÇÃO QUINQUENAL. PROCESSO DE CONHECIMENTO. TRÂNSITO EM JULGADO. SÚMULA N. 150/STF, POR ANALOGIA. TÍTULO ILÍQUIDO. NECESSIDADE DE LIQUIDAÇÃO. MEROS CÁLCULOS ARITMÉTICOS. JUNTADA DAS FICHAS FINANCEIRAS NÃO OBSTA A CONTAGEM DO PRAZO PRESCRICIONAL.

(...)

4. Nos casos em que não se faz necessária a liquidação da sentença, mas apenas a realização de meros cálculos aritméticos, como na espécie (acórdão à fl. 389 e-STJ), com a juntada das fichas financeiras do servidor, cabe ao credor instruir a execução/cumprimento da sentença com a memória discriminada e atualizada do cálculo.

(...)

7. Recurso especial parcialmente conhecido e, nesta parte, não provido.

(REsp 1283297/PR, Rel. Ministro MAURO CAMPBELL MARQUES, SEGUNDA TURMA, julgado em 04/10/2011, DJe 13/10/2011)

culos depender de dados em poder da Fazenda, o juiz poderá requisitá-los, sob cominação do crime de desobediência; b) se a complementação dos cálculos depender de dados adicionais em poder da Fazenda, o juiz poderá requisitá-los a requerimento do credor, diligência que deverá ser cumprida em até trinta dias; se tais dados adicionais não forem apresentados, sem justificativa, os cálculos apresentados pelo exequente serão considerados corretos, ainda que elaborados com base em dados insuficientes.

Se houver mais de um exequente, determina o art. 534, §1º que cada um deverá apresentar o seu próprio demonstrativo de créditos, podendo o magistrado aplicar as regras previstas no art. 113, §§1º e 2º do Código, que tratam da limitação do litisconsórcio facultativo quanto ao número de litigantes, quando houver risco de comprometimento da rápida solução do litígio e de embaraços à defesa ou ao cumprimento da sentença. O requerimento interrompe o prazo para manifestação ou resposta, que terá reinício a partir da intimação da decisão que o analisar.

Perceba-se que o novo estatuto processual de forma expressa admite a limitação do litisconsórcio multitudinário na execução e na liquidação de sentença. Não havia previsão similar no CPC de 1973, embora na jurisprudência do STJ seja possível encontrar julgado em que se reputou viável tal restrição na fase executiva, embora temporalmente vinculada ao término do prazo de defesa do devedor, como também ocorre na fase de conhecimento. Da leitura da ementa não é possível perceber que se trata de pedido formulado na execução, razão pela qual se transcreve trecho do voto condutor do acórdão, em que a matéria foi apreciada:

> "(...) A partir das considerações tecidas, cumpre apreciar a alegação do Recorrente quanto à possibilidade de limitação litisconsorcial em sede de execução.
>
> Nesse contexto, impende salientar que, ainda que se admitisse a possibilidade de impugnação ao litisconsórcio em sede de execução, a mencionada recusa teria que ser pleiteada nos termos do art. 46, parágrafo único, do Estatuto Processual Civil, o que não ocorreu na hipótese dos autos.
>
> Com efeito, constata-se que o Estado do Espírito Santo formulou o pedido de limitação litisconsorcial quando já exaurido o prazo para o oferecimento dos embargos. Por conseguinte, a referida pretensão não poderia ser julgada procedente, uma vez que, a teor do art. 46, parágrafo único, do Código de Processo Civil, a impugnação do litisconsórcio deve ser realizada dentro do prazo para a defesa, sob pena de preclusão". (REsp 402.447/ES, Rel. Ministra LAURITA VAZ, QUINTA TURMA, julgado em 04/04/2006, DJ 08/05/2006, p. 267).

Seguindo-se a mesma linha de raciocínio, tratando-se da Fazenda Pública, o pedido deve ser formulado até o encerramento do prazo para apresentação da impugnação ao cumprimento de sentença, que é de 30 dias.

Não se olvide que a limitação aqui mencionada pode também ser determinada pelo juiz de ofício, de modo que a matéria não se submete à preclusão. O efeito da interrupção do prazo de defesa (*in casu,* da impugnação) é que somente incidirá se o pleito for formulado tempestivamente pela Fazenda[21].

4.3.3 O cumprimento voluntário das condenações e a aplicabilidade do art. 526 do CPC à Fazenda Pública

Apesar do modelo executivo próprio para as execuções contra a Fazenda estar estabelecido nos arts. 730 e 731 do CPC/73, não havia qualquer impedimento, de acordo com o Superior Tribunal de Justiça, para o cumprimento voluntário das condenações pelo Poder Público, por não haver prejuízos ao credor, revelando-se, segundo a referida Corte, o procedimento como mais célere e eficaz[22].

Inobstante a utilização da expressão "cumprimento voluntário" no julgado do STJ, na realidade, o que já se admitia, mesmo durante a vigência do CPC/73, é que a Fazenda se antecipasse e apresentasse a memória de cálculos com o valor considerado devido ao credor, posto que o pagamento propriamente dito deveria observar os ditames consti-

---

21. NEVES, Daniel Amorim Assumpção. In: **Manual de direito processual civil: volume único.** Salvador: JusPodivm, 2016, p. 247.

22. PROCESSUAL CIVIL. EXECUÇÃO POR QUANTIA CERTA CONTRA A FAZENDA PÚBLICA. NÃO ADOÇÃO DO RITO DO ART. 730 DO CPC. CUMPRIMENTO VOLUNTÁRIO DE SENTENÇA. AUSÊNCIA DE PREJUÍZO AO CREDOR. REEXAME. SÚMULA 7/STJ. PRINCÍPIO DA CELERIDADE PROCESSUAL. AUSÊNCIA DE IMPUGNAÇÃO ESPECÍFICA AO FUNDAMENTO DO ACÓRDÃO. SÚMULA 283/STF. ANÁLISE DA DIVERGÊNCIA JURISPRUDENCIAL PREJUDICADA ANTE O ÓBICE DA SÚMULA. 1. A insurgência posta no recurso especial diz respeito ao reconhecimento pela instância de origem da possibilidade de inaplicabilidade do rito do art. 730 do CPC nas execuções por quantia certa contra a Fazenda Pública. 2. No caso dos autos, o Tribunal de origem, ao dirimir a controvérsia, concluiu que não obstante a Fazenda se sujeite a rito executivo próprio, não há vedação legal para que o ente estatal efetue espontaneamente o pagamento da condenação judicial que lhe foi imposto, tampouco há prejuízo para a parte credora, que poderá receber o pagamento do crédito com mais celeridade e eficiência. (...) (AgRg no REsp 1528156/MG, Rel. Ministro HUMBERTO MARTINS, SEGUNDA TURMA, julgado em 18/08/2015, DJe 25/08/2015)

tucionais pertinentes à expedição dos precatórios, notadamente no que diz respeito à ordem de inscrição dos créditos respectivos.

Apenas no que concerne às requisições de pequeno valor havia, ao menos em tese, a possibilidade de adimplemento propriamente voluntário, posto que a regra do *caput* do art. 100 da Constituição da República não se aplica aos pagamentos de obrigações definidas em lei como de pequeno valor, nos termos do §3º do mesmo dispositivo constitucional.

O Supremo Tribunal Federal, no julgamento do RE 420816[23], ao declarar a constitucionalidade do art. 1º-D da Lei 9.494, de 10 de setembro de 1997, incluído pela Medida Provisória nº 2.180-35, de 24 de agosto de 2001, dando-lhe interpretação conforme a Constituição[24], assentou o entendimento de que apenas os pagamentos a serem efetuados pela Fazenda por meio de *precatórios* não são voluntários.

Assim, de acordo com o STF, no que concerne às requisições de pequeno valor, seu adimplemento seria realizado diretamente pelo ente público, de modo que, no caso, haveria cumprimento voluntário da condenação pela Fazenda Pública, que deveria ser levado a efeito no prazo de 60 dias.

No CPC/2015, o procedimento para realização do pagamento propriamente voluntário[25], aplicável aos devedores comuns, consta expressamente no art. 526, que permite ao réu, antes da intimação para cumprimento da sentença, comparecer em juízo e *oferecer em pagamento* o valor que reputa devido, *apresentando a memória de cálculos*. O autor será ouvido em cinco dias, podendo impugnar o *valor depositado*, que pode ser levantado como parcela incontroversa. Se o autor não se opuser, a obrigação será declarada satisfeita pelo juiz, com a extinção do processo.

23. Relator(a): Min. CARLOS VELLOSO, Relator(a) p/ Acórdão: Min. SEPÚLVEDA PERTENCE, Tribunal Pleno, julgado em 29/09/2004, DJ 10-12-2006 PP-00050 EMENT VOL-02255-04 PP-00722

24. A temática dos honorários advocatícios nas execuções não embargadas/impugnadas será tratada no item 4.3.5 abaixo.

25. Falamos em pagamento propriamente voluntário porque, na hipótese do art. 526 (também chamada de execução inversa), o devedor se antecipa e busca efetivar o adimplemento da obrigação antes do requerimento de cumprimento de sentença ser formulado pelo credor. No caso do *caput* do art. 523, embora também denominado "cumprimento voluntário ou espontâneo" o pagamento do valor da condenação no prazo de 15 dias, é certo que tal voluntariedade inexiste de fato, porquanto há previsão de sanções caso não haja o adimplemento no referido prazo: multa e honorários de 10%. Inobstante, no presente livro, as duas hipóteses serão consideradas como cumprimento voluntário da obrigação.

Entendemos que se revela possível a utilização da sobredita regra pela Fazenda Pública, porém, com algumas necessárias adaptações.

Quando, em razão do valor da condenação, for obrigatória a expedição de precatórios, não há como se falar verdadeiramente em *pagamento voluntário*, como assinalado acima. Na hipótese, a Fazenda pode apenas se antecipar ao exequente e apresentar a memória de cálculos, sem obviamente depositar o valor em juízo, devendo-se intimar o credor para impugnar o montante apresentado em cinco dias. Havendo concordância, haverá determinação da expedição do precatório respectivo; havendo discordância, a parcela admitida pela Fazenda como devida será tida como valor incontroverso, aplicando-se o disposto no art. 535, §4º, com a expedição do precatório relativamente a essa importância[26]. A voluntariedade residiu, pois, na apresentação dos cálculos, mas não no pagamento em si.

No que concerne às requisições de pequeno valor, observada a literalidade do art. 535, §3º, II do CPC[27], chega-se facilmente à conclusão de que o adimplemento correspondente deveria ser realizado diretamente pelos entes públicos. Estabelece o referido dispositivo que não impugnada a execução ou rejeitadas as arguições da executada, o pagamento da obrigação de pequeno valor será realizado por ordem do juiz, *dirigida à autoridade na pessoa de quem o ente público foi citado para o processo*, no prazo de 2 (dois) meses contado da entrega da requisição, *mediante depósito* na agência de banco oficial mais próxima da residência do exequente.

Se o pagamento deve ser feito no prazo de dois meses pela autoridade competente, por ordem do juiz, por meio de depósito na agência de banco oficial mais próxima da residência do exequente, a conclusão mais lógica,

26. Segundo Fredie Didier Júnior, Leonardo Carneiro da Cunha, Paula Sarno Braga e Rafael Alexandria de Oliveira (In: Curso de Direito Processual Civil: execução. Salvador: JusPodivm, 2017, p. 678), à Fazenda Pública não se aplica o art. 526 quando o pagamento deva ser realizado por meio de precatórios, porquanto não há, na hipótese, possibilidade de pagamento voluntário. Entendemos, entretanto, que é possível aplicar o dispositivo apenas no que se refere à antecipação da apresentação da memória de cálculos pela Fazenda, o que favorecerá o exequente, tendo em vista a possibilidade de expedição antecipada do precatório, caso concorde com os valores apresentados, ou mesmo a expedição de precatório em relação ao valor incontroverso.

27. Sobre o dispositivo, foi aprovado o seguinte enunciado no Fórum Nacional do Poder Público realizado em junho de 2017 em São Paulo: "A expedição de requisitório fica condicionada ao trânsito em julgado da decisão dos embargos à execução ou da impugnação ao cumprimento de sentença opostos pela Fazenda Pública".

sem dúvidas, é a de que há, nesses casos, possibilidade de cumprimento voluntário da condenação pela Fazenda Pública[28][29].

Ocorre que, na prática, o adimplemento das requisições de pequeno valor nem sempre ocorre na forma exposta acima, ou seja, diretamente pelo ente público, sem observância de uma ordem cronológica.

Isso porque, no que concerne às sentenças condenatórias de pagar quantia proferidas contra a União, suas autarquias e fundações públicas, não apenas o pagamento dos precatórios *mas também das requisições de pequeno valor* é realizado pelo tribunal que proferiu a decisão exequenda e não pela pessoa jurídica de direito público, por meio de um procedimento de descentralização das dotações orçamentárias devidamente aprovadas na Lei Orçamentária Anual ou em créditos adicionais, efetivado pelo o órgão orçamentário do Poder Executivo para o órgão orçamentário do Poder Judiciário que, por seu turno, descentraliza tais dotações para os tribunais que proferiram as decisões exequendas[30].

Tendo em vista tal descentralização, o art. 32, §4º da Lei de Diretrizes Orçamentárias dispõe que a liberação dos recursos financeiros relativos às dotações orçamentárias descentralizadas deve ser realizada diretamente pelos tribunais aos beneficiários[31].

---

28. Fredie Didier Júnior, Leonardo Carneiro da Cunha, Paula Sarno Braga e Rafael Alexandria de Oliveira (In: Curso de Direito Processual Civil: execução. Salvador: JusPodivm, 2017, p. 678) entendem que se a condenação é de pequeno valor, não há ordem cronológica de pagamento, razão pela qual a Fazenda Pública, nesses casos, pode fazer o pagamento voluntário.
29. Quando falamos aqui em cumprimento voluntário, referimo-nos tanto à hipótese prevista no art. 526 (antecipação do pagamento pelo devedor) quanto ao adimplemento espontâneo no prazo legalmente previsto (no caso das requisições de pequeno valor, o prazo é de dois meses).
30. Nesse sentido, a Lei de Diretrizes Orçamentárias (a relativa ao ano de 2017 é a de nº 13.408, de 26 de dezembro de 2016), em seu art. 32, estabelece que "As dotações orçamentárias destinadas ao pagamento de débitos relativos a precatórios e requisições de pequeno valor, aprovadas na Lei Orçamentária de 2017 e em créditos adicionais, deverão ser integralmente descentralizadas pelo órgão central do Sistema de Administração Financeira Federal aos órgãos setoriais de planejamento e orçamento do Poder Judiciário, ou equivalentes, que se incumbirão em descentralizá-las aos Tribunais que proferirem as decisões exequendas, ressalvadas as hipóteses de causas processadas pela justiça comum estadual".
31. Art. 32, §4, da LDO: "As liberações dos recursos financeiros correspondentes às dotações orçamentárias descentralizadas na forma deste artigo deverão ser realizadas diretamente para o órgão setorial de programação financeira das unidades orçamentárias responsáveis pelo pagamento do débito, de acordo com as regras de liberação para os órgãos do Poder Judiciário previstas nesta Lei e a programação financeira estabelecida na forma do art. 8o da Lei de Responsabilidade Fiscal, e serão informadas aos beneficiários pela vara de execução responsável".

Há também na LDO a determinação de que o Poder Judiciário disponibilize mensalmente à Advocacia-Geral da União, aos órgãos e às entidades devedores e à Procuradoria-Geral da Fazenda Nacional, a relação dos precatórios e das requisições de pequeno valor autuados e pagos, para fins de acompanhamento e controle[32].

Diante de tais determinações legais, os órgãos do Poder Judiciário passaram a regulamentar o procedimento para pagamento das requisições de pequeno valor, notadamente quando se tratar de sentença condenatória de pagar quantia proferida contra a União, suas autarquias e fundações.

A Resolução nº 405, de 09 de junho de 2016, do Conselho da Justiça Federal[33], por exemplo, que regulamenta o pagamento de quantia certa decorrente de condenação da Fazenda Pública, *nos processos judiciais de competência da Justiça Federal e no exercício da competência federal delegada*, estabelece, em seus arts. 3º, §§1º e 6º, que, no caso de obrigações de pequeno valor, quando a devedora for a União, suas autarquias e fundações, o juiz expedirá ofício requisitório *ao presidente do tribunal* correspondente, que terá a responsabilidade de *organizar mensalmente a relação de requisições em ordem cronológica*, com os valores devidos por beneficiário, relação esta que será encaminhada à Secretaria de Planejamento, Orçamento e Finanças do Conselho da Justiça Federal e ao representante legal da entidade devedora.

Como se vê, o adimplemento do valor das condenações de pequeno valor não é efetuado direta e voluntariamente pelos entes públicos federais, vez que há interferência dos tribunais, os quais, além de estabelecerem a ordem cronológica de pagamento, devem promover a liberação dos recursos financeiros correspondentes aos beneficiários.

No que se refere aos créditos de pequeno valor de responsabilidade das Fazendas Públicas estadual, distrital, municipal e de suas respectivas autarquias e fundações, estabelece o art. 3º, §2º da Resolução nº 405/2016 do CJF que "as RPVs serão encaminhadas pelo juízo da execução ao pró-

32. Art. 30 da LDO: "O Poder Judiciário disponibilizará mensalmente, de forma consolidada por órgão orçamentário, à Advocacia-Geral da União, aos órgãos e às entidades devedores e à Procuradoria-Geral da Fazenda Nacional, a relação dos precatórios e das requisições de pequeno valor autuados e pagos, considerando as especificações estabelecidas nos incisos do caput do art. 29, com as adaptações necessárias".

33. Disponível em: https://www2.cjf.jus.br/jspui/handle/1234/49051.

prio devedor, fixando-se o prazo de 60 dias para o respectivo depósito diretamente na vara de origem".

Nota-se que o pagamento das requisições de pequeno valor deve ser realizado diretamente pelo ente público estadual ou municipal, quando a condenação for proveniente da Justiça Federal, não havendo determinação de pagamento com observância de ordem cronológica. Destarte, em tais casos, o pagamento é efetivamente direto e, segundo se pensa, pode ser voluntário.

No âmbito do Superior Tribunal de Justiça, há a Instrução Normativa nº 03, de 11 de fevereiro de 2014, que dispõe sobre os procedimentos aplicáveis ao processamento da execução contra a Fazenda Pública e ao pagamento dos precatórios e das requisições de pequeno valor na referida Corte. Nos termos do art. 5º do mencionado ato normativo, "apurado o valor devido pela Fazenda Pública, em decorrência de decisão transitada em julgado, o Presidente do órgão julgador expedirá o precatório ou a requisição de pequeno valor – RPV, conforme o caso" e o §5º do mesmo artigo estabelece que "os requisitórios de pagamento serão dirigidos ao presidente do Tribunal, que determinará as providências à entidade pública executada para o depósito respectivo".

O depósito deve ser feito, em tese, pelo ente público executado, porém o art. 8º da Instrução Normativa consagra a ordem cronológica de pagamento também em relação às requisições de pequeno valor. A organização da ordem cronológica das requisições de pequeno valor devidas pela União, suas autarquias e fundações é levada a efeito pelo próprio tribunal, que deve encaminhar a lista respectiva à unidade de orçamento e finanças para as providências relacionadas à quitação dos débitos, no prazo de até 60 dias[34]. Não há, portanto, como realizar o cumprimento voluntário, vez que deve ser observada a ordem cronológica encaminhada pelo tribunal.

Por outro lado, se o adimplemento tiver que ser efetuado por outras entidades de direito público, será determinada a expedição de ofício assinado pelo presidente do Tribunal, "com notificação à autoridade

---

34. Art. 9º Autuados o precatório e a requisição de pequeno valor, compete à Coordenadoria de Execução Judicial: IV – organizar, na ordem cronológica de apresentação, a lista das requisições de pequeno valor de responsabilidade das entidades referidas no inciso II e encaminhá-la com os respectivos valores e dados cadastrais à unidade de orçamento e finanças para as providências pertinentes à quitação dos débitos, no prazo de até 60 dias;

máxima de cada ente, para que, no prazo de até 60 dias, deposite em instituição bancária oficial localizada no Tribunal o crédito judicial apurado, atualizado monetariamente"[35]. Não há determinação específica, nesse caso, de organização de ordem cronológica de pagamento pelo próprio tribunal, razão pela qual há possibilidade, a nosso ver, de pagamento voluntário.

É certo que a regulamentação do pagamento das requisições de pequeno valor pode variar no âmbito dos Tribunais de Justiça dos Estados[36]. Se o pagamento for requisitado pelo juiz diretamente aos entes públicos correspondentes, sem elaboração prévia de lista com ordem cronológica de pagamento e sem descentralização das dotações orçamentárias do Executivo para o Judiciário, poderá haver voluntariedade no cumprimento da obrigação. Caso haja tal ingerência dos tribunais, não há, em consequência, voluntariedade.

Assim é que, em consequência, no primeiro caso, entendemos que se aplica integralmente o disposto no art. 526 do CPC à Fazenda Pública, porquanto esta poderá fazer diretamente o pagamento, inclusive depositando o valor que reputar devido ao credor que seria tido, ainda que não houvesse concordância, como incontroverso.

Para tanto, o ente público, antes de intimado para apresentar impugnação, poderá peticionar ao juízo apresentando memória de cálculos e requerendo a expedição da ordem de pagamento, para que possa efetuar o depósito do valor correspondente na agência de banco oficial mais próxima da residência do exequente.

No segundo caso, tal como na hipótese dos precatórios, a Fazenda Pública, antecipando-se ao credor, deve se limitar a apresentar a memória de cálculos, sem possibilidade de promover o depósito do valor em juízo,

35. Art. 9º, V.

36. Como exemplo, pode-se mencionar a Instrução Normativa nº 01, de 24 de janeiro de 2012, do Tribunal de Justiça do Estado de Pernambuco, que estabelece, em seu art. 16, que "Tratando-se de Requisição de Pequeno Valor (RPV) relativa a débito das Fazendas Estadual e Municipal e de suas respectivas autarquias e fundações, após o trânsito em julgado da decisão, o Juízo da Execução providenciará a entrega da solicitação (...) à autoridade que representa o ente devedor para, no prazo máximo de 60 (sessenta) dias, efetuar o pagamento da dívida (art. 13, I, da Lei 12.153, de 22 de dezembro de 2009)". Nota-se, assim, que, no Estado de Pernambuco, o pagamento das requisições de pequeno valor é efetuado diretamente pelo Estado, pelos Municípios e pelas suas respectivas autarquias e fundações, sem interferência do tribunal no tocante à organização de lista de ordem cronológica. Há, pois, possibilidade de cumprimento voluntário da obrigação.

devendo-se intimar o credor para impugnar o montante apresentado em cinco dias: caso haja concordância, haverá determinação da expedição do ofício requisitório respectivo; havendo discordância, a parcela admitida pela Fazenda como devida será tida como valor incontroverso, aplicando-se o disposto no art. 535, §4º, com a expedição do ofício requisitório relativamente a esse montante[37].

4.3.4 A inaplicabilidade da multa de 10% prevista no art. 523, §1º, do CPC à Fazenda Pública

Nas execuções comuns, nos termos do art. 475-J do CPC de 1973, o não pagamento voluntário da condenação acarretava a incidência de multa no percentual de 10%, que seria acrescida ao montante da execução.

Se a doutrina majoritária entendia que o modelo de cumprimento de sentença não se amoldava às execuções contra a Fazenda Pública de acordo com as disposições do CPC de 1973, mostrava-se também inadequada, *a priori*, a imposição da pré-falada multa contra o Poder Público. A jurisprudência do STJ, durante a vigência do CPC revogado, era pacífica a esse respeito[38].

---

37. Segundo Fredie Didier Júnior, Leonardo Carneiro da Cunha, Paula Sarno Braga e Rafael Alexandria de Oliveira (In: Curso de Direito Processual Civil: execução. Salvador: JusPodivm, 2017, p. 678), à Fazenda Pública não se aplica o art. 526 quando o pagamento deva ser realizado por meio de precatórios, porquanto não há, na hipótese, possibilidade de pagamento voluntário. Entendemos, entretanto, que é possível aplicar o dispositivo apenas no que se refere à antecipação da apresentação da memória de cálculos pela Fazenda, o que favorecerá o exequente, tendo em vista a possibilidade de expedição antecipada do precatório, caso concorde com os valores apresentados, ou mesmo a expedição de precatório em relação ao valor incontroverso.
38. PROCESSUAL CIVIL. EXECUÇÃO CONTRA A FAZENDA PÚBLICA. MULTA DO ART. 475-J DO CPC. INAPLICABILIDADE. PRECATÓRIO DE NATUREZA ALIMENTAR. ART. 100 DA CF/88. JUROS DE MORA. ART. 1º-F DA LEI N. 9.494/97. PRECLUSÃO E COISA JULGADA. FUNDAMENTOS DO ACÓRDÃO RECORRIDO NÃO IMPUGNADOS. INCIDÊNCIA DA SÚMULA N. 283/STF. 1. A despeito de a condenação referir-se à verba de natureza alimentar (proventos/pensões), a execução contra a Fazenda Pública deve seguir o rito do art. 730 do CPC, por tratar de execução de quantia certa. É que o art. 100 da Constituição Federal não excepcionou a verba alimentícia do regime dos precatórios, antes, apenas lhe atribuiu preferência sobre os demais débitos, exceto sobre aqueles referidos no § 2º do referido dispositivo legal (Redação dada pela Emenda Constitucional nº 62, de 2009). 2. Não há que se falar em incidência da multa de 10% prevista no art. 475-J do CPC em sede de execução contra a Fazenda Pública, visto que não é possível exigir que Fisco pague o débito nos 15 dias de que trata o dispositivo supra, eis que o pagamento do débito alimentar será realizado na ordem preferencial de precatórios dessa natureza. (...) 4. Recurso especial parcialmente conhecido e, nessa parte, provido. (REsp 1201255/RJ, Rel. Ministro MAURO CAMPBELL MARQUES, SEGUNDA TURMA, julgado em 02/09/2010, DJe 04/10/2010) (Grifo nosso)

O CPC/2015 reproduz a regra contida no sobredito art. 475-J, em seu art. 523, §1º, e acrescenta que haverá também honorários advocatícios no percentual de 10% na fase de cumprimento de sentença.

Com a alteração procedimental das execuções contra a Fazenda Pública, adotando-se a técnica do cumprimento de sentença quanto às obrigações de pagar quantia, certamente haveria discussões sobre a aplicabilidade da multa do art. 523, §1º. Para eliminar qualquer dúvida a esse respeito, o art. 534, §2º, veda a imposição da sanção supramencionada à Fazenda Pública.

A regra tem sua razão de ser. Como já dito em outras passagens, ao contrário dos devedores em geral, a Fazenda Pública não pode se desvincular das normas constitucionais que tratam dos precatórios e das requisições de pequeno valor, de modo que o pagamento de seus débitos deve observar estritamente os critérios definidos na Constituição.

Ora, se os pagamentos devidos pela Fazenda, nos termos do art. 100 da Constituição, devem ser feitos exclusivamente na ordem cronológica de apresentação dos precatórios - sem falar nas filas específicas para os créditos privilegiados - não haveria como as pessoas jurídicas de direito público realizarem o cumprimento espontâneo da execução no prazo definido pelo art. 523 do CPC/2015 (15 dias).

No que concerne às requisições de pequeno valor, se a própria legislação reconhece que o seu pagamento deve ser empreendido em dois meses, não teria o menor cabimento punir a Fazenda Pública pelo não cumprimento da obrigação em espaço de tempo inferior (ou seja, em 15 dias).

Por isso, andou bem o legislador ao proibir a imposição da multa por descumprimento espontâneo da sentença condenatória de pagar quantia contida no art. 523, §1º do CPC às pessoas jurídicas de direito público.

Entrementes, nas execuções de pequeno valor, em relação aos Estados e Municípios, suas autarquias e fundações que realizem o pagamento das RPV's diretamente aos credores[39], sem imposição de uma ordem cronológica pelos tribunais e sem descentralização das dotações orçamentárias do Executivo para o Judiciário, deveria ser cabível a im-

39. Vide item 4.3.3 acima.

posição da multa em referência: não pela escusa de pagamento em 15 dias – prazo definido para os devedores em geral – mas pelo descumprimento dentro dos 2 meses definidos no art. 535, §3º, II. Se é possível a satisfação espontânea, o Poder Público, assim como os particulares, também deveria ser sancionado em caso de inadimplemento, ainda mais sem a demonstração da concreta impossibilidade de cumprir a obrigação no prazo definido pela lei.

Essa não foi, contudo, a opção do CPC/2015, porquanto o art. 534, §2º veda, indistintamente, a imposição da multa prevista no art. 523 à Fazenda Pública, seja nos pagamentos mediante precatórios, seja naqueles que devem ser efetivados por meio de requisições de pequeno valor, independentemente da forma pela qual se efetive o pagamento (diretamente pelo ente público ou de acordo com ordem cronológica pré-estabelecida pelos tribunais e com a descentralização das dotações orçamentárias do Executivo para o Judiciário, como acontece com a União, suas autarquias e fundações).

4.3.5 Os honorários advocatícios no cumprimento de sentença contra a Fazenda Pública

Como se disse linhas atrás, além da multa, o art. 523, §1º, do CPC também determina a incidência de honorários advocatícios na fase executiva, no percentual de 10% e o art. 534, §2º coibiu tão somente a aplicação da multa em face do Poder Público, não os honorários.

Assim, parece acertado o cabimento de honorários de advogado na fase de cumprimento de sentença contra a Fazenda Pública.

Sobre o tema, imprescindível tratar do art. 1º-D da Lei 9.494, de 10 de setembro de 1997, incluído pela Medida Provisória nº 2.180-35, de 24 de agosto de 2001, que estabelece que não serão devidos honorários pela Fazenda nas execuções não embargadas.

Apesar das inúmeras críticas doutrinárias acerca do dispositivo em tela, inclusive a respeito de sua duvidosa constitucionalidade, o Supremo considerou constitucional a Medida Provisória 2.180-35/2001, dando-lhe, porém, interpretação conforme a Constituição para restringir sua aplicação às execuções submetidas ao regime de precatórios, excluindo-a daquelas que ensejem pagamento por meio de requisição de pequeno valor. O acórdão, do Pleno do STF, restou assim ementado:

> "I. Recurso extraordinário: alínea "b": devolução de toda a questão de constitucionalidade da lei, sem limitação aos pontos aventados na decisão recorrida. Precedente (RE 298.694, Pl. 6.8.2003, Pertence, DJ 23.04.2004). II. Controle incidente de inconstitucionalidade e o papel do Supremo Tribunal Federal. Ainda que não seja essencial à solução do caso concreto, não pode o Tribunal - dado o seu papel de "guarda da Constituição" - se furtar a enfrentar o problema de constitucionalidade suscitado incidentemente (v.g. SE 5.206-AgR; MS 20.505). III. Medida provisória: requisitos de relevância e urgência: questão relativa à execução mediante precatório, disciplinada pelo artigo 100 e parágrafos da Constituição: caracterização de situação relevante de urgência legislativa. IV. **Fazenda Pública: execução não embargada: honorários de advogado: constitucionalidade declarada pelo Supremo Tribunal, com interpretação conforme ao art. 1º-D da L. 9.494/97, na redação que lhe foi dada pela MPr 2.180-35/2001, de modo a reduzir-lhe a aplicação à hipótese de execução por quantia certa contra a Fazenda Pública (C. Pr. Civil, art. 730), excluídos os casos de pagamento de obrigações definidos em lei como de pequeno valor** (CF/88, art. 100, § 3º)". (RE 420816, Relator(a): Min. CARLOS VELLOSO, Relator(a) p/ Acórdão: Min. SEPÚLVEDA PERTENCE, Tribunal Pleno, julgado em 29/09/2004, DJ 10-12-2006 PP-00050 EMENT VOL-02255-04 PP-00722) (grifo nosso).

A justificativa da prerrogativa contido no art. 1º-D da Medida Provisória 2.180-35/2001, segundo Araken de Assis[40], o que também se pode extrair das discussões levadas a efeito no julgamento do RE 420816/STF, seria a circunstância de que, "no procedimento especial, a executada não pode solver a obrigação, espontaneamente, e mostra-se imperativo instaurar a execução, ensejando a requisição do pagamento".

Em outras palavras, a execução de pagar quantia contra a Fazenda, quando exigível a expedição de precatório, não ocorre em função da mora, do inadimplemento do devedor, mas da obrigatoriedade de expedição de precatórios. Assim, sendo inevitável a execução nesses casos e não sendo possível o cumprimento voluntário da condenação, não haveria que se falar em honorários de advogado nas execuções não embargadas, porquanto inexistente a sucumbência.

Lado outro, no caso das execuções em que o pagamento deve ser feito por requisição de pequeno valor, assentou a Suprema Corte o entendimento no sentido de que pode haver descumprimento voluntário do

40. **Manual da execução.** São Paulo: Revista dos Tribunais, 2013, p. 1105/1106.

pagamento, de modo que, ainda que não embargadas, nessas execuções serão cabíveis os honorários advocatícios[41].

Assim é que, em síntese, a vedação à incidência de honorários contida no art. 1º-D da Lei 9.494/97, segundo o STF, aplica-se tão somente às execuções não embargadas cujo pagamento deva ser feito por meio de precatórios.

A orientação pacífica do Superior Tribunal de Justiça também é no sentido de que o art. 1º-D da Medida Provisória 2.180-35/2001 se aplica às execuções (inclusive de sentença) não embargadas, mantendo-se a exceção no tocante às requisições de pequeno valor[42].

Apesar disso, conforme assinalamos no item 4.3.3 acima, há de se distinguir o modo pelo qual é realizado o pagamento das requisições de pequeno valor.

No caso da União, de suas autarquias e fundações, deve haver dotação orçamentária específica para as requisições de pequeno valor na Lei Orçamentária Anual e há previsão na Lei de Diretrizes Orçamentárias de descentralização do seu pagamento do Executivo para o Judiciário, que deve ser realizado de acordo com a ordem cronológica elaborada previamente pelo tribunal, de modo que não há adimplemento direto e voluntário realizado por tais entes públicos aos seus credores, porquanto o juiz expede ofício requisitório diretamente ao presidente do tribunal para que determine o pagamento ao beneficiário com observância de uma ordem cronológica.

No caso dos Estados e Municípios, cada tribunal poderá regulamentar de forma distinta o procedimento do pagamento das requisições de

---

41. Importante colacionar a advertência de Araken de Assis (In: **Manual da execução**. São Paulo: Revista dos Tribunais, 2013, p. 1106): "(...) o STF não admite o fracionamento da execução de sentença coletiva para o efeito de cabimento de honorários. Admissível que seja a execução individual, cabem honorários, consoante a Súmula 345 do STJ: 'São devidos honorários advocatícios pela Fazenda Pública nas execuções individuais de sentença proferida em ações coletivas, ainda que não embargadas".

42. PROCESSO CIVIL. AGRAVO INTERNO NO RECURSO ESPECIAL. EXECUÇÃO DE SENTENÇA CONTRA A FAZENDA PÚBLICA. RPV. FIXAÇÃO DE HONORÁRIOS NA FASE DE CUMPRIMENTO. POSSIBILIDADE. PRECEDENTES. AGRAVO NÃO PROVIDO.

    1. A jurisprudência do STJ firmou orientação de que nas execuções contra a Fazenda Pública ajuizadas após a vigência da Medida Provisória 2.180-35/2001 e não embargadas, os honorários advocatícios serão devidos quando se tratar de débitos de pequeno valor.

    2. Agravo interno não provido.

    (AgRg no REsp 1572722/RS, Rel. Ministro MAURO CAMPBELL MARQUES, SEGUNDA TURMA, julgado em 08/03/2016, DJe 14/03/2016)

pequeno valor. Se o modelo for similar ao da União, não há possibilidade de adimplemento voluntário; se o pagamento for levado a efeito diretamente pelo ente público devedor, há possibilidade de cumprimento espontâneo da condenação.

A incidência de honorários, em consequência, deveria seguir o mesmo raciocínio: não havendo ingerência do ente público quanto ao pagamento das requisições de pequeno valor, deveria ser aplicável o art. 1º-D da Medida Provisória 2.180-35/2001, dada a inexistência de inadimplemento voluntário; se o pagamento for realizado diretamente pelo ente público, aí sim devem incidir honorários, porquanto a escusa no pagamento se evidenciaria como voluntária.

O entendimento do Supremo Tribunal Federal não distingue – a nosso ver equivocadamente –, o modo por meio do qual é feito o pagamento das requisições de pequeno valor. Nas execuções respectivas, portanto, são considerados cabíveis os honorários advocatícios, orientação que provavelmente haverá de prevalecer até que haja a revisão/superação da tese pelo próprio STF.

Outra relevante questão deve aqui ser referida. Com a adoção da técnica executiva do cumprimento de sentença contra a Fazenda Pública, a defesa não mais se denomina embargos, mas impugnação. Desse modo, o art. 1º-D da Medida Provisória 2.180-35/2001 deveria ser estendido aos cumprimentos de sentença contra a Fazenda em que não tenha sido apresentada impugnação.

Ocorre que o CPC trouxe regramento específico sobre o tema: segundo o seu art. 85, §7º, "não serão devidos honorários no cumprimento de sentença contra a Fazenda Pública que enseje expedição de precatório, desde que não tenha sido impugnada". O dispositivo apenas faz referência aos precatórios, certamente buscando encampar a orientação do STF quanto ao art. 1º-D da Medida Provisória 2.180-35/2001. Desse modo, havendo impugnação ou, não havendo, em caso de cumprimento de sentença contra a Fazenda em que o adimplemento deva ser realizado através de requisições de pequeno valor, serão, em tese, devidos honorários pelo Poder Público.

Entendemos que, nesse ponto, aplica-se o mesmo raciocínio anteriormente empreendido no que concerne à interpretação do art. 1º-D da Medida Provisória 2.180-35/2001, ou seja, não se deve considerar que nos cumprimentos de sentença em que o pagamento deva ser feito por meio de requisições de pequeno valor serão devidos, indistintamente, os honorários quando não oferecida a impugnação pela Fazenda. Deve ser analisado o modo pelo qual será realizado o pagamento: se efetuado diretamente pelo ente público devedor, sem obediência de ordem cronológica pré-definida pelo tribunal, há possibilidade de pagamento voluntário, razão pela qual devem incidir os honorários; por outro lado, se o adimplemento tiver que ser levado a efeito com obediência de ordem cronológica definida pelo tribunal e ainda mais quando este for o responsável direto pela liberação dos recursos correspondentes aos beneficiário, não devem ser cabíveis os honorários, porquanto se revela inviável, nesse caso, o pagamento voluntário por parte do ente público[43].

Embora sem fazer a distinção aqui referida, há julgado da 2ª Turma do Tribunal Regional Federal da 5ª Região, de 31 de janeiro de 2017, de Relatoria do Des. Paulo Roberto de Oliveira Lima, no sentido de que não são cabíveis honorários nas execuções de sentença não impugnadas, ainda que o pagamento deva ser feito por meio de requisição de pequeno valor[44].

Também em função da entrada em vigor do CPC/2015, já há diversas demandas questionando a compatibilidade da súmula nº 345 do STJ, segundo a qual "são devidos honorários advocatícios pela Fazenda Pública nas execuções individuais de sentença proferida em ações coletivas, ainda que não embargadas", com o art. 85, §7º, do referido diploma legal. É que o CPC não faz distinção quanto à natureza da ação (individual ou coletiva) que deu origem ao cumprimento de sentença, de modo que é preciso definir se a súmula nº 345 do STJ continua sendo aplicável.

---

43. Importante destacar a aprovação de enunciado no Fórum Nacional do Poder Público, realizado em junho de 2017, sugerido pelos autores do presente livro, no seguinte sentido: "Não serão devidos honorários no cumprimento de sentença não impugnado sempre que houver descentralização ao Judiciário das dotações orçamentárias destinadas ao pagamento de requisições de pequeno valor".

44. O acórdão restou assim ementado: PROCESSUAL CIVIL. AGRAVO DE INSTRUMENTO. CUMPRIMENTO DE SENTENÇA CONTRA A FAZENDA PÚBLICA. USÊNCIA DE IMPUGNAÇÃO. DESCABIMENTO DE HONORÁRIOS ADVOCATÍCIOS. APLICAÇÃO DO ART. 85, § 7º, DO CPC. 1. É pertinente a aplicação do art. 85, § 7º, do CPC, independentemente do caso em tela dizer respeito a execuções cujos pagamentos se darão por precatório ou requisição de pequeno valor, ou de se tratar de execuções individuais de sentença proferida em ação coletiva; o que importa é que o cumprimento de sentença (promovido sob a égide do Novo CPC) não tenha sido impugnado. 2. Dito de outra forma, se não há resistência da Fazenda à pretensão executória, é dizer, se não há impugnação ao cumprimento de sentença, descabe a condenação da Fazenda em honorários advocatícios, afinal está submetida obrigatoriamente ao pagamento de suas condenações por intermédio de precatório/RPV, mesmo que concorde com os valores executados. 3. Agravo de instrumento desprovido.

O Superior Tribunal de Justiça, em março de 2017, afetou três recursos especiais para julgamento de acordo com a sistemática repetitiva, para exatamente definir se a súmula nº 345 do STJ continua aplicável diante da superveniência do art. 85, §7º, do CPC/2015[45].

A Associação Norte Nordeste de Professores de Processo (ANNEP) pleiteou a sua admissão em um dos referidos recursos como *amicus curiae* e, na petição respectiva, manifestou-se no sentido de que o teor do enunciado da súmula 345 do STJ, além de não se adequar à decisão do STF no tocante à interpretação do art. 1º-D da Medida Provisória 2.180-35/2001, resta prejudicado com a vigência do CPC/2015[46].

Um último questionamento cabe-nos ainda levantar: sendo considerados cabíveis os honorários, que percentual deverá ser aplicado? 10%, nos termos do art. 523, §1º, ou conforme a gradação prevista no art. 85, §3º do CPC?

A nosso ver, o art. 523, §1º estabelece o percentual de 10%, sem gradação, para o não pagamento voluntário, considerando o prazo de 15 (quinze) dias que o devedor privado tem para tanto. Não há como estender dito regramento ao cumprimento de sentença contra a Fazenda Pública, tendo em conta que, se há previsão específica para as condenações em honorários nos feitos em que for parte, não tendo o Código feito distinção se na fase cognitiva ou executiva, é essa regra específica que deverá ser aplicada, obedecendo-se assim os parâmetros do art. 85, §3º.

4.3.6 As posturas do magistrado diante do requerimento do cumprimento de sentença contra a Fazenda Pública

Apresentado o requerimento pelo exequente, devidamente acompanhado do demonstrativo discriminado e atualizado do crédito, ao magistrado singular cumpre adotar duas atitudes básicas.

45. REsp nº 1.648.238/RS, REsp nº 1.648.498/RS e REsp nº 1.650.588/RS.

46. Da referida petição, subscrita por Leonardo Carneiro da Cunha, Fredie Didier Jr. e Eduardo Uchoa Athayde, extrai-se que "É preciso, então, que a orientação do STJ, compendiada no enunciado 345 de sua Súmula, ajuste-se ao entendimento do STF e ao disposto no §7º do art. 85 do CPC, estabelecendo-se que, nos casos de sentença coletiva, cabem honorários nos sucessivos *processos de liquidação,* e *não* nas subsequentes execuções individuais", salvo se se tratar de execução sem precatório.

Em primeiro lugar, caso se depare com vício insanável, passível de conhecimento de ofício, pode reconhecer a nulidade do título, como ocorre, por exemplo, diante da ausência de liquidez.

Destaque-se, no entanto, que, à luz do art. 10 do Código, o juiz não mais poderá proferir as chamadas "decisões-surpresa", ou seja, aquelas levadas a efeito "com base em fundamento a respeito do qual não se tenha dado às partes oportunidade de se manifestar, ainda que se trate de matéria sobre a qual deva decidir de ofício".

Assim é que, mesmo diante de vício insanável passível de reconhecimento *ex officio*, vislumbrada pelo juiz na fase de cumprimento de sentença contra a Fazenda, deverá anunciar essa possibilidade às partes, intimando-as a se pronunciarem em prazo razoável, a fim de que possam, exercendo o contraditório em sua plenitude, influir na decisão a ser tomada.

Por outro lado, a atitude mais comum será mesmo a de ordenar a intimação da Fazenda, na pessoa de seu representante judicial, para impugnar o cumprimento de sentença no prazo de trinta dias. Essa intimação pode ser feita por carga, remessa ou meio eletrônico.

Deve o magistrado, nesse mesmo despacho, fixar os honorários que deverão ser pagos pela Fazenda, caso apresente impugnação ou, mesmo quando não oferecida tal defesa, em se tratando de cumprimento de sentença cujo pagamento deva ser levado a efeito por meio de requisições de pequeno valor e diretamente pelo ente público devedor.

4.3.7 A intimação da Fazenda Pública para impugnar o requerimento de cumprimento da sentença

Aspecto relevante que distingue o cumprimento de sentença contra a Fazenda Pública das execuções comuns é que a intimação se dá, como visto, para apresentar impugnação, e não para pagar a dívida ou garantir o juízo. Não se poderia cogitar de intimação para pagar a dívida, porque ainda que pretendesse assim o fazer, o ente estatal precisaria respeitar os ditames constitucionais relacionados à expedição de precatórios. E não se há que falar em garantia de juízo em função da já citada presunção de solvência e da impenhorabilidade dos bens públicos.

Considerando-se as disposições dos arts. 730 e 731 do CPC/73, que tornavam necessária a propositura de ação executiva contra a Fazenda, prevaleceu a orientação de que não se aplicava ao Poder Público, neste momento inicial, a prerrogativa de prazo estabelecida pelo art. 188 do CPC/73 relativamente aos embargos, por constituírem processo novo, cujo prazo não pode ser assimilado ao regime dos processos já instaurados[47]. Assim, não haveria que se proceder à contagem em quádruplo para o oferecimento de embargos, inclusive por não possuírem natureza de contestação, mas sim de ação.

Pela nova sistemática, não há mais processo novo na execução de títulos judiciais contra a Fazenda. Há continuação do feito com a instauração de uma nova fase, a de cumprimento de sentença, sendo a Fazenda intimada para impugnar a execução em 30 dias. Daí porque se poderia cogitar da prerrogativa de contagem dos prazos em dobro, agora prevista no art. 183 do CPC/2015.

Contudo, o próprio art. 183, em seu §2º, tratou de expurgar essa ideia, ao dispor acertadamente que "não se aplica o benefício da contagem em dobro quando a lei estabelecer, de forma expressa, prazo próprio para o ente público". Havendo, pois, prazo específico para a impugnação definido pela lei (30 dias), não há benefício da contagem em dobro na espécie em prol da Fazenda.

4.4 EXECUÇÃO DE TÍTULOS EXTRAJUDICIAIS CONTRA A FAZENDA PÚBLICA

O cabimento da execução de títulos extrajudiciais em face da Fazenda Pública já foi objeto de intensos debates doutrinários e jurisprudenciais, que já se encontram hodiernamente superados, sendo inclusive objeto de súmula do Superior Tribunal de Justiça[48].

Se o CPC/2015 promoveu uma substancial alteração no que pertine à execução dos títulos judiciais, com a sistemática do cumprimento de sentença, isso não significou o fim do processo de execução

47. MARINONI, Luiz Guilherme; ARENHART, Sérgio Cruz. **Curso de Processo Civil, v. 3 – Execução.** São Paulo: Editora Revista dos Tribunais, 2008, p. 394.

48. Súmula 279 – STJ: É cabível execução por título extrajudicial contra a Fazenda Pública.

contra a Fazenda Pública, porque não se pode ignorar a existência de títulos extrajudiciais constituídos em face dos entes que detêm a natureza jurídica de direito público[49]. Assim, a execução de títulos extrajudiciais contra a Fazenda Pública está disciplinada no art. 910 do novo diploma.

Continua a haver plena autonomia, portanto, para o processo de execução contra a Fazenda que decorra de títulos judiciais. O título extrajudicial é aquele que não é formado por decisão judicial, mas sim pela vontade das próprias partes que integraram a lide executiva e, por isso, salvaguardadas as formalidades legais, o exequente prescindirá de cognição judicial para satisfazer o direito existente no título[50].

Nessa execução, a Fazenda será regularmente citada, mas não para pagar ou para se sujeitar à penhora, e sim para, no prazo de trinta dias, como já ocorria no diploma anterior, oferecer seus embargos à execução[51].

A citação deve ser pessoal e levada a efeito mediante carga, remessa ou por meio eletrônico, nos termos do art. 183, §1º do CPC[52].

Esses trinta dias são contados em dias úteis, observando-se o que prevê o art. 219 do CPC/2015, mas não se dá em dobro, visto que, no caso, cuida-se de prazo específico fixado em lei para a Fazenda Pública, como indica o art. 183, §2º, do código.

---

49. Rita Dias Nolasco (**Capítulo V: da execução contra a Fazenda Pública**. In: WAMBIER, Teresa Arruda Alvim et al. **Breves Comentários ao Novo Código de Processo Civil**. 3. ed. São Paulo: Revista dos Tribunais, 2016. p. 2254.), embasada na jurisprudência do STJ, relaciona diversos títulos extrajudiciais que podem embasar execução contra a Fazenda Pública: cheque firmado pelo Poder Público; duplicata com comprovante de entrega das mercadorias ou da prestação de serviços; crédito de verbas locatícias devidas em razão de contrato de locação de imóvel firmado pelo Poder Público como locatário; nota de empenho firmada pela Administração Pública de despesa não paga; crédito decorrente de contrato firmado pelo Poder Público etc. A autora também destaca o cabimento da execução contra a Fazenda Pública fundada em certidão de dívida ativa, devendo ser aplicado o procedimento do art. 910 (*idem*, p. 2255)
50. THAMAY, Renan Faria Krüger; RODRIGUES, Rafael Ribeiro. **Primeiras Reflexões sobre a Execução de Título Executivo Extrajudicial do CPC/73 ao CPC/2015: Aplicabilidade da Súmula 317 do STJ**. *In* DIDIER Jr., Fredie; MACEDO, Lucas Buril de; PEIXOTO, Ravi; FREIRE, Alexandre: **Novo CPC doutrina selecionada, v. 5: execução.** Salvador: Jus Podivm, 2015, p. 372.
51. Considerações mais aprofundadas sobre os embargos serão realizadas no item 5.4 abaixo.
52. Enunciado nº 401 do FPPC: Para fins de contagem de prazo da Fazenda Pública nos processos que tramitam em autos eletrônicos, não se considera como intimação pessoal a publicação pelo Diário da Justiça Eletrônico".

Ressalte-se, por fim, que haverão de ser arbitrados honorários nessas execuções, a serem fixados com base no art. 85, §3º, do CPC/2015[53-54].

53. Enunciado 240 do Fórum Permanente de Processualistas Civis – FPPC: "São devidos honorários nas execuções fundadas em título executivo extrajudicial contra a Fazenda Pública, a serem arbitrados na forma do § 3º do art. 85".

54. Enunciado 15 do Encontro Nacional de Formação e Aperfeiçoamento de Magistrados – ENFAM: "Nas execuções fiscais ou naquelas fundadas em título extrajudicial promovidas contra a Fazenda Pública, a fixação dos honorários deverá observar os parâmetros do art. 85, § 3º, do CPC/2015".

Ressalte-se, por fim, que haverão de ser arbitrados honorários nessas execuções, a serem fixados com base no art. 85, § 3º, do CPC/2015[53] [54].

53. Enunciado 240 do Fórum Permanente de Processualistas Civis – FPPC: São devidos honorários nas execuções fundadas em título executivo extrajudicial contra a Fazenda Pública, a serem arbitrados na forma do § 3º do art. 85.

54. Enunciado 14 do Encontro Nacional de Formação e Aperfeiçoamento de Magistrados – ENFAM: "Nas execuções fiscais ou naquelas fundadas em título extrajudicial promovidas contra a Fazenda Pública, a fixação dos honorários deverá observar os parâmetros do art. 85, § 3º, do CPC/2015".

Capítulo 5

A Tipologia e o Procedimento das Defesas da Fazenda Pública no CPC/2015

5.1 AS DEFESAS DA FAZENDA PÚBLICA NAS EXECUÇÕES PROPOSTAS DURANTE A VIGÊNCIA DO CPC/73

Conforme as regras do CPC de 1973, como é cediço, a Fazenda Pública poderia se contrapor à execução de pagar quantia por meio da interposição de embargos, no prazo de 30 dias.

Os embargos tinham natureza jurídica de ação, de modo que deveria ser confeccionada petição inicial, com a observância dos requisitos contidos nos arts. 282 e 283 do CPC revogado.

Questão que sempre despertou debate era quanto à atribuição ou não de efeito suspensivo aos embargos da Fazenda Pública. Ocorre que, na sistemática anterior à Lei n. 11.382/2006, os embargos à execução, independentemente de serem do particular ou da Fazenda, por si só tinham o condão de suspender o feito executivo.

A Lei n. 11.382/2006 previu, no seu art. 739-A, que os embargos não teriam efeito suspensivo, ao passo em que o §1° do mesmo artigo indicou que o juiz poderia, mediante requerimento do embargante, até atribuir esse efeito, desde que relevantes os fundamentos e se convencesse de que o prosseguimento da execução possa causar grave dano de difícil ou incerta reparação ao executado, e desde que também a execução estivesse garantida por penhora, depósito ou caução.

Levando-se em conta que as execuções movidas contra a Fazenda não apresentavam as figuras da penhora, do depósito ou da caução, restou o questionamento na doutrina e na jurisprudência, quanto à persistência ou não do efeito suspensivo automático quando o ente público embargasse a execução.

A doutrina se dividia quanto ao tema. Marinoni, por exemplo defendia que, em princípio, poderia o juiz autorizar o prosseguimento da execução contra a Fazenda Pública, expedindo-se de imediato o precatório[1]. Já Leonardo Carneiro da Cunha, de outra sorte, sustentava que os embargos opostos pela Fazenda Pública deveriam, forçosamente, ser recebidos no efeito suspensivo, pois, enquanto não se tornasse incontroverso ou definitivo o valor cobrado, não haveria como se expedir o precatório ou a requisição de pagamento[2].

De fato, apesar da modificação do art. 739 do CPC de 1973 e da inserção do art. 739-A, que expurgava a regra geral do efeito suspensivo dos embargos, em função da sistemática dos precatórios e das requisições de pequeno valor, entendia-se que tal modalidade de defesa, apresentada pela Fazenda Pública, deveria ser dotada de suspensividade.

Como bem defendiam Rodrigo Klippel e Antonio Adonias Bastos, se o legislador quisesse retirar a prerrogativa de suspensão da execução, teria ele deixado prevalecer o regramento da impugnação e dos embargos opostos pelo particular, sem um rito específico para a Fazenda[3].

O raciocínio exposto acima é muito feliz. Se o legislador manteve, mesmo com as reformas decorrentes da terceira onda de mudanças por que passou o CPC, o rito especial do art. 730 do CPC/1973, e sabendo que a expedição de precatório ou de requisição de pequeno valor somente se daria se o ente concordasse com os cálculos ou não embargasse, ter-se-ia

---

1. MARINONI, Luiz Guilherme; ARENHART, Sérgio Cruz. **Curso de Processo Civil, v. 3 – Execução.** São Paulo: Editora Revista dos Tribunais, 2008, p. 395.
2. CUNHA, Leonardo José Carneiro da. **A Fazenda Pública em juízo.** 5. Ed. São Paulo: Dialética, 2014, p. 329.
3. KLIPPEL, Rodrigo; BASTOS, Antonio Adonias. **Manual de Processo Civil**. Rio de Janeiro: Ed. Lumen Juris, 2011, p. 1474.

como inevitável conclusão que uma vez feita a opção pelos embargos, o precatório ou a requisição de pequeno valor não haveria de ser expedidos antes do deslinde daqueles. Essa era, inclusive, a orientação do Superior Tribunal de Justiça sobre o tema[4].

Assim, os embargos opostos pela Fazenda, a despeito da regra geral imposta aos demais devedores, eram dotados de efeito suspensivo. Se não houvesse penhora, obviamente não haveria que se falar em garantia do juízo para fins de propositura dos embargos pelo Poder Público.

Sendo a execução contra a Fazenda movida por título judicial, haveria de se ter em consideração que os embargos levariam em conta a regra do art. 741 do CPC/1973, que elencava as matérias arguíveis nos embargos à execução de títulos judiciais, dentre as quais se incluíam a falta ou nulidade de citação, a inexigibilidade do título e o excesso de execução. Além disso, poderiam ser utilizados nas famosas situações de "coisa julgada inconstitucional", isto é, quando o título estivesse fundado em lei ou ato normativo declarados inconstitucionais pelo STF ou quando fundado em aplicação ou interpretação de lei ou ato normativo tidas pelo STF como incompatíveis com a Constituição Federal, a teor do disposto no parágrafo único do mesmo art. 741 do CPC/1973.

Apresentados os embargos, seria o exequente intimado a se manifestar em 15 dias, nos termos do art. 740 do CPC de 1973. Havendo necessidade, o juiz designaria instrução; caso contrário, deveria julgar antecipadamente a lide.

Por terem natureza jurídica de ação, os embargos eram encerrados por sentença, sendo, portanto, recorríveis por meio de apelação. Considerando-se a mesma justificativa apresentada para a atribuição de efeito suspensivo aos embargos opostos pela Fazenda – necessidade de trânsito em julgado da decisão para expedição de precatórios e requisições de pequeno valor – o apelo deveria ser recebido no efeito duplo, não havendo incidência do art. 520, V do CPC de 1973[5].

---

4. "(...) nas Execuções propostas contra a Fazenda Pública, a oposição de embargos gera efeito suspensivo, pois a expedição de precatório ou de requisição de pequeno valor depende do prévio trânsito em julgado, de sorte que somente pode ser determinado o pagamento se não houver mais qualquer discussão quanto ao valor executado. (...)". (AgRg no REsp 1264564/PR, Rel. Ministro HUMBERTO MARTINS, SEGUNDA TURMA, julgado em 01/09/2011, DJe 09/09/2011)
5. CUNHA, Leonardo José Carneiro da. **A Fazenda Pública em juízo**. 5. Ed. São Paulo: Dialética, 2014, p. 332.

Caso a Fazenda Pública não lograsse êxito, em primeiro grau, com seus embargos à execução, não haveria que se falar em remessa necessária, porque não se enquadrava em nenhuma das situações do art. 475 do CPC – registre-se que não se estava lidando com sentença desfavorável em processo de conhecimento.

Além dos embargos, poderia a Fazenda fazer uso da objeção e da exceção de pré-executividade[6].

É sabido que a exceção/objeção de pré-executividade, não obstante a ausência de previsão legal, era meio bastante frequente no cotidiano forense, como mecanismo apto para que o devedor provocasse o magistrado a conhecer de matérias que deveria ter reconhecido de ofício, além de questões que, embora não cognoscíveis *ex officio*, poderiam ser alegadas pelo executado por meio da exceção em referência, por estar munido de prova pré-constituída.

Nas execuções comuns, mesmo com as mudanças advindas das Leis n.°s 11.232/2005 e 11.382/2006, ainda esse instrumento continuou a ser deveras utilizado pelos devedores, até mesmo em função de que não demandava custas – diferente dos embargos – e não exigia prévia garantia do juízo[7].

No caso das execuções movidas em face da Fazenda Pública, a objeção/exceção de pré-executividade se revelava com utilização das mais raras. Antes mesmo das mudanças legislativas citadas no parágrafo anterior, não se tinha – e nem poderia se ter – a penhora como requisito de admissão dos embargos do ente público.

Assim, não havendo a necessidade da prévia constrição para que se embargasse a execução, não se cogitava em utilizar a exceção de pré-

6. Por não ser objeto do presente livro, não haverá maiores incursões a respeito da nomenclatura mais adequada para essa espécie de defesa na execução, embora não se desconheça que tecnicamente, considerando-se o seu objeto – arguição de matérias cognoscíveis de ofício – o termo mais adequado seja objeção e não exceção de pré-executividade. Além disso, não se pode olvidar que a doutrina e a jurisprudência admitem que matérias não passiveis de conhecimento *ex officio* sejam também arguidas na execução, agora sim, por meio de exceção de pré-executividade.

7. É importante ressaltar que a Lei n. 11.382/2006 retirou a necessidade de prévia garantia do juízo para o oferecimento de embargos de devedor nas execuções comuns. No entanto, como a penhora é requisito para que se busque a atribuição de efeito suspensivo, a objeção/exceção de pré-executividade, que inclusive não demanda custas, continua a ser bastante utilizada em tais procedimentos. Além disso, no cumprimento de sentença, sedimentou-se o entendimento segundo o qual há necessidade de garantia do juízo para fins de apresentação da impugnação, de modo que o referido instrumento de defesa continua a ter utilidade.

-executividade enquanto houvesse prazo para a propositura de defesa típica[8].

Desse modo, as raras situações em que se verificasse a utilização da objeção/exceção de pré-executividade, por parte da Fazenda Pública, remontavam quase sempre à perda do prazo para oferecimento dos embargos ou a quando a nulidade era tão visível[9] que não se justificava o cumprimento das formalidades legais ao oferecimento de embargos.

Assim é que, enquanto vigorava o CPC de 1973, a Fazenda poderia se utilizar de duas defesas na execução por quantia certa: os embargos e a objeção/exceção de pré-executividade (essa com menor frequência).

No CPC/2015, não há mais ação executiva de títulos judiciais e sim cumprimento de sentença de pagar quantia contra a Fazenda Pública. Desse modo, não faria mais sentido a manutenção dos embargos como modalidade de defesa, razão pela qual a impugnação passou a ser o instrumento por meio do qual a Fazenda pode se opor ao pedido de efetivação da decisão condenatória de pagar transitada em julgado, a qual será analisada no tópico a seguir.

5.2 A IMPUGNAÇÃO AO CUMPRIMENTO DE SENTENÇA CONTRA A FAZENDA PÚBLICA NO CPC/2015

A defesa típica da Fazenda Pública na fase de cumprimento de sentença de pagar quantia passou a ser a impugnação, que apresenta a maioria das características encontradas na mesma modalidade de reação do executado inerente às execuções de sentença de pagar relacionadas a devedores comuns.

Em primeiro lugar, a impugnação tem natureza jurídica de incidente processual[10], uma vez que não há formação de nova relação jurídica processual. A impugnação tramita nos próprios autos em que

8. KLIPPEL, Rodrigo; BASTOS, Antonio Adonias. **Manual de Processo Civil**. Rio de Janeiro: Ed. Lúmen Juris, 2011, p. 1479.
9. Pode-se apontar, como exemplo, a situação em que há ausência de título ou que o credor deixou de cumprir com os requisitos necessários à instrução do pedido de execução.
10. ASSIS, Araken. **Manual da execução**. São Paulo: Revista dos Tribunais, 2013, p. 1352; NEVES, Daniel Amorim Assumpção. In: **Manual de direito processual civil: volume único**. Salvador: JusPodivm, 2016, p. 1275.

instaurada a fase de cumprimento de sentença, como continuação do procedimento.

Em função de sua natureza incidental, deve ser apresentada por meio de simples petição, evidenciando-se absolutamente desnecessário o preenchimento de requisitos formais rígidos para a sua confecção.

A única exigência relativa à impugnação concerne à alegação de excesso de execução pela Fazenda. Nesse caso, caber-lhe-á "declarar de imediato o valor que entende correto, sob pena de não conhecimento da arguição" (art. 535, §2º do CPC/2015).

Suscitando, pois, excesso de execução, a Fazenda deve indicar o montante que reputa exato, devendo, para tanto, apresentar memória de cálculos, de acordo com as mesmas exigências contidas no art. 534.

O CPC de 1973 não continha qualquer norma sobre o tema, motivo pelo qual instaurou-se divergência acerca da exigibilidade ou não da apresentação do demonstrativo de débito pela Fazenda quando alega excesso de execução.

O Superior Tribunal de Justiça tem inúmeros julgados que consagram a exigibilidade da memória de cálculos quando os embargos da Fazenda Pública versarem sobre excesso de execução[11], imposição que agora decorre expressamente do texto da lei (art. 535, §2º).

Do exposto, tem-se que o Poder Público deverá, caso seja fundamento da impugnação o excesso de execução, apresentar o demonstrativo discriminado e atualizado do crédito com os valores e os critérios estabelecidos pelo art. 534, sob pena de não conhecimento da alegação, ressaltando-se que se for esse o único fundamento da impugnação e não for apresentada a memória de cálculos, a referida modalidade de defesa deverá ser indeferida.

11. PROCESSUAL CIVIL. EXECUÇÃO CONTRA A FAZENDA PÚBLICA. EMBARGOS DE DEVEDOR. ALEGAÇÃO DE EXCESSO DE EXECUÇÃO. APRESENTAÇÃO DE MEMÓRIA DE CÁLCULO. NECESSIDADE. ART. 739-A, § 5º, DO CPC. APLICABILIDADE. SÚMULA 7/STJ. NÃO INCIDÊNCIA. RETORNO DOS AUTOS À ORIGEM. (...) 3. "Fundados os embargos à execução contra a Fazenda Pública no excesso de execução, é dever do embargante apresentar, ao tempo da inicial, a memória discriminada de cálculos, sob pena de rejeição. Aplicabilidade do artigo 739-A, parágrafo 5º, do Código de Processo Civil". (AgRg no REsp 1.175.064/PR, Rel. Ministro Hamilton Carvalhido, DJe 17.5.2010). (...) Agravo regimental improvido. (AgRg nos EDcl no REsp 1226551/DF, Rel. Ministro HUMBERTO MARTINS, SEGUNDA TURMA, julgado em 07/06/2011, DJe 20/06/2011)

Nada mudou no tocante à exigência constitucional de trânsito em julgado para fins de expedição de precatórios e de requisições de pequeno valor, motivo pelo qual, apresentada a impugnação, incidirá o efeito suspensivo no tocante a esses atos executivos.

A esse respeito, cumpre trazer à colação as ponderações de Cláudia Aparecida Cimardi[12]:

> "(...) a impugnação é o instrumento hábil para a devedora Fazenda Pública pretender a declaração ou a desconstituição do título judicial, razão pela qual, enquanto pendente, **afasta a definitividade da dívida**, para fins de expedição de precatório ou de requisição de pequeno valor. Tanto é assim que o art. 520, § 2o, do PLS 166/2010 [agora art. 535, §3º do Projeto já aprovado pelo Senado] estabelece que somente com a rejeição das arguições apresentadas pela executada a ordem de pagamento poderá ser expedida". (grifo nosso)

A autora chama a atenção para a circunstância de que, a rigor, sequer se deve falar em efeito suspensivo, posto que "(...) a definitividade reclamada pelo texto constitucional para a expedição do precatório traz como consequência inafastável o sobrestamento do trâmite do procedimento dessa execução de procedimento especial"[13].

Embora assista-lhe razão – até mesmo porque não há alternativa para o exequente evitar esse sobrestamento da fase executiva gerado pela apresentação da impugnação pela Fazenda – considerando-se que a doutrina e a jurisprudência atuais reportam-se a essa impossibilidade de realização dos atos pertinentes à expedição de precatórios e requisições de pequeno valor como *efeito suspensivo* dos embargos, acredita-se que, com a vigência do novo Código, será mantida a mesma terminologia no que se refere à impugnação.

Mais uma vez, deve-se apenas referir que não cabe falar em garantia do juízo, ante à inexistência de penhora na execução contra a Fazenda Pública.

---

12. **A execução contra a Fazenda Pública no Projeto do CPC.** Disponível em http://www2.senado.leg.br/bdsf/bitstream/handle/id/242886/000923094.pdf?sequence=1, capturado em 15.01.2015.

13. CIMARDI, Cláudia Aparecida. **A execução contra a Fazenda Pública no Projeto do CPC.** Disponível em http://www2.senado.leg.br/bdsf/bitstream/handle/id/242886/000923094.pdf?sequence=1, capturado em 15.01.2015..

As matérias arguíveis em sede de impugnação estão previstas nos incisos e parágrafos do art. 535 do CPC/2015, cujo rol deverá ser considerado taxativo[14]: I – falta ou nulidade da citação se, na fase de conhecimento, o processo correu à revelia; II – ilegitimidade de parte; III – inexequibilidade do título ou inexigibilidade da obrigação; IV – excesso de execução ou cumulação indevida de execuções; V – incompetência absoluta ou relativa do juízo da execução; VI – qualquer causa modificativa ou extintiva da obrigação, como pagamento, novação, compensação, transação ou prescrição, desde que supervenientes ao trânsito em julgado da sentença.

Tratam-se das mesmas questões contidas no art. 525, §1º, com algumas pequenas modificações. Primeiro, houve exclusão do inciso IV, que se reporta à penhora, inexistente nas execuções contra a Fazenda Pública.

Quanto à alegação de causas modificativas ou extintivas da obrigação, quanto aos devedores comuns, o art. 525, §1º, inciso VII dispõe que devem ser elas *posteriores à sentença*; o art. 535, VI, por seu turno, determina que as causas *sejam ulteriores ao trânsito em julgado da sentença*, o que se justifica em virtude da regra constitucional impositiva a respeito da exigência do trânsito em julgado da condenação para efeito de expedição de precatórios e requisições de pequeno valor.

O §1º apenas consigna que a alegação de impedimento ou suspeição não deve ser levada a efeito no bojo da impugnação, devendo observar o procedimento previsto nos arts. 146 e 148, que demanda elaboração de petição específica, dirigida ao juiz do processo, que tramitará, em caso de recusa, em autos apartados, tendo, portanto, natureza incidental. Não há qualquer especificidade no tocante à Fazenda Pública, vez que o dispositivo trata-se de reprodução do art. 525, §2º do Código.

Os parágrafos 5º a 8º do art. 535 cuidam da hipótese de coisa julgada inconstitucional, já consagrada no CPC de 1973, reputando inexigível a obrigação consagrada em título executivo judicial fundado em lei ou ato normativo declarado inconstitucional pelo Supremo ou em aplicação ou interpretação da lei ou do ato normativo tido pelo Supremo como incom-

14. Se o rol de matérias impugnáveis relativo ao cumprimento de sentença contra os devedores comuns é reputado taxativo, também o será o concernente à impugnação oferecida pela Fazenda Pública. Sobre a taxatividade, Luiz Guilherme Marinoni e Sérgio Cruz Arenhart (In: **Curso de processo civil, v. 3: execução.** São Paulo: Revista dos Tribunais, 2008, p. 297) esclarecem que "o elenco apresentado nesse rol não impede – nem poderia impedir – a alegação de objeções, desde que posteriores ao trânsito em julgado da sentença.

patível com a Constituição, em sede de controle de constitucionalidade concentrado ou difuso.

O novo Código tratou com bastante especificidade da questão, positivando algumas orientações um tanto polêmicas na doutrina e na jurisprudência. O tema é complexo e certamente será alvo de inúmeras críticas doutrinárias, entre processualistas e constitucionalistas.

Em primeiro lugar, o §5º admite que a decisão do Supremo pode ser proferida em sede de controle difuso ou concentrado de constitucionalidade. Apesar de haver divergência sobre o tema[15], o próprio STF tem conferido efeito *ultra partes* e caráter expansivo às decisões declaratórias de inconstitucionalidade em controle difuso[16], o que nos permite concluir que a norma se mostra alinhada à orientação da referida Corte Superior.

O mesmo se diga quanto à possibilidade de modulação dos efeitos da decisão no tempo, admitida pela própria Lei 9.868, de 10.11.1999, em seu art. 27[17].

Acolhendo posicionamento doutrinário majoritário, mas não uníssono, o §7º condiciona a incidência do §5º às decisões do Supremo proferidas antes do trânsito em julgado da decisão exequenda.

No que se refere ao §8º, no entanto, que trata da decisão proferida após o trânsito em julgado da decisão exequenda e determina que caberá ação rescisória, *cujo prazo será contado do trânsito em julgado da decisão proferida pelo Supremo*, a matéria foi pacificada no âmbito do STF, mas em julgado relacionado ao CPC/73.

---

15. CUNHA, Leonardo Carneiro da. **A Fazenda Pública em Juízo.** 13. Ed. Rio de Janeiro: Forense, 2016, p. 345. Considera que a decisão pode ter sido resultado de controle difuso ou concentrado de constitucionalidade, desde que a decisão tenha sido proferida pelo Pleno; Araken de Assis (p. 1280), por seu turno, entende que, em caso de controle difuso, somente incidiria a norma se houvesse resolução do Senado suspendendo a vigência da lei ou ato normativo.

16. Reclamação. 2. Progressão de regime. Crimes hediondos. 3. Decisão reclamada aplicou o art. 2º, § 2º, da Lei nº 8.072/90, declarado inconstitucional pelo Plenário do STF no HC 82.959/SP, Rel. Min. Marco Aurélio, DJ 1.9.2006. 4. Superveniência da Súmula Vinculante n. 26. 5. Efeito ultra partes da declaração de inconstitucionalidade em controle difuso. Caráter expansivo da decisão. 6. Reclamação julgada procedente.(Rcl 4335, Relator(a): Min. GILMAR MENDES, Tribunal Pleno, julgado em 20/03/2014, DJe-208 DIVULG 21-10-2014 PUBLIC 22-10-2014 EMENT VOL-02752-01 PP-00001)

17. Ao declarar a inconstitucionalidade de lei ou ato normativo, e tendo em vista razões de segurança jurídica ou de excepcional interesse social, poderá o Supremo Tribunal Federal, por maioria de dois terços de seus membros, restringir os efeitos daquela declaração ou decidir que ela só tenha eficácia a partir de seu trânsito em julgado ou de outro momento que venha a ser fixado.

No Recurso Extraordinário nº 730.462, o Supremo reconheceu a repercussão geral sobre a questão "relativa à eficácia temporal de sentença transitada em julgado fundada em norma supervenientemente declarada inconstitucional pelo Supremo Tribunal Federal em sede de controle concentrado"[18].

O Relator, Ministro Teori Albino Zavascki[19], em seu voto, manifestou-se no sentido de que o prazo de dois anos deve ser contado a partir do trânsito em julgado da sentença, fazendo as seguintes ponderações:

> "(...) Pode ocorrer e, no caso, isso ocorreu que, quando do advento da decisão do STF na ação de controle concentrado, declarando a inconstitucionalidade, já tenham transcorrido mais de dois anos desde o trânsito em julgado da sentença em contrário, proferida em demanda concreta. Em tal ocorrendo, o esgotamento do prazo decadencial inviabiliza a própria ação rescisória, ficando referida sentença, consequentemente, insuscetível de ser rescindida por efeito da decisão em controle concentrado.
>
> (...)
>
> No caso, mais de dois anos se passaram entre o trânsito em julgado da sentença no caso concreto reconhecendo, incidentalmente, a constitucionalidade do artigo 9º da Medida Provisória 2.164-41 (que acrescentou o artigo 29-C na Lei 8.036/90) e a superveniente decisão do STF que, em controle concentrado, declarou a inconstitucionalidade daquele preceito normativo, a significar, portanto, que aquela sentença é insuscetível de rescisão (...)".

Concluindo o julgamento do referido recurso, em 28 de maio de 2015, o STF definiu a seguinte tese com repercussão geral:

> "(...) a decisão do Supremo Tribunal Federal declarando a constitucionalidade ou a inconstitucionalidade de preceito normativo não produz a automática reforma ou rescisão das sentenças anteriores que tenham adotado entendimento diferente; para que tal ocorra, será indispensável a interposição do recurso próprio ou, se for o caso, a propositura da ação rescisória própria, nos termos do art. 485, V,

18. RE 730462 RG, Relator(a): Min. TEORI ZAVASCKI, julgado em 29/05/2014, ACÓRDÃO ELETRÔNICO DJe-123 DIVULG 24-06-2014 PUBLIC 25-06-2014
19. RE 730462 RG, Relator(a): Min. TEORI ZAVASCKI, julgado em 29/05/2014, ACÓRDÃO ELETRÔNICO DJe-123 DIVULG 24-06-2014 PUBLIC 25-06-2014

do CPC, observado o respectivo prazo decadencial (CPC, art. 495). Ressalva-se desse entendimento, quanto à indispensabilidade da ação rescisória, a questão relacionada à execução de efeitos futuros da sentença proferida em caso concreto sobre relações jurídicas de trato continuado"[20].

Tendo o Supremo a palavra final acerca da adequação das leis e atos normativos à Constituição Federal, não nos parece da melhor técnica a legislação infraconstitucional tentar impor uma interpretação diversa daquela definida pela Corte Maior, ainda mais porquanto já reconhecida a repercussão geral sobre o tema quando das discussões do Projeto do novo CPC no Poder Legislativo.

Resta saber se o Supremo, instigado a se manifestar sobre a questão (e cremos que o será, em sede de ação direta de inconstitucionalidade ou através de recurso extraordinário[21]), manterá a orientação fixada no recurso extraordinário nº 730.462 (prazo de dois anos contado do trânsito em julgado da decisão rescindenda), declarando a inconstitucionalidade do art. 535, §8º, do CPC, ou se refluirá para acomodar seu entendimento à referida regra, admitindo a propositura da ação

20. No RE 590.809/RS, de relatoria do Min. Marco Aurélio, julgado em 22.10.2014, o Supremo, em sede de recurso com repercussão geral, assentou o seguinte entendimento: "AÇÃO RESCISÓRIA VERSUS UNIFORMIZAÇÃO DA JURISPRUDÊNCIA. O Direito possui princípios, institutos, expressões e vocábulos com sentido próprio, não cabendo colar a sinonímia às expressões "ação rescisória" e "uniformização da jurisprudência". AÇÃO RESCISÓRIA – VERBETE Nº 343 DA SÚMULA DO SUPREMO. O Verbete nº 343 da Súmula do Supremo deve de ser observado em situação jurídica na qual, inexistente controle concentrado de constitucionalidade, haja entendimentos diversos sobre o alcance da norma, mormente quando o Supremo tenha sinalizado, num primeiro passo, óptica coincidente com a revelada na decisão rescindenda". Ou seja, não havendo controle concentrado de constitucionalidade, "não cabe ação rescisória quando o julgado estiver em harmonia com o entendimento firmado pelo Plenário do Supremo à época da formalização do acórdão rescindendo, ainda que ocorra posterior superação do precedente". (RE 590809, Relator(a): Min. MARCO AURÉLIO, Tribunal Pleno, julgado em 22/10/2014, ACÓRDÃO ELETRÔNICO REPERCUSSÃO GERAL – MÉRITO DJe-230 DIVULG 21-11-2014 PUBLIC 24-11-2014). Em suma, a tese do RE 730462 relaciona-se às decisões do Supremo proferidas em sede de controle concentrado de constitucionalidade, enquanto que a tese do RE 590809 refere-se à alteração da jurisprudência do Supremo levada a efeito em sede de controle difuso de constitucionalidade (no primeiro caso cabe rescisória, no segundo não).

21. Há outro recurso extraordinário no Supremo relativo ao tema no que tange às relações jurídicas de trato continuado, já com repercussão geral reconhecida, mas interposto quando da vigência do CPC/73. Cuida-se do RE 949.297, cuja "matéria constitucional controvertida consiste em delimitar o limite da coisa julgada em âmbito tributário, na hipótese de o contribuinte ter em seu favor decisão judicial transitada em julgado que declare a inexistência de relação jurídico-tributária, ao fundamento de inconstitucionalidade incidental de tributo, por sua vez declarado constitucional, em momento posterior, na via do controle concentrado e abstrato de constitucionalidade exercido pelo STF". O mérito do recurso ainda não foi julgado.

rescisória no prazo de dois anos contado do trânsito em julgado da decisão que, em controle de constitucionalidade concentrado ou difuso, houver considerado lei ou ato normativo inconstitucional, ou que tiver reputado interpretação da lei ou de ato normativo incompatível com a Constituição Federal.

Note-se que é evidente o risco à segurança jurídica contido na regra constante do pré-falado dispositivo, posto que não há qualquer prazo prescricional ou decadencial para a declaração da inconstitucionalidade de leis ou atos normativos e/ou para a interpretação conforme a Constituição realizadas pelo Supremo, ficando a parte – que dispõe de decisão judicial transitada em julgado – sempre à mercê da declaração da inexigibilidade do título, por força da eventual aplicação da teoria da coisa julgada inconstitucional.

Apesar da omissão legislativa, considerando-se a exigência de contraditório, atravessada nos autos a impugnação, será o exequente intimado a se manifestar em 15 dias, aplicando-se subsidiariamente o art. 920, I do CPC/2015.

O mesmo dispositivo deve ser aplicado em relação às demais etapas do incidente: se o magistrado considerar necessário, designará audiência e realizará a instrução; caso contrário, proferirá decisão.

Apesar da natureza incidental da impugnação, a decisão que a encerra poderá ter natureza interlocutória ou de sentença, devendo-se verificar seu conteúdo para identificar se encerra ou não a fase executiva: na hipótese afirmativa, haverá sentença; caso contrário, ter-se-á decisão interlocutória.

Na primeira hipótese, o recurso cabível será a apelação, que terá, em face dos mesmos fundamentos já mencionados quanto aos embargos opostos pela Fazenda Pública conforme regras do CPC de 1973, efeito duplo (devolutivo e suspensivo).

Se a decisão for interlocutória, as partes poderão manejar agravo de instrumento, em função do disposto no art. 1.015, parágrafo único do novo CPC[22].

22. Também caberá agravo de instrumento contra decisões interlocutórias proferidas na fase de liquidação de sentença ou de cumprimento de sentença, no processo de execução e no processo de inventário.

5.3 O CABIMENTO DA OBJEÇÃO DE PRÉ-EXECUTIVIDADE OFERECIDA PELA FAZENDA PÚBLICA

Na fase de cumprimento de sentença, também é possível à Fazenda Pública a utilização da objeção/exceção de pré-executividade.

Inobstante, havendo agora cumprimento de sentença nas obrigações de pagar e definida a impugnação como instrumento de defesa, que tem requisitos bastante simplórios para seu oferecimento em juízo, além da inexistência de penhora ou qualquer outra forma de garantia do juízo, será ainda mais incomum e desnecessária a apresentação de exceção ou objeção de pré-executividade pela Fazenda Pública.

Não é despiciendo referir que se entende parcialmente aplicável ao Poder Público o art. 525, §11 do novo CPC, que encerra a seguinte regra:

> "As questões relativas a fato superveniente ao fim do prazo para apresentação da impugnação, assim como aquelas relativas à validade e à adequação da penhora, da avaliação e dos atos executivos subsequentes, podem ser arguidas pelo executado por simples petição, tendo o executado, em qualquer dos casos, o prazo de 15 (quinze) dias para formular esta arguição, contado da comprovada ciência do fato ou da intimação do ato".

Como não há penhora nem avaliação, quanto à Fazenda Pública, considera-se que é possível a arguição de questões relativas a fato superveniente ao fim do prazo para apresentação da impugnação, assim como aquelas relacionadas aos atos executivos subsequentes (no caso, expedição de precatórios e requisições de pequeno valor), por meio de petição simples, no prazo de 15 dias, contado da ciência do fato ou intimação do ato.

5.4 EMBARGOS DO DEVEDOR OPOSTOS PELA FAZENDA PÚBLICA NA EXECUÇÃO DE TÍTULOS EXTRAJUDICIAIS

Diferentemente do que ocorre na impugnação ao cumprimento de sentença, prevista no art. 535, não se tem nos embargos, segundo se estatui no art. 910, §2º, limitação à defesa, competindo ao ente público alegar qualquer matéria que lhe seria lícito deduzir como defesa no processo de conhecimento. Quanto ao valor da causa, não precisa ser necessariamente o valor exequendo, mas sim o valor defendido. Se se alega o excesso total, aí sim, deve-se colocar como valor da causa o valor da execução.

A Fazenda Pública já deve indicar, em sua petição de embargos, o valor que entende como correto, caso alegue excesso de execução. Isto se dá em decorrência da interpretação que se extrai do art. 910, §3º e do art. 535, §2º. A norma do §3º do art. 910 manda que se aplique, no que couber, o disposto nos arts. 534 e 535. Se o art. 535, §2º determina que na impugnação ao cumprimento de sentença, por parte da Fazenda, assim se proceda, não poderia ser diferente em sede de embargos oferecidos pela Fazenda na execução de títulos extrajudiciais.

Não obstante tal regra, Leonardo Carneiro da Cunha defende que há casos em que se exige a dilação probatória para a verificação dos valores, de modo que a Fazenda Pública pode ter a certeza de que o valor é despropositado, mas não pode afirmar de pronto quanto deve. Assim, nesses casos, não é de incidir a regra de a Fazenda ter que demonstrar o valor devido, já que se não se cuida propriamente de alegar excesso, mas sim iliquidez da obrigação[23].

O efeito suspensivo dos embargos oferecidos pela Fazenda Pública persistiu com o CPC/2015. Não é o caso, portanto, de querer impor à Fazenda a regra do art. 919, §1º, que deixa o efeito suspensivo a critério do juiz e mediante requerimento e garantia do executado. Não há sujeição dos entes públicos à penhora, depósito ou caução, além do que a expedição do precatório ou da requisição de pequeno valor somente haverá de se dar após o trânsito em julgado dos embargos.

Na eventual hipótese de os embargos ofertados pela Fazenda serem parciais, a execução deve prosseguir em relação à parte não embargada, sendo inclusive possível a expedição de precatório ou requisição de pequeno valor com relação à parcela incontroversa.

Caso os embargos não sejam oferecidos, ou transitando em julgado a decisão que os inadmitir ou rejeitar, aí sim será expedido o competente precatório ou requisição de pequeno valor, observando-se as prescrições do art. 100 da Constituição Federal de 1988.

---

23. CUNHA, Leonardo Carneiro da. **A Fazenda Pública em Juízo.** 13. Ed. Rio de Janeiro: Forense, 2016, p. 355.

A rejeição liminar dos embargos ou a sua improcedência geram decisão com natureza jurídica diversa da rejeição ou não acolhimento da impugnação ao cumprimento de sentença. Nestas, têm-se decisão interlocutória atacável pela via do agravo de instrumento, naquelas está-se diante de sentença atacável pela via do recurso de apelação.

Capítulo 6

Execução Provisória de Títulos Judiciais contra a Fazenda Pública

Não obstante o posicionamento de alguns autores, como Humberto Theodoro Júnior[1], para quem, nos moldes do art. 730 do CPC, a execução somente seria possível com base em sentença transitada em julgado, o posicionamento jurisprudencial vem evoluindo aos poucos, no sentido da admissibilidade, em certas situações, da execução provisória de títulos judiciais por quantia certa contra a Fazenda Pública.

Há razões óbvias para não se imaginar a execução provisória como regra, sob pena de risco de comprometimento ao Erário, porque a inscrição em precatório geraria a obrigação de pagamento, por parte do ente público.

E imaginar o pagamento feito, com a posterior reversão da decisão, faria com que a Fazenda Pública tivesse que buscar, por outros meios, a devolução dos valores recebidos indevidamente. Estar-se-ia, pois, diante de medida satisfativa e praticamente irreversível.

É de se registrar que é admitido em nossos tribunais a execução provisória de outras obrigações, como ocorre com as obrigações de fazer, por exemplo. Não é raro que um servidor que teve seu direito a uma gratificação de desempenho reconhecida no processo de conhecimento,

1. THEODORO JÚNIOR, Humberto. **Curso de Direito Processual Civil – Processo de Execução e Cumprimento de Sentença, Processo Cautelar e Tutela de Urgência.** Rio de Janeiro: Forense, 2013, p. 376.

promova a execução provisória da decisão relativamente à obrigação de fazer, restando pendente do trânsito em julgado apenas a obrigação de pagar as parcelas pretéritas.

O STJ, ainda sob a égide do diploma revogado, já entendia possível, por exemplo, a execução provisória dos títulos executivos judiciais quando ajuizada antes da entrada em vigor da Emenda Constitucional n. 30/2000, bem como que a execução seja iniciada até a fase de embargos[2].

Outro posicionamento interessante do mesmo STJ, já mais recente, foi quanto ao cabimento da execução provisória contra a Fazenda Pública, quando o trânsito em julgado do título executivo judicial carecer do julgamento de recurso interposto apenas pelo exequente, pois isso revelaria a incontrovérsia da dívida[3].

De uma forma ou de outra, é importante que os tribunais pátrios ajam com bastante ponderação na evolução de sua jurisprudência em relação às execuções provisórias. Se uma obrigação de fazer, como a inclusão de um autor em folha de pagamento, se revela mais simples de desfazer, ainda que não seja tão fácil reaver valores recebidos indevidamente durante o

---

2. PROCESSO CIVIL. EXECUÇÃO PROVISÓRIA CONTRA A FAZENDA PÚBLICA. AJUIZAMENTO ANTERIOR À EMENDA CONSTITUCIONAL N. 30/2000. POSSIBILIDADE.

   1. A Emenda Constitucional nº 30 deu nova redação ao §1º do art. 100 da Constituição para estabelecer, como pressuposto da expedição de precatório ou da requisição do pagamento de débito de pequeno valor de responsabilidade da Fazenda Pública, o trânsito em julgado da respectiva sentença.

   2. "Há de se entender que, após a Emenda 30, limitou-se o âmbito dos atos executivos, mas não foi inteiramente extinta a execução provisória. Nada impede que se promova, na pendência de recurso com efeito apenas devolutivo, a liquidação da sentença, e que a execução (provisória) seja processada até a fase dos embargos (CPC, art. 730, primeira parte) ficando suspensa, daí em diante, até o trânsito em julgado do título executivo, se os embargos não forem opostos, ou forem rejeitados.

   3. Em relação às execuções provisórias iniciadas antes da edição da Emenda 30, não há a exigência do trânsito em julgado como condição para expedição de precatório. Precedente: RESP 331.460/SP, 1ª Turma, Min. Teori Albino Zavascki, DJ de 17.11.20003". 4. Recurso especial a que se nega provimento. (Resp 702264/SP, STJ, Primeira Turma, Relator Ministro Teori Albino Zavascki, julgado em 06.12.2005)

3. AGRAVO REGIMENTAL NO AGRAVO DE INSTRUMENTO. ADMINISTRATIVO E PROCESSO CIVIL. TÍTULO EXECUTIVO JUDICIAL. TRÂNSITO EM JULGADO PENDENTE DO JULGAMENTO DE RECURSO INTERPOSTO EXCLUSIVAMENTE PELO EXEQUENTE. EXECUÇÃO PROVISÓRIA. POSSIBILIDADE. PRECEDENTES. INOVAÇÃO RECURSAL EM SEDE DE AGRAVO REGIMENTAL. IMPOSSIBILIDADE. AGRAVO IMPROVIDO.

   1. A jurisprudência deste Superior Tribunal de Justiça tem asseverado ser cabível o ajuizamento de execução provisória contra a Fazenda Pública quando o trânsito em julgado do título executivo judicial carecer do julgamento de recurso interposto exclusivamente pelo exequente.

   (...)

   3. Agravo regimental improvido. (AgRg no Ag 1072941/RS, Rel. Ministra MARIA THEREZA DE ASSIS MOURA, SEXTA TURMA, julgado em 18/10/2011, DJe 17/11/2011)

cumprimento de tal obrigação numa execução provisória, não é tarefa fácil a reversão de uma obrigação de pagar.

Caso houvesse a admissão indiscriminada da execução provisória para as obrigações de pagar, o planejamento orçamentário e a execução de políticas públicas por Municípios, Estados, Distrito Federal e pela União restariam seriamente comprometidos.

Apesar disso, é certo que o § 4º do art. 535 do CPC/2015 expressamente autoriza a execução de valores incontroversos contra a Fazenda Pública, ao tratar da impugnação parcial e da possibilidade de cumprimento imediato da parcela não questionada pela executada.

A questão, que já foi alvo de divergências doutrinárias e jurisprudenciais, encontra-se sedimentada na jurisprudência do Superior Tribunal de Justiça, que admite a execução de parcelas incontroversas contra a Fazenda Pública[4].

O Código de 2015, portanto, apenas positiva orientação jurisprudencial já firme no Superior Tribunal de Justiça sobre o tema.

De qualquer sorte, deve-se corrigir o equívoco do Superior Tribunal de Justiça de reputar tal execução como *provisória*. Se há valores incontroversos, a execução respectiva somente pode ser *definitiva* e não *provisória*.

Quando há alegação de prescrição como matéria de defesa na impugnação, que pode fulminar toda a execução, torna-se inviável a execução de eventuais valores não questionados pela Fazenda, porquanto, nesse caso, tratar-se-ia de verdadeira execução provisória, inadmitida pelo sistema de precatórios previsto no art. 100 da Constituição. Há inúmeras decisões nesse sentido no Superior Tribunal de Justiça, como visto no julgado anteriormente citado.

---

4. PROCESSUAL CIVIL. EXECUÇÃO PROVISÓRIA CONTRA A FAZENDA PÚBLICA. OFENSA AO ART. 535 DO CPC NÃO CONFIGURADA. INEXISTÊNCIA DE PARCELA INCONTROVERSA. APELAÇÃO RECEBIDA NO DUPLO EFEITO. DISCUSSÃO SOBRE A PRESCRIÇÃO. IMPOSSIBILIDADE. 1. A solução integral da divergência, com fundamento suficiente, não caracteriza ofensa ao art. 535 do CPC. 2. É possível a execução provisória contra a Fazenda Pública com o sistema de precatórios, desde que se trate de quantia incontestável. 3. O Tribunal de origem consignou que não há falar em valores incontroversos sobre os quais deva prosseguir a execução de sentença, visto que nos Embargos à Execução a União alega a prescrição da execução, matéria de defesa que, se procedente, fulminará toda a execução. 4. Agravo Regimental não provido. (AgRg no AREsp 368.378/PR, Rel. Ministro HERMAN BENJAMIN, SEGUNDA TURMA, julgado em 01/10/2013, DJe 07/10/2013)

Capítulo 7

Aspectos Procedimentais do Pagamento via Precatórios e Requisições de Pequeno Valor

7.1 OS PRECATÓRIOS COMO MECANISMO CONSTITUCIONAL DE PAGAMENTO

A ferramenta indicada pelo texto constitucional para o pagamento das dívidas da Fazenda Pública é o precatório, que se expede pelo juiz da execução, nos casos de não apresentação ou não atribuição de efeito suspensivo aos embargos – para os que admitem essa possibilidade – ou quando estes forem julgados improcedentes[1].

O juízo da execução elabora o precatório e faz o seu encaminhamento ao Presidente do Tribunal a que se submete a decisão exequenda. Este magistrado, por outro lado, repassa a requisição de pagamento ao ente público, para inclusão na lei orçamentária do ano subsequente.

Muito se discutiu, quer na doutrina ou na jurisprudência, acerca da natureza da atividade do Presidente do Tribunal no regime de processa-

1. Enunciado 532 do Fórum Permanente de Processualistas Civis – FPPC: "A expedição do precatório ou da RPV depende do trânsito em julgado da decisão que rejeita as arguições da Fazenda Pública executada".

mento dos precatórios, se jurisdicional ou administrativa. O STJ firmou entendimento sumulado no sentido de que a atividade é meramente administrativa[2].

Sendo administrativa a atividade, precisa se restringir ao exame de aspectos formais e ao controle da ordem cronológica, não se devendo falar, como ressalta Marinoni, em coisa julgada nesses atos[3]. Por isso mesmo, compete ao juízo da execução, e não ao Presidente do respectivo tribunal, a análise e decisão de eventuais questões incidentais, como por exemplo, as frequentes discussões relativas a juros ou correção monetária.

Não há, portanto, que se falar em recurso contra as manifestações de caráter administrativo do Presidente do Tribunal quando do processamento dos precatórios[4]. No entanto, na eventual hipótese de o Presidente extrapolar essas funções de cunho administrativo, como bem lembra Juvêncio Vasconcelos Viana, o caminho indicado é a utilização do remédio constitucional do mandado de segurança[5].

A apresentação dos precatórios deve se dar até 01 de julho de cada ano, para obrigatória inclusão no orçamento da entidade, a fim de que sejam pagos até o final do exercício financeiro seguinte. Ainda assim, a Constituição ressalva que essa obrigatoriedade sofre limites, condicionando-se à disponibilidade orçamentária do respectivo ente.

Por vezes ocorre, em razão dessa garantia constitucional, especialmente no âmbito dos Municípios e de alguns Estados, atrasos consideráveis na efetivação desses pagamentos, visto que se utiliza como argumento para postergar o pagamento para exercícios seguintes a não existência de suficiente disponibilidade orçamentária.

Importante modificação adveio na Constituição Federal com a Emenda Constitucional n. 30/2000 (art. 100, §1°), que possibilitou que o valor originário dos precatórios seja atualizado até a data do efetivo pagamento, a fim de não sacrificar o credor em razão do eventual atraso

---

2. A Súmula 311 do STJ assim indica: "Os atos do presidente do tribunal que disponham sobre processamento e pagamento de precatório não têm natureza jurisdicional".
3. MARINONI, Luiz Guilherme; ARENHART, Sérgio Cruz. **Curso de Processo Civil, v. 3 – Execução.** São Paulo: Editora Revista dos Tribunais, 2008, p. 396.
4. A Súmula 733 do STF assim prevê: "Não cabe recurso extraordinário contra decisão proferida no processamento de precatórios".
5. VIANA, Juvêncio Vasconcelos. **Novas considerações acerca da execução contra a Fazenda Pública.** In **Revista Dialética de Direito Processual.** n. 5. São Paulo: Editora Dialética, 2003, p. 58.

no pagamento. Isso evita algo que era muito frequente, que era exatamente a expedição de precatórios complementares nos anos seguintes, a fim de possibilitar a compensação pela demora no pagamento do precatório original.

A respeito, cumpre ressaltar que, após muita polêmica e discussão na doutrina e na jurisprudência, prevalece hoje o firme entendimento de que não são devidos juros de mora no período compreendido entre a homologação dos cálculos de execução e a expedição do precatório. O Supremo Tribunal Federal editou em 2009 a Súmula Vinculante n. 17, rechaçando por completo essa ideia[6].

Além disso, o Superior Tribunal de Justiça, em julgamento de recurso especial representativo de controvérsia[7], igualmente esposou o entendimento de que são descabidos os juros de mora no período compreendido entre a data de elaboração da conta de liquidação e o efetivo pagamento, dirimindo as muitas controvérsias que existiam sobre a questão.

Trata-se, sem dúvida, de entendimento dos mais coerentes, visto que os juros, como o próprio nome denota, decorrem de mora do devedor, de modo que, se o devedor não dá razão à mora, que decorre de previsão constitucional para o seu pagamento, não há por que se ampliar a condenação da Fazenda.

Merece ressalva apenas, como bem lembra Leonardo Carneiro da Cunha, que os juros somente haverão de ser imputados quando não se respeitar a regra constitucional do pagamento até o final do exercício financeiro seguinte[8]. Assim, nessas condições, deve sim ser expedido um precatório complementar, não sendo necessária nova citação da Fazenda Pública, pois se trata da mesma execução, como bem já decidiu o Superior Tribunal de Justiça[9].

---

6. Assim prevê a Súmula Vinculante n. 17 do STF: "Durante o período previsto no parágrafo 1º do artigo 100 da Constituição Federal, não incidem juros de mora sobre os precatórios que nele sejam pagos".
7. RESP 1143677/RS – Corte Especial/STJ, Relator Ministro Luiz Fux, Julgamento 02/12/2009, DJU 04/02/2010.
8. CUNHA, Leonardo Carneiro da. **A Fazenda Pública em Juízo.** 13. Ed. Rio de Janeiro: Forense, 2016, p. 364.
9. PROCESSO CIVIL. AGRAVO REGIMENTAL EM RECURSO ESPECIAL. ADMINISTRATIVO. INTERVENÇÃO DO ESTADO NA PROPRIEDADE. PRECATÓRIO COMPLEMENTAR. EXPEDIÇÃO. CITAÇÃO DA FAZENDA PÚBLICA. ART. 730. DESNECESSIDADE. 1. A expedição de precatório complementar implementando pagamento atualizado da dívida não cria obrigação nova passível de novel processo executivo, porquanto assente que a correção monetária é o principal ajustado à realidade do seu tempo. (...)

Os precatórios devem ser pagos, como reza a Constituição, de acordo com a ordem cronológica de sua apresentação, ressalvados os casos de créditos de natureza alimentar, os quais são prioritários em relação aos demais, com ordem cronológica específica.

Na redação original da Constituição de 1988, os precatórios poderiam ser objeto de parcelamento, nos termos do art. 33 do Ato das Disposições Constitucionais Transitórias. Assim, os precatórios pendentes de pagamento, até 05 de outubro de 1988, assim como seus juros e correção monetária, poderiam ser parcelados em oito prestações anuais, a partir de 01 de julho de 1989.

A Emenda Constitucional n. 30/2000 introduziu no mesmo ADCT o art. 78, com mais uma hipótese de parcelamento, de até 10 (dez) anos, abrangendo somente os precatórios pendentes na data de promulgação da Emenda e os que decorressem de ações ajuizadas até 31 de dezembro do ano anterior.

As mudanças mais significativas vieram com a Emenda Constitucional n. 62/2009, que foi por muitos pejorativamente apelidada de "PEC do Calote". Essa alteração constitucional introduziu, de início, um direito de precedência para o pagamento de débitos aos credores com mais de 60 (sessenta) anos ou sejam portadores de doenças graves, desde que o valor seja de até três vezes o fixado para as obrigações de pequeno valor.

Além disso, estabeleceu patamar mínimo para que Estados e Municípios fixem suas obrigações de pequeno valor quando editarem lei própria, que é o valor do maior benefício do regime geral de previdência social. A mesma emenda estabeleceu que a atualização monetária dos precatórios, fruto de muitas divergências, se daria pelos índices de atualização da caderneta de poupança. Autorizou-se, ademais, a cessão dos créditos de precatórios, desde que a operação seja previamente informada à entidade devedora e ao Poder Judiciário.

Por fim, delegou-se à lei complementar a fixação de regime especial de pagamento de precatórios de Estados, Distrito Federal e Municípios,

3. A realização de nova citação ao ensejo da expedição do precatório complementar com a consequente concessão de novo prazo para embargos insinua a eternização do conflito, porquanto, após a nova sentença dos embargos, decerto a quantia devida estará defasada, reclamando novo precatório complementar e a fortiori nova execução, tornando a garantia do acesso à ordem justa uma simples divagação acadêmica. (...) 6. Agravo regimental desprovido. (AgRg nos EDcl no REsp 922.610/SP, Rel. Ministro LUIZ FUX, PRIMEIRA TURMA, julgado em 27/10/2009, DJe 09/11/2009)

podendo para tanto fixar vinculações à receita corrente líquida, bem como forma e prazo para que os débitos sejam liquidados.

Ocorre que o art. 97 do ADCT, criado com a mesma emenda, estabeleceu que até que fosse editada a lei complementar, Estados, Distrito Federal e Municípios poderiam adotar regime especial pelo prazo de até 15 (quinze) anos, bem como reservou percentuais mínimos nos orçamentos dos Municípios, entre 1% e 1,5%, e dos Estados, entre 1,5% e 2% para a quitação das dívidas, razão pela qual se gerou a ira de advogados, magistrados e tantos doutrinadores, que viram nessas previsões um verdadeiro "calote" nos credores da Fazenda Pública.

Dita emenda foi objeto de Ação Direta de Inconstitucionalidade, ajuizada pelo Conselho Federal da Ordem dos Advogados do Brasil e outros – ADI 4357. O ponto mais polêmico discutido na ação residia exatamente na chamada "moratória" ou "calote oficial", em razão da previsão do citado art. 97 do ADCT, que previu prazo de 15 (quinze) anos para pagamento e percentuais mínimos da receita corrente líquida de Estados, Distrito Federal e Municípios para os pagamentos dos débitos judiciais.

O STF, nas sessões de julgamento ocorridas nos dias 06, 07 e 14 de março de 2013, julgou procedente em parte os pedidos contidos na sobredita ação, assim como na ADI 4425, para declarar a inconstitucionalidade de diversos dispositivos incluídos na Carta Maior pela Emenda Constitucional nº 62/2009, dentre eles o §15, do art. 100 da Constituição e o art. 97 do Ato das Disposições Constitucionais Transitórias, por violarem a cláusula constitucional do Estado Democrático de Direito, o princípio da separação dos poderes, a isonomia, a garantia de acesso à justiça, a efetividade da tutela jurisdicional, o direito adquirido e a coisa julgada[10].

---

10. O acórdão respectivo, que é referido em outros pontos do presente livro, restou assim ementado: "DIREITO CONSTITUCIONAL. REGIME DE EXECUÇÃO DA FAZENDA PÚBLICA MEDIANTE PRECATÓRIO. EMENDA CONSTITUCIONAL Nº 62/2009. INCONSTITUCIONALIDADE FORMAL NÃO CONFIGURADA. INEXISTÊNCIA DE INTERSTÍCIO CONSTITUCIONAL MÍNIMO ENTRE OS DOIS TURNOS DE VOTAÇÃO DE EMENDAS À LEI MAIOR (CF, ART. 60, §2º). CONSTITUCIONALIDADE DA SISTEMÁTICA DE "SUPERPREFERÊNCIA" A CREDORES DE VERBAS ALIMENTÍCIAS QUANDO IDOSOS OU PORTADORES DE DOENÇA GRAVE. RESPEITO À DIGNIDADE DA PESSOA HUMANA E À PROPORCIONALIDADE. INVALIDADE JURÍDICO-CONSTITUCIONAL DA LIMITAÇÃO DA PREFERÊNCIA A IDOSOS QUE COMPLETEM 60 (SESSENTA) ANOS ATÉ A EXPEDIÇÃO DO PRECATÓRIO. DISCRIMINAÇÃO ARBITRÁRIA E VIOLAÇÃO À ISONOMIA (CF, ART. 5º). INCONSTITUCIONALIDADE DA SISTEMÁTICA DE COMPENSAÇÃO DE DÉBITOS INSCRITOS EM PRECATÓRIOS EM PROVEITO EXCLUSIVO DA FAZENDA PÚBLICA. EMBARAÇO À EFETIVIDADE DA JURISDIÇÃO (CF, ART. 5º, XXXV), DESRESPEITO À COISA JULGADA MATERIAL (CF, ART. 5º XXXVI), OFENSA À SEPARAÇÃO DOS PODERES (CF, ART. 2º) E ULTRAJE À ISONOMIA ENTRE O ESTADO E O PARTICULAR (CF, ART. 1º, CAPUT, C/C ART. 5º, CAPUT). IMPOSSIBILIDADE JURÍDICA

Posteriormente, o Supremo Tribunal Federal, decidindo questão de ordem suscitada pelo Ministro Luiz Fux na ADI 4425, relacionada à

DA UTILIZAÇÃO DO ÍNDICE DE REMUNERAÇÃO DA CADERNETA DE POUPANÇA COMO CRITÉRIO DE CORREÇÃO MONETÁRIA. VIOLAÇÃO AO DIREITO FUNDAMENTAL DE PROPRIEDADE (CF, ART. 5º, XXII). INADEQUAÇÃO MANIFESTA ENTRE MEIOS E FINS. INCONSTITUCIONALIDADE DA UTILIZAÇÃO DO RENDIMENTO DA CADERNETA DE POUPANÇA COMO ÍNDICE DEFINIDOR DOS JUROS MORATÓRIOS DOS CRÉDITOS INSCRITOS EM PRECATÓRIOS, QUANDO ORIUNDOS DE RELAÇÕES JURÍDICO-TRIBUTÁRIAS. DISCRIMINAÇÃO ARBITRÁRIA E VIOLAÇÃO À ISONOMIA ENTRE DEVEDOR PÚBLICO E DEVEDOR PRIVADO (CF, ART. 5º, CAPUT). INCONSTITUCIONALIDADE DO REGIME ESPECIAL DE PAGAMENTO. OFENSA À CLÁUSULA CONSTITUCIONAL DO ESTADO DE DIREITO (CF, ART. 1º, CAPUT), AO PRINCÍPIO DA SEPARAÇÃO DE PODERES (CF, ART. 2º), AO POSTULADO DA ISONOMIA (CF, ART. 5º, CAPUT), À GARANTIA DO ACESSO À JUSTIÇA E A EFETIVIDADE DA TUTELA JURISDICIONAL (CF, ART. 5º, XXXV) E AO DIREITO ADQUIRIDO E À COISA JULGADA (CF, ART. 5º, XXXVI). PEDIDO JULGADO PROCEDENTE EM PARTE. 1. A aprovação de emendas à Constituição não recebeu da Carta de 1988 tratamento específico quanto ao intervalo temporal mínimo entre os dois turnos de votação (CF, art. 62, §2º), de sorte que inexiste parâmetro objetivo que oriente o exame judicial do grau de solidez da vontade política de reformar a Lei Maior. A interferência judicial no âmago do processo político, verdadeiro locus da atuação típica dos agentes do Poder Legislativo, tem de gozar de lastro forte e categórico no que prevê o texto da Constituição Federal. Inexistência de ofensa formal à Constituição brasileira. 2. Os precatórios devidos a titulares idosos ou que sejam portadores de doença grave devem submeter-se ao pagamento prioritário, até certo limite, posto metodologia que promove, com razoabilidade, a dignidade da pessoa humana (CF, art. 1º, III) e a proporcionalidade (CF, art. 5º, LIV), situando-se dentro da margem de conformação do legislador constituinte para operacionalização da novel preferência subjetiva criada pela Emenda Constitucional nº 62/2009. 3. A expressão "na data de expedição do precatório", contida no art. 100, §2º, da CF, com redação dada pela EC nº 62/09, enquanto baliza temporal para a aplicação da preferência no pagamento de idosos, ultraja a isonomia (CF, art. 5º, caput) entre os cidadãos credores da Fazenda Pública, na medida em que discrimina, sem qualquer fundamento, aqueles que venham a alcançar a idade de sessenta anos não na data da expedição do precatório, mas sim posteriormente, enquanto pendente este e ainda não ocorrido o pagamento. 4. A compensação dos débitos da Fazenda Pública inscritos em precatórios, previsto nos §§ 9º e 10 do art. 100 da Constituição Federal, incluídos pela EC nº 62/09, embaraça a efetividade da jurisdição (CF, art. 5º, XXXV), desrespeita a coisa julgada material (CF, art. 5º, XXXVI), vulnera a Separação dos Poderes (CF, art. 2º) e ofende a isonomia entre o Poder Público e o particular (CF, art. 5º, caput), cânone essencial do Estado Democrático de Direito (CF, art. 1º, caput). 5. O direito fundamental de propriedade (CF, art. 5º, XXII) resta violado nas hipóteses em que a atualização monetária dos débitos fazendários inscritos em precatórios perfaz-se segundo o índice oficial de remuneração da caderneta de poupança, na medida em que este referencial é manifestamente incapaz de preservar o valor real do crédito de que é titular o cidadão. É que a inflação, fenômeno tipicamente econômico-monetário, mostra-se insuscetível de captação apriorística (ex ante), de modo que o meio escolhido pelo legislador constituinte (remuneração da caderneta de poupança) é inidôneo a promover o fim a que se destina (traduzir a inflação do período). 6. A quantificação dos juros moratórios relativos a débitos fazendários inscritos em precatórios segundo o índice de remuneração da caderneta de poupança vulnera o princípio constitucional da isonomia (CF, art. 5º, caput) ao incidir sobre débitos estatais de natureza tributária, pela discriminação em detrimento da parte processual privada que, salvo expressa determinação em contrário, responde pelos juros da mora tributária à taxa de 1% ao mês em favor do Estado (ex vi do art. 161, §1º, CTN). Declaração de inconstitucionalidade parcial sem redução da expressão "independentemente de sua natureza", contida no art. 100, §12, da CF, incluído pela EC nº 62/09, para determinar que, quanto aos precatórios de natureza tributária, sejam aplicados os mesmos juros de mora incidentes sobre todo e qualquer crédito tributário. 7. O art. 1º-F da Lei nº 9.494/97, com redação dada pela Lei nº 11.960/09, ao reproduzir as regras da EC nº 62/09 quanto à atualização monetária e à fixação de

modulação dos efeitos da decisão supra referida, em 25 de março de 2015, definiu que ficava mantida "a vigência do regime especial de pagamento de precatórios instituído pela Emenda Constitucional nº 62/2009 por cinco exercícios financeiros a contar de primeiro de janeiro de 2016" e que, durante esse período, perduraria "a vinculação de percentuais mínimos da receita corrente líquida ao pagamento dos precatórios" e, bem assim, "as sanções para o caso de não liberação tempestiva dos recursos destinados ao pagamento de precatórios", previsões contidas no art. 97, §10, do ADCT[11].

---

juros moratórios de créditos inscritos em precatórios incorre nos mesmos vícios de juridicidade que inquinam o art. 100, §12, da CF, razão pela qual se revela inconstitucional por arrastamento, na mesma extensão dos itens 5 e 6 supra. 8. O regime "especial" de pagamento de precatórios para Estados e Municípios criado pela EC nº 62/09, ao veicular nova moratória na quitação dos débitos judiciais da Fazenda Pública e ao impor o contingenciamento de recursos para esse fim, viola a cláusula constitucional do Estado de Direito (CF, art. 1º, caput), o princípio da Separação de Poderes (CF, art. 2º), o postulado da isonomia (CF, art. 5º), a garantia do acesso à justiça e a efetividade da tutela jurisdicional (CF, art. 5º, XXXV), o direito adquirido e à coisa julgada (CF, art. 5º, XXXVI). 9. Pedido de declaração de inconstitucionalidade julgado procedente em parte".(ADI 4357, Relator(a): Min. AYRES BRITTO, Relator(a) p/ Acórdão: Min. LUIZ FUX, Tribunal Pleno, julgado em 14/03/2013, ACÓRDÃO ELETRÔNICO DJe-188 DIVULG 25-09-2014 PUBLIC 26-09-2014)

11. O acórdão respectivo, que é referido em outros pontos do presente livro, restou assim ementado: Ementa: QUESTÃO DE ORDEM. MODULAÇÃO TEMPORAL DOS EFEITOS DE DECISÃO DECLARATÓRIA DE INCONSTITUCIONALIDADE (LEI 9.868/99, ART. 27). POSSIBILIDADE. NECESSIDADE DE ACOMODAÇÃO OTIMIZADA DE VALORES CONSTITUCIONAIS CONFLITANTES. PRECEDENTES DO STF. REGIME DE EXECUÇÃO DA FAZENDA PÚBLICA MEDIANTE PRECATÓRIO. EMENDA CONSTITUCIONAL Nº 62/2009. EXISTÊNCIA DE RAZÕES DE SEGURANÇA JURÍDICA QUE JUSTIFICAM A MANUTENÇÃO TEMPORÁRIA DO REGIME ESPECIAL NOS TERMOS EM QUE DECIDIDO PELO PLENÁRIO DO SUPREMO TRIBUNAL FEDERAL. 1. A modulação temporal das decisões em controle judicial de constitucionalidade decorre diretamente da Carta de 1988 ao consubstanciar instrumento voltado à acomodação otimizada entre o princípio da nulidade das leis inconstitucionais e outros valores constitucionais relevantes, notadamente a segurança jurídica e a proteção da confiança legítima, além de encontrar lastro também no plano infraconstitucional (Lei nº 9.868/99, art. 27). Precedentes do STF: ADI nº 2.240; ADI nº 2.501; ADI nº 2.904; ADI nº 2.907; ADI nº 3.022; ADI nº 3.315; ADI nº 3.316; ADI nº 3.430; ADI nº 3.458; ADI nº 3.489; ADI nº 3.660; ADI nº 3.682; ADI nº 3.689; ADI nº 3.819; ADI nº 4.001; ADI nº 4.009; ADI nº 4.029. 2. In casu, modulam-se os efeitos das decisões declaratórias de inconstitucionalidade proferidas nas ADIs nº 4.357 e 4.425 para manter a vigência do regime especial de pagamento de precatórios instituído pela Emenda Constitucional nº 62/2009 por 5 (cinco) exercícios financeiros a contar de primeiro de janeiro de 2016. 3. Confere-se eficácia prospectiva à declaração de inconstitucionalidade dos seguintes aspectos da ADI, fixando como marco inicial a data de conclusão do julgamento da presente questão de ordem (25.03.2015) e mantendo-se válidos os precatórios expedidos ou pagos até esta data, a saber: (i) fica mantida a aplicação do índice oficial de remuneração básica da caderneta de poupança (TR), nos termos da Emenda Constitucional nº 62/2009, até 25.03.2015, data após a qual (a) os créditos em precatórios deverão ser corrigidos pelo Índice de Preços ao Consumidor Amplo Especial (IPCA-E) e (b) os precatórios tributários deverão observar os mesmos critérios pelos quais a Fazenda Pública corrige seus créditos tributários; e (ii) ficam resguardados os precatórios expedidos, no âmbito da administração pública federal, com base nos arts. 27 das Leis nº 12.919/13 e nº 13.080/15, que fixam o IPCA-E como índice de correção monetária. 4. Quanto às formas alternativas de pagamento previstas no regime especial: (i) consideram-se válidas

Desse modo, as normas acima, mesmo tendo sido declaradas inconstitucionais, continuarão em vigor até o final do exercício financeiro de 2020.

A decisão ainda não transitou em julgado, porquanto há embargos declaratórios pendentes de decisão, cujo julgamento foi convertido em diligência para permitir a intervenção de todos os interessados na causa desde dezembro de 2015.

É de se registrar por fim que, na mesma decisão de julgamento das ações de inconstitucionalidade, o STF considerou inconstitucional, por arrastamento, o art. 1º-F da Lei n.º 9.494/97, com a redação que lhe foi conferida pela Lei n.º 11.960/09, ao reproduzir as regras da Emenda Constitucional n.º 62/09 quanto à atualização monetária e à fixação de juros moratórios de créditos inscritos em precatórios.

Para nossa Corte Superior, tal previsão legal incorreu nos mesmos vícios de juridicidade que fizeram reconhecer inconstitucional o art. 100, §12 (fruto da EC 62/2009), o qual previa que a atualização de valores de requisitórios, após sua expedição, até o efetivo pagamento, independentemente de sua natureza, será feita pelo índice oficial de remuneração básica da caderneta de poupança, e, para fins de compensação da mora, incidirão juros simples no mesmo percentual de juros incidentes sobre a caderneta de poupança, ficando excluída a incidência de juros compensatórios.

Essa questão ainda não restou totalmente pacificada, sendo objeto de inúmeras ações judiciais, porque o texto legal se inspirava no art. 100,

---

as compensações, os leilões e os pagamentos à vista por ordem crescente de crédito previstos na Emenda Constitucional nº 62/2009, desde que realizados até 25.03.2015, data a partir da qual não será possível a quitação de precatórios por tais modalidades; (ii) fica mantida a possibilidade de realização de acordos diretos, observada a ordem de preferência dos credores e de acordo com lei própria da entidade devedora, com redução máxima de 40% do valor do crédito atualizado. 5. Durante o período fixado no item 2 acima, ficam mantidas (i) a vinculação de percentuais mínimos da receita corrente líquida ao pagamento dos precatórios (art. 97, § 10, do ADCT) e (ii) as sanções para o caso de não liberação tempestiva dos recursos destinados ao pagamento de precatórios (art. 97, §10, do ADCT). 6. Delega-se competência ao Conselho Nacional de Justiça para que considere a apresentação de proposta normativa que discipline (i) a utilização compulsória de 50% dos recursos da conta de depósitos judiciais tributários para o pagamento de precatórios e (ii) a possibilidade de compensação de precatórios vencidos, próprios ou de terceiros, com o estoque de créditos inscritos em dívida ativa até 25.03.2015, por opção do credor do precatório. 7. Atribui-se competência ao Conselho Nacional de Justiça para que monitore e supervisione o pagamento dos precatórios pelos entes públicos na forma da presente decisão. (ADI 4425 QO, Relator(a): Min. LUIZ FUX, Tribunal Pleno, julgado em 25/03/2015, PROCESSO ELETRÔNICO DJe-152 DIVULG 03-08-2015 PUBLIC 04-08-2015)

§12, da CF/88, incluído pelo EC nº 62/09, o qual se refere, tão somente à atualização de valores de requisitórios, razão pela qual se faz mister a observância da Lei nº 11.960/09 em relação à correção monetária e aos juros de mora até que o STF promova o julgamento do RE nº 870.947/ SE, que reconheceu a repercussão geral da matéria[12].

7.2 A INCONSTITUCIONALIDADE DA COMPENSAÇÃO DE DÉBITOS DO EXEQUENTE PARA COM A FAZENDA PÚBLICA

Ainda analisando as modificações decorrentes da Emenda Constitucional n.º 62/2009, uma das mais relevantes foi a previsão constante dos §§9º e 10 do art. 100 da Constituição, que assim versam:

> § 9º No momento da expedição dos precatórios, independentemente de regulamentação, deles deverá ser abatido, a título de compensação, valor correspondente aos débitos líquidos e certos, inscritos ou não em dívida ativa e constituídos contra o credor original pela Fazenda Pública devedora, incluídas parcelas vincendas de parcelamentos, ressalvados aqueles cuja execução esteja suspensa em virtude de contestação administrativa ou judicial.
>
> § 10. Antes da expedição dos precatórios, o Tribunal solicitará à Fazenda Pública devedora, para resposta em até 30 (trinta) dias, sob pena de perda do direito de abatimento, informação sobre os débitos que preencham as condições estabelecidas no § 9º, para os fins nele previstos.

Dever-se-ia, portanto, antes de se expedir precatório[13], verificar a possibilidade de compensação dos créditos por ele representados com

---

12. DIREITO CONSTITUCIONAL. REGIME DE ATUALIZAÇÃO MONETÁRIA E JUROS MORATÓRIOS INCIDENTES SOBRE CONDENAÇÕES JUDICIAIS DA FAZENDA PÚBLICA. ART. 1º-F DA LEI Nº 9.494/97 COM A REDAÇÃO DADA PELA LEI Nº 11.960/09.

    1. Reveste-se de repercussão geral o debate quanto à validade da correção monetária e dos juros moratórios incidentes sobre condenações impostas à Fazenda Pública segundo os índices oficiais de remuneração básica da caderneta de poupança (Taxa Referencial – TR), conforme determina o art. 1º-F da Lei nº 9.494/97, com redação dada pela Lei nº 11.960/09.

    2. Tendo em vista a recente conclusão do julgamento das ADIs nº 4.357 e 4.425, ocorrida em 25 de março de 2015, revela-se oportuno que o Supremo Tribunal Federal reitere, em sede de repercussão geral, as razões que orientaram aquele pronunciamento da Corte, o que, a um só tempo, contribuirá para orientar os tribunais locais quanto à aplicação do decidido pelo STF, bem como evitará que casos idênticos cheguem a esta Suprema Corte.

    3. Manifestação pela existência da repercussão geral. (RE 870.947/SE)

13. Essa previsão não se aplica aos pagamentos feitos pela via das requisições de pequeno valor – RPV.

débitos tributários do exequente perante a Fazenda Pública. Houve a regulamentação desse procedimento por meio da Lei n. 12.431/2011, valendo para as execuções contra a Fazenda Pública Federal, de sorte que Estados e Municípios poderiam editar leis próprias.

O juiz deveria, no momento anterior à expedição do precatório, determinar a intimação da Fazenda, para que informasse, em trinta dias, a existência de débitos passíveis de compensação, podendo ser débitos de qualquer natureza, desde que líquidos e certos, inscritos ou não na dívida ativa da União.

Se a Fazenda respondesse positivamente, o juiz daria quinze dias para que o beneficiário impugnasse os débitos, após o que o ente público teria mais trinta dias para responder à impugnação, seguindo-se com a decisão judicial.

Não faltaram críticas a essa possibilidade instituída pela Emenda Constitucional n. 62/2009[14]. Havia quem afirmasse que representava verdadeiro confisco dos bens do credor da dívida pública, representando típico ato expropriatório antes mesmo da instauração da execução fiscal[15].

O meio tradicional de cobrança de créditos públicos se dá pelo ajuizamento de execução fiscal, regulada pela Lei 6.830/80. Ocorre que a existência deste instrumento de cobrança da dívida ativa não vedava, a nosso ver, a criação de meios alternativos. As execuções fiscais custam caro ao Estado e, por consequência, aos contribuintes, notadamente àqueles que não possuem débitos e custeiam, com seus tributos, o funcionamento da máquina judiciária.

A compensação já vinha sendo reivindicada tanto pelos entes estatais quanto pelos próprios particulares, que enxergavam neste instituto a possibilidade de regularização fiscal. O instituto trazido pela EC nº 62/2009 afigurava-se de suma importância para a higidez orçamentária dos entes políticos, sobretudo daqueles cuja receita corrente líquida estava quase inteiramente comprometida com o pagamento de precatórios. A execução fiscal, além de onerosa, revela-se ineficaz em relação a muitos executados, que, não raras vezes, dilapidam o próprio patrimônio.

---

14. A possibilidade de compensação também é um dos pontos atacados pela ADI 4357.
15. DONIZETTI, Elpídio. **Curso Didático de Direito Processual Civil**. 16. Ed. São Paulo: Atlas, 2012, p. 1035.

Dito procedimento, portanto, representava uma maneira econômica e eficiente na recuperação de ativos da Fazenda Pública. Desde o início da vigência, tais parágrafos já representavam um aumento de arrecadação, por um custo reduzido aos entes, e a consequente possibilidade de os contribuintes regularizarem suas situações perante o Fisco.

Acontece que tais regras foram declaradas inconstitucionais pelo Supremo Tribunal Federal, por meio das ações diretas de inconstitucionalidade de n°s 4357 e 4425, já referidas no presente trabalho, tendo a mencionada Corte superior considerado que a compensação dos débitos da Fazenda Pública inscritos em precatórios, prevista nos pré-falados §§9° e 10 do art. 100 da Constituição, viola a efetividade da jurisdição, a coisa julgada material, a isonomia entre o Poder Público e o particular e vulnera a Separação dos Poderes.

Houve modulação dos efeitos da sobredita decisão, por meio de questão de ordem suscitada pelo Ministro Luiz Fux, de modo que, apesar da declaração de inconstitucionalidade dos §§9° e 10 do art. 100 da CF, foram reputadas válidas as compensações previstas na EC n° 62/2009, desde que efetivadas até 25.03.2015. A partir da referida data, a compensação passou a não ser mais admitida com a finalidade de promover a quitação de precatórios.

7.3 CRÉDITOS DE NATUREZA ALIMENTAR, DE IDOSOS E DE PEQUENO VALOR

Segundo o §1° do art. 100 da Constituição Federal, os débitos de natureza alimentícia são pagos com preferência sobre os demais débitos, com exceção dos referidos no §2° do mesmo artigo, que cuida dos débitos cujos titulares são idosos.

Está-se, portanto, diante de duas situações de créditos privilegiados, que escapam à ordem cronológica de apresentação estabelecida pelo caput do art. 100 da Carta Constitucional.

São assim, mais privilegiados, os créditos referentes aos idosos, isto é, aqueles que tenham 60 (sessenta) anos ou mais na data de expedição do precatório, ou que sejam portadores de doenças graves na forma da lei, desde que o crédito equivalha no máximo ao triplo do valor pago para as requisições de pequeno valor.

Esse privilégio trazido pela Emenda Constitucional n. 62/2009 solucionou debate que se instaurou na doutrina e na jurisprudência após a entrada em vigor do Estatuto do Idoso (Lei n.º 10.741/2003), que assegurou prioridade de tramitação aos processos daqueles que tivessem 60 (sessenta) anos ou mais. Debatia-se se os precatórios teriam igualmente prioridade para pagamento, por analogia à modificação no CPC ou se deveriam continuar a obedecer à ordem cronológica, havendo decisões, anteriores à EC 62/2009, em sentidos opostos. Com a mudança constitucional, restou especificada a prioridade para os idosos, inclusive sobre os débitos alimentares.

Os débitos de natureza alimentar passaram a ocupar, desse modo, a segunda posição na escala de prioridade para pagamento dos precatórios. O §1º do artigo 100 da Constituição Federal conceitua tais débitos como aqueles decorrentes de salários, vencimentos, proventos, pensões e suas complementações, benefícios previdenciários e indenizações por morte ou por invalidez, fundadas em responsabilidade civil, em virtude de sentença judicial transitada em julgado.

Forma-se, assim, rol específico de credores, que recebem seus créditos em primazia se comparados com os demais precatórios, ainda que mais antigos. O que se forma, a bem da verdade, a partir das mudanças advindas da EC 62/2009, são três relações diferentes, quais sejam, a dos idosos e portadores de doenças graves, a dos débitos alimentares e dos débitos não privilegiados.

Há ainda que se fazer referência aos chamados débitos de pequeno valor, que dispensam a expedição de precatório. Desde a Emenda Constitucional n. 30/2000, não é mais necessário que se expeça precatório para quitar ditos débitos.

No âmbito federal, o art. 17, §1º, da Lei n.º 10.259/2001 (Lei dos Juizados Especiais Federais), indica que as obrigações definidas no art. 100, §3º da Constituição como sendo de pequeno valor, a serem pagas independentemente de precatório, terão como limite o mesmo valor estabelecido em tal lei como de competência do Juizado Especial Federal Cível, que é exatamente de 60 (sessenta) salários mínimos.

Por sua vez, para Estados, Distrito Federal e Municípios, existe regra transitória prevista no Ato das Disposições Constitucionais Transitórias, mais especificamente em seu art. 87, que foi acrescido pela Emenda Constitucional n. 37/2002, que indica que até que tais entes editem leis próprias, serão considerados como de pequeno valor os débitos de quarenta salários mínimos perante Estados e Distrito Federal e de trinta salários mínimos perante as fazendas municipais.

O procedimento no caso dos débitos de pequeno valor não difere muito do que se tem em relação aos débitos superiores aos limites legais, que gerarão precatórios.

Na verdade, também ocorre a citação da Fazenda Pública para oferecimento de embargos ou a sua intimação para apresentar impugnação ao cumprimento de sentença. Em havendo concordância com o valor, expede-se a requisição de pequeno valor – RPV. Se houver discordância, cabem naturalmente as sobreditas defesas.

A diferença reside mesmo no pagamento, que se dá com maior celeridade, e sem necessidade de se ter que aguardar até o exercício financeiro subsequente, como ocorre com os precatórios.

Sendo assim, quando a devedora for a União ou suas autarquias e fundações, após o trânsito em julgado, o juiz expede a requisição de pagamento, dirigindo-o ao Presidente do Tribunal Regional Federal correspondente, que toma as providências administrativas necessárias ao pagamento[16].

Assim, os valores são depositados pelos tribunais em instituição financeira oficial, com os saques se procedendo independentemente de alvará.

Esse procedimento de pagamento dos débitos de pequeno valor pode ser apontado como um dos mecanismos recentes que mais contribuíram para a aproximação do Judiciário com o jurisdicionado.

Não fazia sentido que um cidadão comum, com um crédito de valor pequeno, mas desprovido de privilégio (por não ser alimentar, por exemplo), tivesse que aguardar na mesma "fila cronológica" que uma grande empresa com milhões a receber da União.

Trata-se, sem dúvida, de aplicar a duração razoável do processo e a isonomia processual, concedendo-se efetiva prestação àquele que já tanto sofreu até que se atingisse um resultado a ele favorável.

16. A Resolução n.º 168, de 05 de dezembro de 2011, do Conselho da Justiça Federal, é o instrumento atual que regulamenta a expedição de ofícios requisitórios, o cumprimento da ordem cronológica de pagamentos, as compensações, o saque e o levantamento de depósitos.

Capítulo 8

As Medidas Atípicas previstas no art. 139, IV, do CPC e a Fazenda Pública

Da mesma forma que ocorre no cumprimento das obrigações por parte de pessoas físicas ou de pessoas jurídicas de direito privado, não é raro que haja um retardamento no cumprimento das obrigações de pagar, fazer, não fazer e entregar, quando o devedor é um ente integrante da Fazenda Pública.

O CPC/2015 estabeleceu, no art. 139, IV[1], que o juiz tem por incumbência determinar todas as medidas indutivas, coercitivas, mandamentais ou sub-rogatórias necessárias para assegurar o cumprimento de ordem judicial, inclusive nas ações que tenham por objeto prestação pecuniária.

Inúmeras discussões doutrinárias têm sido travadas a respeito de tal dispositivo, notadamente no que pertine aos limites para sua aplicação. Alguns critérios têm sido propostos para balizar a incidência do instituto, tais como: a) a observância dos postulados da razoabilidade, da proporcionalidade, da proibição de excesso e dos princípios da eficiência e da

---

1. Há também previsão de medidas atípicas no art. 297, no que se refere às tutelas provisórias e no art. 536, §1º, quanto às obrigações de fazer, não fazer e entregar coisa. Trataremos especificamente do art. 139, IV, dadas as polêmicas em torno da sua aplicação e também por ser mais amplo que os demais.

menor onerosidade para o executado[2]; b) na execução por quantia, a utilização do dispositivo de modo subsidiário relativamente às medidas típicas[3]; c) a exigência de imparcialidade[4], fundamentação adequada e de observância da garantia do contraditório[5].

Concordamos com tais critérios, porém entendemos que a sua análise, na maioria das vezes, deverá ser casuística, porquanto medidas que, *a priori*, sejam consideradas inadmissíveis, podem se revelar, na prática, adequadas e necessárias para que haja o cumprimento da obrigação.

No que concerne ao art. 139, IV, é certo que não houve referência a qualquer tipo de restrição a que essas medidas atípicas venham a ser adotadas em face do Poder Público.

Ocorre que a adoção de medidas atípicas contra a Fazenda Pública desperta discussões, em razão das consequências que podem gerar à sociedade, assim como também em função do choque de princípios que pode haver, notadamente entre a efetividade da execução e a supremacia do interesse público.

Algumas medidas, destas que despertam polêmica, serão aqui expostas, a fim de que se possa aferir a legitimidade, a legalidade e a conveniência da sua adoção para forçar o cumprimento de obrigações pelos entes públicos.

8.1 PENHORA SOBRE BENS PÚBLICOS

A princípio, tratando-se do cumprimento de obrigação de pagar quantia, fala-se na impossibilidade de a penhora incidir sobre os bens públicos, de modo a se vedar a invasão do patrimônio e a constrição

2. DIDIER JR., Fredie, CUNHA, Leonardo Carneiro da, BRAGA, Paula Sarno e OLIVEIRA, Rafael Alexandria de. **Curso de Direito Processual Civil: Execução**. Salvador: JusPodivm, 2017, p. 85. Para os autores, tais critérios impõem que a medida seja adequada (consideração abstrata de uma relação de meio/fim entre a medida atípica e o resultado esperado); necessária (não se deve ir além do necessário para alcançar os resultados); e deve ela conciliar os interesses contrapostos (solução que melhor atenda aos valores conflituosos).
3. DIDIER JR., Fredie, CUNHA, Leonardo Carneiro da, BRAGA, Paula Sarno e OLIVEIRA, Rafael Alexandria de. **Curso de Direito Processual Civil: Execução**. Salvador: JusPodivm, 2017, p. 108.
4. Daniel Amorim Assumpção Neves (In: **Manual de direito processual civil: volume único**. Salvador: JusPodivm, 2016, p. 987.
5. DIDIER JR., Fredie, CUNHA, Leonardo Carneiro da, BRAGA, Paula Sarno e OLIVEIRA, Rafael Alexandria de. **Curso de Direito Processual Civil: Execução**. Salvador: JusPodivm, 2017, p. 116.

imediata dos bens públicos. Tal vedação decorre do fato de que, sendo os bens de uso comum do povo e os de uso especial inalienáveis, devem também ser tido como não passíveis de penhora.

Evidentemente, não há que se imaginar um bem de uso comum do povo, destinado à utilização geral pela coletividade, sendo objeto de penhora judicial. Pensar em uma rua, uma avenida, uma estrada, uma praça ou um viaduto sendo penhorados revela-se absurdo e desprovido de qualquer respaldo de cunho jurídico, porque afetaria a coletividade e a própria ordem social.

Da mesma forma, pensa-se como não legítima a penhora sobre bens de uso especial, ou do patrimônio administrativo indisponível, tendo em conta que, como estes são utilizados para a prestação de serviços públicos ou administrativos, tais como o funcionamento de uma escola, de um hospital ou de um posto de saúde, sua penhora e conseguinte alienação viria a causar transtornos sérios ao interesse público, que deve prevalecer, sem qualquer sobra de dúvida, na hipótese, sobre o interesse de um credor particular.

A discussão que resta é em torno dos bens públicos dominicais ou do patrimônio disponível (como prédios ou terrenos sem uso), os quais, apesar de alienáveis, nos termos da legislação civil e administrativa, não são passíveis de penhora, em razão da vedação constitucional, que prevê regime específico para pagamento de seus débitos. Parece que, na hipótese, melhor seria que a Constituição Federal permitisse regra excepcional para a penhora desses bens, compatibilizando assim o texto constitucional com o que se tem na legislação civil e administrativa.

Não há como se sustentar, quanto aos bens dominicais, o mesmo argumento que se utiliza para justificar a impenhorabilidade dos bens de uso comum e dos bens de uso especial. Nesses casos, há quebra da ordem e prejuízo ao interesse coletivo se houvesse a penhora e a conseguinte alienação. Naquele, qual seja, em relação aos bens dominicais, não se tem prejuízo a uma coletividade e a vedação persiste apenas porque assim quis o constituinte.

Havendo, portanto, sinalização de ordem constitucional para se estabelecer dita exceção, nos termos propostos, tratar-se-ia de uma efetiva medida a garantir a viabilidade da execução para pagamento de quantia certa por parte da Fazenda, notadamente quando se imagina que grande parte dos Municípios brasileiros possui patrimônio dominical, mas retarda injustificadamente o cumprimento de suas obrigações de pagar.

8.2 PRISÃO DE AGENTES PÚBLICOS

Não é raro se identificar o descumprimento de decisões por parte de agentes públicos, que se escondem sob a proteção de que não são eles que estão descumprindo, mas sim o ente ao qual servem, como se as situações não se misturassem. A ausência de temor coercitivo para o descumprimento acaba por estimular o desdém com que muitos agentes tratam as decisões que lhes chegam para imediato cumprimento.

Assim, não é incomum a determinação de prisão de agentes que retardam de modo desarrazoado e injustificado o cumprimento de uma relevante obrigação, atingindo-se com mais rapidez a efetividade da execução. Resta saber se essa prática encontra respaldo constitucional e legal.

Nos termos do art. 5º, inciso LXVII, da Constituição, ninguém poderá ser preso civilmente por dívida, salvo nos casos de inadimplemento voluntário e inescusável de obrigação de prestar alimentos e do depositário infiel.

Quanto ao depositário infiel, em razão da existência de convenções e tratados internacionais sobre direitos humanos dos quais o Brasil é signatário[6], o Supremo Tribunal Federal editou o enunciado de súmula vinculante nº 25, segundo o qual "é ilícita a prisão civil de depositário infiel, qualquer que seja a modalidade de depósito".

Não há, portanto, possibilidade de determinação de prisão civil por *dívidas*, segundo nosso ordenamento constitucional, a não ser em caso de obrigações de natureza alimentícia.

Apesar disso, há quem defenda a possibilidade de utilização da prisão civil como medida coercitiva, notadamente quando se restringe o conceito de dívida a obrigações de pagar quantia[7], porquanto estaria autorizada a prisão civil nos casos de obrigações de fazer, não fazer e entregar coisa. Se o termo dívida for conceituado como obrigação civil

6. Convenção Americana sobre Direito Humanos (Pacto de São José da Costa Rica) e Pacto Internacional sobre Direitos Civis e Políticos.

7. MARINONI, Luiz Guilherme. **Técnica Processual e tutela dos direitos**. São Paulo: Revista dos Tribunais, 2004, p. 292/295.

de qualquer natureza, estaria vedada a prisão em qualquer hipótese[8]. Há posições intermediárias, como a de Sérgio Cruz Arenhart[9], para quem o termo dívida na Constituição é utilizado no sentido de prestações com conteúdo obrigacional, porém, seria possível a determinação da prisão civil como medida para forçar ao cumprimento de decisões judiciais que se relacionem à proteção de direitos não-obrigacionais, posto que o que estaria em jogo seria o poder de império do Estado[10].

Fredie Didier Júnior[11], acompanhando a visão de Marcelo Lima Guerra sobre o tema, entende que, quando se dá ao termo dívida a abrangência de qualquer prestação com conteúdo obrigacional, busca-se privilegiar a liberdade individual, sendo que nenhum direito fundamental é absoluto. Desse modo, havendo colisão entre direitos fundamentais, deve-se ponderar sobre qual deles deve prevalecer no caso concreto. Assim, podem existir outras situações em que a liberdade individual deva ser afastada frente a outro direito fundamental (como a vida, a saúde,

---

8. TALAMINI, Eduardo. **Tutela relativa aos deveres de fazer e de não fazer e sua extensão aos deveres de entrega de coisa**. São Paulo: Revista dos Tribunais, 2003, p. 302; SILVA, Ovídio A. Baptista da. **Do processo cautelar**. Rio de Janeiro: Forense, 1999, p. 530.

9. A prisão civil como meio coercitivo. Disponível em: https://www.academia.edu/214441/A_PRIS%C3%83O_CIVIL_COMO_MEIO_COERCITIVO, capturado em 10.03.2016). Segundo o autor "(...) pode-se concluir que a indicação presente nos tratados internacionais (referente à prisão por dívida ou à prisão por obrigação contratual), bem como a expressão "por dívida" presente nos diversos diplomas nacionais, devem ser interpretados de forma significativa, restringindo a proibição de prisão civil apenas para tais casos, ou seja, em relação a dívidas ou obrigações contratuais. Não há, portanto, no direito brasileiro, limitação quanto ao uso da prisão civil em outros casos. Não fosse assim, seria difícil de justificar o uso da prisão civil na Alemanha e nos Estados Unidos que, como visto, apresentam em sua legislação a mesma restrição existente no Brasil". Mais adiante, conclui: "Enfim, se a ordem judicial tiver por finalidade o cumprimento de obrigação, então será incabível o uso da técnica coercitiva consistente na restrição da liberdade individual, diante dos termos do art. 5o, inc. LXVII, da CF. Quando o objeto da tutela jurisdicional for prestação calcada em outra espécie de dever (não obrigacional, portanto), será, ao menos em tese, cabível o recurso à prisão civil para dar guarida a esta ordem. Nestes termos, o que aqui se defende não é o cabimento da prisão civil como forma de proteção da decisão (ordem) judicial em si, mas apenas das ordens que tiverem por finalidade a proteção de direitos não-obrigacionais".

10. Afirma o autor (In: A prisão civil como meio coercitivo. Disponível em: https://www.academia.edu/214441/A_PRIS%C3%83O_CIVIL_COMO_MEIO_COERCITIVO, capturado em 10.03.2016) que: Seja por uma via ou por outra, o fato é que a prisão para cumprimento deordem judicial referente a direitos não obrigacionais não está proibida pela Constituição Federal. Ao contrário, deriva esta autorização do *imperium* estatal e tem por fim resguardar a dignidade da justiça, especificamente em relação a direitos que, segundo a ordem jurídica, são considerados mais relevantes (direitos não-obrigacionais).

11. DIDIER JR., Fredie, CUNHA, Leonardo Carneiro da, BRAGA, Paula Sarno e OLIVEIRA, Rafael Alexandria de. **Curso de Direito Processual Civil: Execução**. Salvador: JusPodivm, 2017, p. 128.

a integridade física ou psíquica, a igualdade de gênero ou de raça etc.), ainda que não seja o caso de dívida de alimentos.

A conclusão do autor é, portanto, no sentido de que, excepcionalmente, é possível a utilização da prisão civil como medida coercitiva atípica, desde que observados alguns parâmetros[12], ressaltando-se que, para o referido autor, o termo dívida refere-se a obrigações de conteúdo *patrimonial*, não necessariamente pecuniário, o que abrangeria obrigações de fazer, não fazer e entregar coisa com conteúdo patrimonial.

Analisando-se o texto constitucional, constata-se que o art. 5º, LXVII, ao ressalvar a prisão civil por *dívidas*, tratou de duas espécies de obrigações: uma pecuniária, qual seja, a dívida de alimentos; e outra não pecuniária (de entregar coisa), que é a do depositário infiel, posto que a prisão, segundo o art. 652 do Código Civil, tinha por objetivo forçar o depositário a restituir a coisa depositada.

Por isso é que, a nosso ver, o termo *dívida* empregado na Constituição não pode ser atrelado apenas a obrigações pecuniárias, abrangendo qualquer tipo de obrigação. Resta saber se tais obrigações são apenas as contratuais ou também as extracontratuais.

A nosso ver, as obrigações seriam apenas as decorrentes de vínculo contratual. Isso porque o Pacto Internacional de Direitos Civis e Políticos, um dos fundamentos da edição da sobredita súmula vinculante, estabelece, em seu art. 11 que "Ninguém poderá ser preso apenas por não poder cumprir com uma obrigação *contratual*".

Além disso, no precedente representativo do enunciado sumular indicado pelo STF[13], do voto do Ministro Gilmar Mendes extrai-se que "as legislações mais avançadas em matéria de direitos humanos proíbem

---

12. *Idem*, p. 131. Os parâmetros sugeridos pelo autor são os seguintes: "a) Somente se pode falar em prisão civil como medida coercitiva *atípica* quando o bem que por meio dela se pretende tutelar mostrar-se, no caso concreto, mais relevante que a liberdade pessoal do devedor. Assim, a excepcionalidade da medida impõe que ela só possa ser aplicada em casos onde haja colisão concreta entre a liberdade individual do devedor e direitos como a vida, a saúde, a integridade física ou psicológica, a igualdade de ração e gênero, dentre outros (...); b) A princípio, a prisão civil é medida coercitiva somente aplicável ao devedor de alimentos. Para utilizá-la em outro cenário, o juiz precisa motivar adequadamente a sua decisão. C) Não cabe prisão civil como medida coercitiva para forçar o cumprimento de obrigação com conteúdo patrimonial, ainda que não pecuniário (art. 5º, LXVII, CF), seja ele contratual (art. 11, Pacto Internacional sobre Direito Civis e Políticos) ou extracontratual (...)".
13. RE466343, Voto do Min. Gilmar Mendes, Tribunal Pleno, julgamento em 03.12.2008,

expressamente qualquer tipo de prisão civil decorrente do descumprimento de obrigações contratuais (...)".

Ocorre que o STF, no avançar das discussões relacionadas à Súmula vinculante nº 25, considerou que não seria permitida a prisão civil do depositário *judicial* infiel, cuja obrigação de restituir o bem não tem evidentemente natureza contratual. A conclusão foi no sentido de que o uso da prisão civil como técnica coercitiva de pagamento - leia-se cumprimento de obrigação de qualquer natureza – ofende a dignidade da pessoa humana.

Por isso é que, adotando-se a posição do Supremo Tribunal Federal que é vinculante, tem-se que a vedação da prisão civil por dívidas abrange qualquer tipo de obrigação, pecuniária ou não, de natureza contratual ou extracontratual.

Em conclusão, com a devida vênia aos doutrinadores que lecionam em sentido diverso, como decorrência do enunciado sumular vinculante nº 25 do STF, reputamos inadmissível qualquer tipo de prisão civil por dívidas (abrangendo qualquer tipo de obrigação), exceto a dos responsáveis pelas dívidas de natureza alimentar, ainda que estejam em jogo direitos fundamentais de maior grandeza que a liberdade individual, até que haja uma eventual superação do entendimento fixado pela Corte Maior.

Restariam, como exceções, a permitirem a prisão civil como meio coercitivo, tão somente os deveres de conteúdo não obrigacional, referidos inclusive pelo CPC/2015 em seu art. 536, §5º, a exemplo dos deveres de não poluir o meio ambiente, de respeito à propriedade intelectual ou ao direito de concorrência[14].

A nosso ver, tais restrições aplicam-se do igualmente aos agentes públicos, de modo que a utilização da prisão civil somente estaria autorizada nos casos de determinações judiciais de cumprimento de deveres de natureza não obrigacional.

No que se refere à prisão de natureza penal, é certo que a jurisprudência do Supremo Tribunal Federal não admite a prisão por crime de

---

14. AMARAL, Guilherme Rizzo. **Capítulo VI: Do cumprimento de sentença que reconheça a exigibilidade de obrigação de fazer, de não fazer ou de entregar coisa.** In: WAMBIER, Teresa Arruda Alvim et al. **Breves Comentários ao Novo Código de Processo Civil.** 3. ed. São Paulo: Revista dos Tribunais, 2016. p. 1558.

desobediência[15] – quando configurado o descumprimento de ordem judicial – nos casos em que a decisão emana de órgão jurisdicional com competência cível e não criminal[16].

Embora haja doutrina no sentido da impossibilidade da prática do crime de desobediência por agente público[17], no Superior Tribunal de Justiça, há precedente no sentido de que "o funcionário público pode cometer crime de desobediência, se destinatário da ordem judicial, e considerando a inexistência de hierarquia, tem o dever de cumpri-la, sob pena da determinação judicial perder sua eficácia", ficando, no entanto, vedada a prisão em flagrante[18], tendo em vista que se trata de crime de menor potencial ofensivo[19].

---

15. Segundo Diego Martinez Fervenza Cantoario (**Tutela específica das obrigações de fazer e não fazer no novo CPC: primeiras observações.** In: Didier Jr, Fredie (coordenador geral). **Novo CPC doutrina selecionada**, v. 5: execução. Salvador, Juspodivm, 2015, p. 128), "A prisão em decorrência do crime de desobediência, cuja admissibilidade não é pacífica na doutrina, não consiste em meio de coerção, mas sim punição por crime tipificado no art. 330 do CP, sujeito a processo criminal autônomo, promovido pelo órgão do Ministério Público".
16. Nesse sentido, já decidiu o STF: 1. AÇÃO PENAL. Crime de desobediência a decisão judicial sobre perda ou suspensão de direito. Atipicidade. Caracterização. Suposta desobediência a decisão de natureza civil. Proibição de atuar em nome de sociedade. Delito preordenado a reprimir efeitos extrapenais. Inteligência do art. 359 do Código Penal. Precedente. O crime definido no art. 359 do Código Penal pressupõe decisão judiciária de natureza penal, e não, civil. 2. AÇÃO PENAL. Crime de desobediência. Atipicidade. Caracterização. Desatendimento a ordem judicial expedida com a cominação expressa de pena de multa. Proibição de atuar em nome de sociedade. Descumprimento do preceito. Irrelevância penal. Falta de justa causa. Trancamento da ação penal. HC concedido para esse fim. Inteligência do art. 330 do Código Penal. Precedentes. Não configura crime de desobediência o comportamento da pessoa que, suposto desatenda a ordem judicial que lhe é dirigida, se sujeita, com isso, ao pagamento de multa cominada com a finalidade de a compelir ao cumprimento do preceito. (HC 88572, Relator(a): Min. CEZAR PELUSO, Segunda Turma, julgado em 08/08/2006, DJ 08-09-2006 PP-00062 EMENT VOL-02246-02 PP-00355 RTJ VOL-00201-03 PP-01096)
17. CUNHA, Leonardo José Carneiro da. **A Fazenda Pública em juízo.** 13. Ed. Rio de Janeiro: Forense, 2016, p. 393. Segundo o autor, "o descumprimento de ordem judicial pelo agente público não se enquadra no tipo penal do crime de desobediência, pois este se refere à conduta praticada por *particular* contra a administração da Justiça, não englobando a atividade exercida por agentes públicos". Em seu entender, seria possível a imputação da prática do crime de prevaricação, mas seria preciso provar o elemento típico satisfação de interesse ou sentimento pessoal, o que é improvável, restando mitigada a sua configuração. Assim, restaria apenas a configuração da conduta como improbidade administrativa, que não tem natureza penal.
18. Como bem explica Diego Martinez Fervenza Cantoario (**Tutela específica das obrigações de fazer e não fazer no novo CPC: primeiras observações.** In: Didier Jr, Fredie (coordenador geral). **Novo CPC doutrina selecionada**, v. 5: execução. Salvador, Juspodivm, 2015, p. 130), "(...) acreditamos que, dentro da legalidade estrita, é completamente inócua a discussão quanto à consumação do crime de desobediência, pois não se poderá realizar a prisão em flagrante, e caso a autoridade policial realize essa prisão, ao invés de encaminhar o investigado ao Juizado Especial Criminal para que preste compromisso, estará praticando o crime de abuso de autoridade". No mesmo sentido, tem-se a doutrina de Sergio Cruz Arenhart (In: **A prisão civil como meio coercitivo**. Disponível em: https://www.academia.edu/214441/A_PRIS%C3%83O_CIVIL_COMO_MEIO_COERCITIVO, capturado em

De tudo quanto se expôs, tem-se que não há como determinar a prisão de natureza penal por crime de desobediência em relação aos agentes públicos e somente se revela possível a determinação da sua prisão civil em caso de descumprimento de obrigações de natureza alimentar, o que inclui prestações de natureza previdenciária e a remuneração de servidores públicos[20] ou de deveres com conteúdo não obrigacional.

Apesar das interpretações e vedações constitucionais e legais acima apontadas, na prática, não é incomum a determinação da prisão de agentes públicos responsáveis pelo cumprimento de obrigações.

Admitindo-se a prisão, de qualquer modo, há que se ter bastante cuidado para não se utilizar tal espécie de medida de modo indiscriminado, bem como é de se identificar com clareza quem é o agente responsável pelo cumprimento que está dando causa ao retardo. Não se deve, por exemplo, como já ocorreu algumas vezes, determinar a prisão do advogado público, quando este não é o detentor do poder decisório para o cumprimento da obrigação[21]. O advogado defende, recorre, orienta, mas não decide, de modo que não é ele que deve ser preso pela mora na implantação de uma ordem judicial, mas sim aquele agente que, no órgão, está a ignorá-la.

10.03.2016):"Embora se reconheça a possibilidade da prisão criminal como mecanismo de apoio acoplado à ordem judicial, não parece que esta figura esteja habilitada afuncionar como meio de pressão psicológica adequado a obter a prestação. Claro que inúmeros casos de provimento judicial utilizam-se da prisão criminal, por crime de desobediência ou de prevaricação, como forma de garantir o cumprimento da ordem judicial. Entretanto, a prisão criminal em tais casos pode ter diminuto efeito intimidatório, especialmente se consideradas as características do sistema penal nacional e a forma de imposição desta sanção no regime brasileiro. Inicialmente, é preciso lembrar que a sanção criminal (como meio coercitivo) somente tem efeito antes de sua imposição, já que, uma vez violada a ordem, deve a sanção ser efetivada, sem que se possa retirá-la em vista do ulterior cumprimento da determinação pela parte. Assim, se a parte já descumpriu a ordem judicial, a prisão de cunho criminal perde totalmente sua condição coercitiva, passando a assumir caráter exclusivamente punitivo (já que a pessoa deve sofrer a prisão, pelo prazo estipulado pela lei penal, ainda que venha ulteriormente a cumprir o comando judicial, ou a repor as coisas em seu estado anterior .De outra parte, a tendência do direito penal à redução no emprego da sanção restritiva de liberdade, bem como a dificuldade em obter-se ou em se manter a prisão em flagrante em delitos como estes (sem violência), somados à demora no processo judicial necessário à aplicação da pena e à facilidade com que se consegue esquivar de sua incidência, levam à redução também de seu potencial intimidatório".

19. (REsp 442.035/RS, Rel. Ministro GILSON DIPP, QUINTA TURMA, julgado em 02/09/2003, DJ 29/09/2003, p. 309)
20. CUNHA, Leonardo José Carneiro da. **A Fazenda Pública em juízo**. 13. Ed. Rio de Janeiro: Forense, 2016, p. 396.
21. Enunciado 40 do Fórum Nacional do Poder Público: "As medidas para a efetivação da tutela provisória previstas no art. 297 do CPC não podem atingir a esfera jurídica do advogado (público ou privado), no exercício de suas atribuições".

8.3 SUSPENSÃO E CANCELAMENTO DE EVENTOS PÚBLICOS

Outra medida atípica tendente a garantir a eficácia da atividade executiva contra a Fazenda Pública é a suspensão ou o cancelamento de eventos públicos.

Pensamos que, na hipótese, deve-se ter muita ponderação, sob pena de se prejudicar a coletividade e o interesse público, para privilegiar a vontade do credor individual.

Imagine-se uma situação em que um credor, pessoa física, tem créditos da Administração decorrentes de um evento que realizou e que não lhe foram pagos os valores correspondentes, por pura mora do ente. Parece razoável que ele requeira, e o juiz determine, a suspensão ou o cancelamento de um evento similar que esteja por ocorrer? Entendemos que não, porque isso provavelmente geraria um prejuízo maior à coletividade, e não garantiria em absoluto que a dita obrigação viria a ser cumprida.

Por outro lado, imaginando-se que se esteja diante do descumprimento de obrigações de fazer ou de não fazer que tenham pertinência temática com o evento, como por exemplo, a não apresentação de um alvará de liberação do Corpo de Bombeiros ou alguma questão de ordem ambiental, parece sim eficaz que se determine a suspensão ou mesmo o cancelamento de um evento organizado pelo poder público, a fim de se garantir a efetividade na execução da obrigação.

8.4 BLOQUEIO OU SEQUESTRO DE VERBAS PÚBLICAS

Sempre se colocou, quase como se estivéssemos diante de uma cláusula pétrea, que o bloqueio ou sequestro de verbas públicas não poderia se dar, como medida atípica, normalmente fundada em razões de cunho orçamentário, que encontram um manto constitucional.

E dita proteção tem todo sentido, visto que, se assim não fosse, a Administração não teria condições de planejar e executar suas políticas públicas, porque se veria, a todo tempo, tendo o seu orçamento invadido com o bloqueio ou sequestro judicial de valores.

A temática foi enfrentada diversas vezes pelo Poder Judiciário e, aos poucos, aquele entendimento absolutamente contrário foi encontrando uma flexibilização, quando se deparavam os juízes com situações em que o descumprimento da ordem judicial poderia acarretar lesões tão graves ao jurisdicionado que se fazia necessário compatibilizar aquela garantia estabelecida para a Fazenda Pública com outras normas constitucionais.

A questão chegou ao Superior Tribunal de Justiça, por meio de recurso especial repetitivo (RESP 1.069.810[22]), havendo se firmado o entendimento de que é sim possível o bloqueio de verbas públicas, em situações excepcionais, quando se vislumbrar a urgência e a imprescindibilidade de sua prestação, além do amparo constitucional no direito fundamental à saúde[23].

Para tanto, a partir de um juízo de verificação do respeito ao direito à saúde, que é fundamental, estando a parte demandante/exequente diante de um risco iminente, o juiz deverá adotar as medidas necessárias à efetivação da medida, e dentre elas, conforme entendeu o STJ no julgamento do referido recurso repetitivo, está a possibilidade de bloqueio de verbas públicas suficientes ao cumprimento da decisão.

De qualquer sorte, entendemos que o referido bloqueio, determinado como medida atípica, somente deve ser determinado após o esgotamento dos meios típicos destinados a forçar o cumprimento das obrigações pela Fazenda Pública[24].

---

22. "PROCESSUAL CIVIL. ADMINISTRATIVO. RECURSO ESPECIAL. ADOÇÃO DE MEDIDA NECESSÁRIA À EFETIVAÇÃO DA TUTELA ESPECÍFICA OU À OBTENÇÃO DO RESULTADO PRÁTICO EQUIVALENTE. ART. 461, § 5o. DO CPC. BLOQUEIO DE VERBAS PÚBLICAS. POSSIBILIDADE CONFERIDA AO JULGADOR, DE OFÍCIO OU A REQUERIMENTO DA PARTE. RECURSO ESPECIAL PROVIDO. ACÓRDÃO SUBMETIDO AO RITO DO ART. 543-C DO CPC E DA RESOLUÇÃO 08/2008 DO STJ. 1. Tratando-se de fornecimento de medicamentos, cabe ao Juiz adotar medidas eficazes à efetivação de suas decisões, podendo, se necessário, determinar até mesmo, o sequestro de valores do devedor (bloqueio), segundo o seu prudente arbítrio, e sempre com adequada fundamentação. 2. Recurso Especial provido. Acórdão submetido ao regime do art. 543-C do CPC e da Resolução 08/2008 do STJ." (STJ. 1ª Seção. REsp 1.069.810/RS. Rel. Min. Napoleão Nunes Maia Filho. Publicado no DJ de 06/11/201).

23. Diego Martinez Fervenza Cantoario (**Tutela específica das obrigações de fazer e não fazer no novo CPC: primeiras observações**. In: Didier Jr, Fredie (coordenador geral). **Novo CPC doutrina selecionada**, v. 5: execução. Salvador, Juspodivm, 2015, p. 130-133) defende a possibilidade de sequestro de verbas públicas para fins de cumprimento das obrigações de fazer e de não fazer, inclusive com fundamento no art. 536, §1º, do CPC, colocando-se desfavorável à imposição de multa em desfavor dos agentes públicos e também da sua prisão civil.

24. Enunciado nesse sentido foi aprovado no Fórum Nacional do Poder Público, realizado em junho de 2017 em São Paulo: "O bloqueio ou sequestro de verbas públicas enquanto medida atípica somente é admitido após o esgotamento dos meios hábeis a forçar a Administração ao cumprimento de obrigação".

8.5 BLOQUEIO DO RECEBIMENTO DE CRÉDITOS DE OUTROS ENTES OU DE PARTICULARES

Tende a se revelar eficaz também, quando houver o descumprimento imotivado no cumprimento de obrigações de pagar a cargo do Poder Público, o bloqueio do recebimento de créditos que eventualmente se tenha a receber de outros entes ou de particulares.

Por vezes, e isso é mais comum quando se lida com Municípios, um determinado ente tem créditos a receber, via precatório ou requisição de pequeno valor de outros entes, ou mesmo via pagamento direto de particulares, mas demonstra irresponsável falta de zelo no pagamento de seus débitos.

Assim, em isso ocorrendo e não havendo outros meios típicos capazes de assegurar a execução, afigura-se pertinente a ideia de se bloquear ditos créditos a receber, para que assim seja viabilizado o pagamento de obrigações de pagar, logicamente em observância à ordem cronológica, constitucionalmente assegurada.

8.6 SUSPENSÃO DO FORNECIMENTO DE ENERGIA ELÉTRICA DE ÓRGÃOS E AGENTES PÚBLICOS

Outra medida atípica que se tem notícia, após a entrada em vigor do Código de Processo Civil de 2015, é a questão da suspensão do fornecimento de energia elétrica de devedores, a fim de forçar o cumprimento de obrigações. Revela-se, sem dúvida, em instrumento coercitivo eficaz, que desperta a necessidade do devedor para que imprima rapidez ao cumprimento.

A questão que surge é se essa medida poderá ser objeto de extensão aos órgãos públicos e aos agentes públicos responsáveis pelo cumprimento de obrigações.

Quanto à suspensão do fornecimento de energia dos órgãos públicos, parece haver sim prejuízos em eventual medida atípica determinada. Isto porque, partindo-se do pressuposto de que são bens de uso especial, a suspensão do fornecimento de energia elétrica haverá de acarretar, senão a paralisação, graves dificuldades à continuidade da prestação do serviço público, o que acaba por prejudicar, em última análise, a própria sociedade[25].

8.7 BLOQUEIO DE CARTÕES CORPORATIVOS UTILIZADOS POR AGENTES PÚBLICOS

Os cartões corporativos, sempre polêmicos, consomem somente no Governo Federal cerca de quatro milhões de reais[26], e são utilizados por agentes públicos de mais elevado escalão, para pagamento de bens, serviços e despesas em materiais, contratações de serviços e pagamento de viagens.

Parece-nos que uma medida atípica eficaz residiria no bloqueio de cartões corporativos dos agentes públicos responsáveis pelo cumprimento de obrigações, ou mesmo até, de modo mais radical, de todos os cartões corporativos do respectivo órgão que estaria por descumprir a determinação judicial.

Como isso resultaria num "salutar" transtorno para diversos agentes dos mais altos escalões, provavelmente iriam atrás de identificar as razões do bloqueio e, verificando que se deu porque estaria a ocorrer o descumprimento de uma obrigação, certamente mais agilidade se teria no cumprimento.

8.8 SUSPENSÃO DO PAGAMENTO DOS VENCIMENTOS DOS AGENTES PÚBLICOS

Não nos parece legítima a indiscriminada suspensão do pagamento dos vencimentos dos agentes públicos, como medida tendente a assegurar a efetividade das decisões judiciais.

E a lógica se explica. Ora, nos termos do art. 833, IV, do CPC/2015, os vencimentos são impenhoráveis, com a ressalva apenas das hipóteses de penhora para pagamento de prestação alimentícia ou de importâncias excedentes a 50 (cinquenta) salários-mínimos mensais.

25. Enunciado 41 do Fórum Nacional do Poder Público: "As medidas para a efetivação da tutela provisória previstas no art. 297 do CPC não podem comprometer a continuidade do serviço público".

26. http://www.contasabertas.com.br/website/arquivos/13816, acesso em 09 de março de 2017.

Se são assim impenhoráveis os vencimentos de um devedor pessoa física, por exemplo, não há razões para que se entenda como correta a suspensão do pagamento desses vencimentos quando se cuidar de um agente público que esteja a retardar o cumprimento de uma obrigação.

Deve-se pensar como factível apenas, fazendo-se uma analogia com o art. 833, IV e seu §2º, do CPC/2015, que possa se dar não a suspensão do pagamento, mas o bloqueio daquilo que exceder os cinquenta salários-mínimos mensais. E tal não se daria a título de penhora ou depósito, até porque não é o agente público que responde pelo pagamento ao credor, mas sim mesmo como medida coercitiva, tendente a compelir o agente ao cumprimento da obrigação.

Capítulo 9

Autocomposição e Arbitragem nas Execuções envolvendo a Fazenda Pública

A conciliação, a mediação e a arbitragem, consideradas outrora como métodos alternativos de solução dos conflitos, a partir da vigência da Lei nº 13.105, de 16 de março de 2015, que instituiu o novo Código de Processo Civil, passaram a integrar, junto com a jurisdição, um novo modelo, que a doutrina vem considerando “multiportas”.

Buscando as raízes da expressão “modelo” ou “sistema multiportas”, percebe-se que ela foi cunhada no direito norte-americano, fruto dos estudos do professor emérito da Faculdade de Direito de Harvard Frank Sander acerca dos métodos alternativos de solução dos conflitos. Em 1976, o mencionado professor apresentou em uma conferência (*Pound Conference*) um documento chamado, em tradução livre, de *Variedades do Processamento de Conflitos*, no qual desenvolveu o conceito de *Tribunal Multiportas*, cuja nomenclatura inicial foi, na realidade, *centro abrangente de justiça*[1].

---

1. ALMEIDA, Rafael Alves de; ALMEIDA, Tânia; e CRESPO, Mariana Hernandez. **Tribunal Multiportas: investindo no capital social para maximizar o sistema de solução de conflitos no Brasil.** Rio de Janeiro: Editora FGV, 2012, p. 28, capturado em 15.06.2015, disponível em http://bibliotecadigital.fgv.br/dspace/bitstream/handle/10438/10361/Tribunal%20Multiportas.pdf?sequence=1.

O Tribunal Multiportas "é um mecanismo para encaminhar os conflitos ao fórum mais apropriado para sua resolução"[2]: as partes são levadas a um fórum vinculado ao Poder Judiciário, no qual é feita uma espécie de triagem, com a participação de profissionais de diversas áreas e dos envolvidos, escolhendo-se o método de resolução do conflito mais adequado à demanda, priorizando-se a autocomposição. A finalidade do sistema, quanto aos métodos dito alternativos, é de que haja uma verdadeira construção (e não imposição) do consenso[3].

O denominado Fórum de Portas Múltiplas seria, assim, um local ao qual os cidadãos se dirigiriam para, após os devidos esclarecimentos e orientações, optarem, com ajuda profissional, pelo melhor método de solução do seu conflito[4].

Dentre as vantagens do sistema, apontam-se as seguintes: a) o cidadão assumiria o protagonismo da solução de seu problema, com maior comprometimento e responsabilização acerca dos resultados; b) estimulo à autocomposição; c) maior eficiência do Poder Judiciário, porquanto caberia à solução jurisdicional apenas os casos mais complexos, quando inviável a solução por outros meios ou quando as partes assim o dese-

---

2. ALMEIDA, Rafael Alves de; ALMEIDA, Tânia; e CRESPO, Mariana Hernandez. **Tribunal Multiportas: investindo no capital social para maximizar o sistema de solução de conflitos no Brasil**. Rio de Janeiro: Editora FGV, 2012, p. 28, capturado em 15.06.2015, disponível em http://bibliotecadigital.fgv.br/dspace/bitstream/handle/10438/10361/Tribunal%20Multiportas.pdf?sequence=1, p. 63/64

3. ALMEIDA, Rafael Alves de; ALMEIDA, Tânia; e CRESPO, Mariana Hernandez. **Tribunal Multiportas: investindo no capital social para maximizar o sistema de solução de conflitos no Brasil**. Rio de Janeiro: Editora FGV, 2012, p. 28, capturado em 15.06.2015, disponível em http://bibliotecadigital.fgv.br/dspace/bitstream/handle/10438/10361/Tribunal%20Multiportas.pdf?sequence=1., p. 80/81

4. A esse respeito, explicita Mariana Hernandes Crespo (ALMEIDA, Rafael Alves de; ALMEIDA, Tânia; e CRESPO, Mariana Hernandez. **Tribunal Multiportas: investindo no capital social para maximizar o sistema de solução de conflitos no Brasil**. Rio de Janeiro: Editora FGV, 2012, p. 28, capturado em 15.06.2015, disponível em http://bibliotecadigital.fgv.br/dspace/bitstream/handle/10438/10361/Tribunal%20Multiportas.pdf?sequence=1., p. 82) "Se, após conhecerem as opções de resolução de conflitos à sua disposição, as partes, juntamente com o responsável pela triagem, selecionarem o processo, não só o espectro de opções — excluídas a violência ou a passividade — se abriria diante delas, mas também a sua capacidade de tomar decisões bem fundamentadas seria ampliada. Ao incluir as partes litigantes nos processos decisórios que conduziriam à resolução de seu conflito, as partes podem adquirir um sentido de propriedade sobre o processo e o acordo, e construir um sentido de realização. Isso poderia transformar as expectativas dos cidadãos quanto ao que é possível obter com a colaboração no contexto da resolução de conflitos, tanto na esfera pública como na esfera privada".

jassem; d) transparência, ante o conhecimento prévio pelas partes acerca dos procedimentos disponíveis para a solução do conflito[5].

Nancy Andrighi e Gláucia Falsarella Foley, em junho de 2008, opinando sobre o sistema multiportas na Folha de São Paulo[6], chamavam a atenção para o fato de que, àquela época, predominava, no Brasil, uma cultura excessivamente adversarial e que havia uma carência de espaços – públicos ou privados – destinados ao diálogo entre pessoas em litígio.

Embora já existam diversas práticas nos tribunais brasileiros destinadas à solução consensual dos conflitos, é certo que essa cultura da litigiosidade ainda prevalece. A fim de mitigá-la, foram votados e aprovados no Congresso Nacional diplomas legislativos como a nova Lei da Mediação e o novo CPC, que buscam conferir maior relevância aos denominados meios alternativos de resolução de conflitos e preferência deles em relação à solução jurisdicional.

A doutrina processual brasileira vem afirmando que o novo Código de Processo Civil adotou o modelo ou sistema multiportas, a exemplo de Dierle Nunes, que, antes mesmo da sanção do projeto do novo CPC, anunciava a convivência da solução jurisdicional com a consensual, a partir da conciliação e da mediação[7].

O escopo de instituir esse sistema multiportas pode ser extraído da norma fundamental contida no art. 3º, §3º do Código, que dispõe: "A conciliação, a mediação e outros métodos de solução consensual de conflitos deverão ser estimulados por juízes, advogados, defensores públicos e membros do Ministério Público, inclusive no curso do processo judicial".

Observe-se que a intenção é a de que o modelo funcione extrajudicialmente (até mesmo porque há referência no novo texto às câmaras privadas de conciliação e mediação[8]), mas também no âmbito do

5. ALMEIDA, Rafael Alves de; ALMEIDA, Tânia; e CRESPO, Mariana Hernandez. **Tribunal Multiportas: investindo no capital social para maximizar o sistema de solução de conflitos no Brasil**. Rio de Janeiro: Editora FGV, 2012, p. 28, capturado em 15.06.2015, disponível em http://bibliotecadigital.fgv.br/dspace/bitstream/handle/10438/10361/Tribunal%20Multiportas.pdf?sequence=1, p. 153/154
6. ANDRIGUI, Nancy e FOLEY, Gláucia Falsarella. **Sistema multiportas: o Judiciário e o consenso. Tendências e Debates.** Folha de São Paulo, 24 de junho de 2008.
7. NUNES, Dierle. **Novo CPC promove equilíbrio entre magistrados e advogados.** Disponível em http://www.conjur.com.br/2014-dez-17/dierle-nunes-cpc-promove-equilibrio-entre-juizes-advogados, capturado em 15.06.2015.
8. Vide arts. 167, 168 e 169, §2º, do CPC/2015.

próprio Poder Judiciário, a partir da criação dos centros judiciários de solução consensual de conflitos, responsáveis pela realização de sessões e audiências de conciliação e mediação e pelo desenvolvimento de programas destinados a auxiliar, orientar e estimular a autocomposição[9].

Não há dúvidas de que a previsão contida no novo CPC da coexistência de núcleos públicos e privados destinados à solução consensual dos conflitos pretende concretizar no Brasil a ideia do Fórum de Portas Múltiplas, inclusive porque os centros judiciários, além de responsáveis pela realização de sessões e audiências de conciliação e mediação, deverão desenvolver programas destinados a auxiliar, orientar e estimular a autocomposição, desempenhando suas atividades antes e durante a tramitação do processo.

A bem da verdade, parece-nos que o modelo aqui instituído não é literalmente multiportas. A porta é, na realidade, única: iniciado o procedimento comum e não sendo o caso de indeferimento da petição inicial nem de improcedência liminar, haverá a designação da audiência. Há uma única conduta imposta à parte, qual seja, comparecer à audiência, ainda que contra a sua vontade, sob pena de atentar contra a jurisdição e sofrer a imposição de multa sancionatória[10].

Esse estímulo à solução dos conflitos por meio da autocomposição e da arbitragem certamente alcança a Fazenda Pública.

Não se afigura adequado utilizar o argumento da indisponibilidade do interesse e do patrimônio públicos para afirmar que a Fazenda não pode celebrar acordos ou que é inviável a arbitragem envolvendo o Poder Público.

A esse respeito, Eduardo Talamini analisa com propriedade o conceito da expressão "indisponibilidade do interesse público" para chegar a algumas importantes conclusões relacionadas à autocomposição e à arbitragem envolvendo o Poder Público, que merecem ser aqui reproduzidas: a) a Administração Pública, submetida que é constitucionalmente aos princípios da moralidade e da boa-fé (art. 37, *caput*, da Constituição

9. Art. 165.

10. PEIXOTO, Renata Cortez Vieira. **A audiência obrigatória de conciliação e de mediação no CPC/2015: uma proposta de compatibilização do art. 334 com o modelo multiportas e com a razoável duração do processo.** In PEIXOTO, Renata Cortez Vieira; SOUSA, Rosalina Freitas Martins de; ANDRADE, Sabrina Dourado França (Coord). **Temas Relevantes de Direito Processual Civil: Elas escrevem.** Recife: Editora Armador, 2016, p. 161.

Federal), tem o dever de se submeter ao direito da parte contrária, quando constatar que não tem razão e isso não importa em "dispor" do interesse público, porquanto este não estará presente se não houver direito em favor da Administração; b) nas relações envolvendo o Poder Público não é sempre indispensável a intervenção do Poder Judiciário, cabendo à Administração, desse modo, compor conflitos extrajudicialmente; c) uma coisa é a indisponibilidade do direito material outra é a indisponibilidade da pretensão à tutela jurisdicional estatal; nesse segundo caso, se a Administração verificar que não tem razão, pode deixar de propor a demanda judicial, cumprindo a obrigação em favor do adversário extrajudicialmente; d) mesmo após a instauração do processo, cabe ao Poder Público cumprir suas obrigações e, se for o caso, reconhecer a procedência dos pleitos da parte adversa e compor o litígio; e) se a composição, entrementes, não se limitar ao reconhecimento do pedido da parte contrária, passando a envolver a necessidade de renúncia total ou parcial ao direito material da Administração Pública, tal prática dependerá de autorização legislativa[11].

Partindo-se dessa premissa de que a renúncia total ou parcial aos direitos pertencentes ao Poder Público depende de autorização legal específica, a Lei Federal nº 9.469/97 estabelece que o Advogado-Geral da União, diretamente ou mediante delegação, e os dirigentes máximos das empresas públicas federais, poderão autorizar a realização de acordos ou transações para prevenir ou terminar litígios, inclusive os judiciais, desde que observados determinados parâmetros e limites estabelecidos pela lei e pelos regulamentos editados para conferir cumprimento ao mencionado diploma legal.

A mesma lei autoriza, inclusive, a criação de "câmaras especializadas, compostas por servidores públicos ou empregados públicos efetivos, com o objetivo de analisar e formular propostas de acordos ou transações" (art. 1º, §1º).

No tocante à arbitragem, a doutrina aponta três impedimentos de índole constitucional que eram geralmente opostos à admissibilidade

11. **A (in)disponibilidade do interesse público: consequências processuais (composições em juízo, prerrogativas processuais, arbitragem, negócios processuais e ação monitória)** – versão atualizada para o CPC/2015. In: Revista de Processo. Ano 42, vol. 264, ps. 85/94.São Paulo: Revista dos Tribunais, fev/2017.

nos contratos administrativos, quais fossem, o princípio da legalidade, a indisponibilidade do interesse público e o princípio da publicidade[12].

Ocorre que, desde maio de 2015, por meio da inserção de um parágrafo no art. 1º da Lei nº 9.307/96 por meio da Lei nº 13.129, de 26.05.2015, passou a ser permitida a utilização do referido meio de resolução dos conflitos por parte dos entes que compõem a administração pública direta e indireta, desde que os litígios sejam relativos a direitos patrimoniais disponíveis. A questão é saber quais são os direitos patrimoniais disponíveis da Administração Pública.

Segundo Talamini, seria cabível a arbitragem, nesse caso, sempre que o conflito envolvendo o Poder Público pudesse ser resolvido diretamente entre as partes, sem necessidade de intervenção jurisdicional[13]. Além disso, os interesses em jogo devem ser patrimoniais. Para o autor, o interesse é patrimonial quando seu objeto tem "cunho econômico ou cujo inadimplemento possa ser reparado, compensado ou combatido por medidas com conteúdo econômico"[14].

Para Maria Sylvia Di Pietro, os bens dominicais são patrimoniais disponíveis, porquanto são passíveis de valoração econômica e não possuem uma destinação pública. Não que sejam de livre disposição, mas são bens que podem ser objeto de negociação por parte do Poder Público, inclusive por meio de institutos de direito privado. Chama a atenção também a autora para a circunstância de que a disponibilidade de parcela do patrimônio público pode ser mais vantajosa para a coletividade do que a sua preservação[15]. Assim, os conflitos envolvendo os bens públicos dominicais poderiam ser solucionados por meio da arbitragem.

---

12. RODRIGUES, Marco Antonio. **A Fazenda Pública no processo civil**. 2. Ed. São Paulo: Atlas, 2016, pp. 392/393.
13. **A (in)disponibilidade do interesse público: consequências processuais (composições em juízo, prerrogativas processuais, arbitragem, negócios processuais e ação monitória)** – versão atualizada para o CPC/2015. In: Revista de Processo. Ano 42, vol. 264, p. 97.São Paulo: Revista dos Tribunais, fev/2017.
14. **A (in)disponibilidade do interesse público: consequências processuais (composições em juízo, prerrogativas processuais, arbitragem, negócios processuais e ação monitória)** – versão atualizada para o CPC/2015. In: Revista de Processo. Ano 42, vol. 264, p. 99.São Paulo: Revista dos Tribunais, fev/2017.
15. **As possibilidades de arbitragem em contratos administrativos.** Disponível em: http://www.conjur.com.br/2015-set-24/interesse-publico-possibilidades-arbitragem-contratos-administrativos2, capturado em 01.02.2017.

Tais instrumentos ditos alternativos de resolução dos conflitos podem evidentemente ser utilizados pela Fazenda Pública relativamente ao cumprimento de sentença e à execução de títulos extrajudiciais, seja para evitar o procedimento judicial respectivo, seja para encerrá-lo, desde que observadas as prescrições e restrições legais e constitucionais, notadamente as referentes à expedição de precatórios e de requisições de pequeno valor, observando-se, sempre, a ordem cronológica de pagamento.

[illegible] o que [illegible] verdadeiro direito [illegible] litiga [illegible] observadas [illegible]

Por evidente, não são poucas as críticas de advogados privados, magistrados e mesmo de doutrinadores acerca das prerrogativas processuais inerentes à atuação em juízo da Fazenda Pública.

Previsões que constavam do CPC de 1973 e de outras leis esparsas, como a citação pessoal, o reexame necessário, o prazo quadruplicado para contestar e dobrado para recorrer, a possibilidade de suspensão de liminares, da segurança e de tutelas antecipadas, os honorários advocatícios fixados de modo equitativo, a impenhorabilidade de bens e o pagamento das dívidas por meio de precatórios, sempre despertaram polêmicos e calorosos debates e opiniões contrárias.

Discute-se sempre, quer entre profissionais do Direito, quer mesmo entre os leigos, se a fixação de regras específicas para os entes dotados de personalidade jurídica de direito público causa algum tipo de afronta ao constitucional princípio da isonomia.

Não se deve assim entender. A Fazenda não deve ser vista como simplesmente mais uma pessoa jurídica, já que possui dimensão tão profunda que veda seja vista como um ente jurídico a disputar, com outros, interesses individualizados. Não há que se imaginar vinculação entre a Fazenda Pública e propósitos egoísticos, singularizados. A isonomia material permite ao legislador que crie normas que protejam pessoas, a fim de equiparar suas condições em relação a outras, já que se encontram em situação de inferioridade[5].

A Fazenda Pública não reúne, para sua defesa em juízo, as mesmas condições que tem um particular na tutela de seus interesses. A Fazenda são conferidas várias prerrogativas, justificadas pelo excessivo volume de trabalho, pelas dificuldades estruturais da Advocacia Pública e pela

3. BUENO, Cássio Scarpinella. O poder público em juízo. 3. Ed. São Paulo: Saraiva, 2000, p. 1[illegible]
4. PEREIRA, Hélio do Valle. Manual da Fazenda Pública em juízo. [illegible] 2006, p. 25.
5. RODRIGUES, Marco Antonio. A Fazenda Pública no processo civil. 2. Ed. São Paulo: Atlas, 2016, p. 29.

Capítulo 10

Os Negócios Jurídicos Processuais e a Fazenda Pública

Negócio jurídico processual, segundo Antônio do Passo Cabral[1], "é o ato que produz ou pode produzir efeitos no processo escolhidos em função da vontade do sujeito que o pratica". Podem constituir declarações de vontade unilaterais ou plurilaterais, "admitidas pelo ordenamento jurídico como capazes de constituir, modificar e extinguir situações processuais, ou alterar o procedimento"[2].

Fredie Didier Jr.[3], por seu turno, conceitua o negócio jurídico processual como "o fato jurídico voluntário, em cujo suporte fático confere-se ao sujeito o poder de escolher a categoria ou estabelecer, dentro dos limites fixados no próprio ordenamento jurídico, certas situações jurídicas processuais".

O elemento volitivo é, portanto, essencial à configuração dos negócios jurídicos, inclusive dos processuais. Por meio de uma manifestação de vontade, os sujeitos buscam a constituição, modificação ou extinção de situações processuais ou a alteração do procedimento, desde que obedeçam aos limites para tanto fixados pelo Direito.

---

1. **Convenções processuais.** Salvador: Jus Podivm, 2006, pp. 48/49.
2. **Convenções processuais.** Salvador: Jus Podivm, 2006, p. 49.
3. **Curso de Direito Processual Civil: introdução ao direito processual civil, parte geral e processo de conhecimento.** Salvador: Jus Podivm, 2015, pp. 376/377.

Dentre as diversas classificações admitidas para os negócios jurídicos processuais, importa-nos fazer a distinção entre os negócios unilaterais, bilaterais ou plurilaterais, "conforme se exijam uma ou mais manifestações de vontade para a composição do seu suporte fático", na lição de Pedro Henrique Nogueira[4]. Assim, por exemplo, a renúncia ao direito de recorrer constitui negócio jurídico processual unilateral, enquanto a transação seria espécie de negócio jurídico processual bilateral ou plurilateral. O mesmo autor ainda explicita que, entre os negócios jurídicos bilaterais, há os contratos processuais, "quando as vontades manifestadas dizem respeito a interesses contrapostos"[5] e os acordos ou convenções processuais, "quando as vontades se dirigem a objetivo comum"[6].

Também relevante diferenciar os negócios processuais típicos dos atípicos: os primeiros são assim denominados porque a legislação autoriza a realização de um negócio jurídico processual específico, a exemplo da desistência do recurso (art. 998 do CPC/2015) e do calendário processual (art. 191)[7]; os negócios atípicos, que se caracterizam pela maior liberdade na definição dos termos e limites da negociação pelos sujeitos processuais, podiam ser celebrados com base no art. 158 do CPC/73 e agora têm por fundamento o art. 190 do CPC/2015[8], que contém uma "cláusula geral de negociação sobre o processo", nas palavras de Fredie Didier Jr.[9].

---

4. **Negócios jurídicos processuais.** Salvador: Jus Podivm, 2016, p. 175.
5. **Negócios jurídicos processuais.** Salvador: Jus Podivm, 2016, p. 175.
6. **Negócios jurídicos processuais.** Salvador: Jus Podivm, 2016, p. 175.
7. Art. 191. De comum acordo, o juiz e as partes podem fixar calendário para a prática dos atos processuais, quando for o caso. § 1o O calendário vincula as partes e o juiz, e os prazos nele previstos somente serão modificados em casos excepcionais, devidamente justificados. § 2o Dispensa-se a intimação das partes para a prática de ato processual ou a realização de audiência cujas datas tiverem sido designadas no calendário.
8. Art. 190. Versando o processo sobre direitos que admitam autocomposição, é lícito às partes plenamente capazes estipular mudanças no procedimento para ajustá-lo às especificidades da causa e convencionar sobre os seus ônus, poderes, faculdades e deveres processuais, antes ou durante o processo. Parágrafo único. De ofício ou a requerimento, o juiz controlará a validade das convenções previstas neste artigo, recusando-lhes aplicação somente nos casos de nulidade ou de inserção abusiva em contrato de adesão ou em que alguma parte se encontre em manifesta situação de vulnerabilidade.
9. **Curso de Direito Processual Civil: introdução ao direito processual civil, parte geral e processo de conhecimento.** Salvador: Jus Podivm, 2015, p. 377.

Durante a vigência do CPC/73 já se admitia a realização de negócios jurídicos processuais típicos e atípicos[10], porém a negociação atípica ganha mais força com art. 190 do CPC/2015, que a regula de modo expresso e mais detalhado que o revogado art. 158 do CPC/73.

Como dito anteriormente, os negócios jurídicos processuais, típicos ou atípicos, podem ter por objeto a constituição, modificação ou extinção de situações jurídicas processuais (ônus, poderes, faculdades e deveres) ou a alteração procedimental. Fredie Didier Jr.[11] chama a atenção para o fato de que não há negociação sobre o direito material em litígio, mas a respeito do processo, com a possível alteração de normas processuais.

Assim é que, a nosso ver, a limitação constante do *caput* do art. 190, que restringe a possibilidade de realização de negócios jurídicos processuais aos feitos que versem sobre direitos que admitam a autocomposição[12] não tem razão de ser, porquanto vincula a negociação sobre as normas processuais à viabilidade de solução consensual sobre o direito material, que não será, em regra, objeto do negócio processual. As limitações que devem ser observadas são as que se relacionem à eventual impossibilidade de modificação das normas processuais, as quais constituirão o núcleo do negócio jurídico processual.

Inúmeros negócios jurídicos pré-processuais e processuais típicos são admitidos – e já o eram antes da vigência do CPC/2015 – sem que seja necessário fazer qualquer correlação com a viabilidade de solução consensual do litígio, a exemplo da cláusula de eleição de foro, a possibilidade de desistência do recurso (art. 998) e da suspensão convencional do processo (art. 313, II).

Qual a razão para vincular a negociação atípica sobre normas processuais sempre à possibilidade de solução consensual a respeito do direito material, portanto?

---

10. A desistência dos recursos, o acordo sobre a suspensão do processo, a renúncia aos honorários nos acordos celebrados em juízo, a cláusula de eleição de foro etc.

11. **Curso de Direito Processual Civil: introdução ao direito processual civil, parte geral e processo de conhecimento**. Salvador: Jus Podivm, 2015, p. 381.

12. A doutrina aplaude, de modo geral, a referência a "direitos que admitem a autocomposição" no lugar de "direitos disponíveis", visto que mesmo nos feitos que tratam sobre direitos indisponíveis é possível a autocomposição. Nesse sentido, por todos, Daniel Amorim Assumpção Neves (In: Manual de direito processual civil: volume único. Salvador: JusPodivm, 2016, p. 325.

Para Fredie Didier Jr.[13],

> "Embora o negócio processual ora estudado não se refira ao objeto litigioso do processo, é certo que a negociação sobre as situações jurídicas processuais ou sobre a estrutura do procedimento pode acabar afetando a solução do mérito da causa. Um negócio sobre prova, por exemplo, pode dificultar as chances de êxito de uma das partes. Esse reflexo que o negócio processual possa vir a causar na resolução do direito litigioso justifica a proibição de sua celebração em processos cujo objeto não admita autocomposição".

Se o próprio autor considera que apenas algumas espécies de negócios processuais podem se refletir na resolução do direito em litígio (a exemplo daquele que verse sobre provas), por que considerar adequada a vedação legal generalizada à celebração de negócios processuais quando a demanda versar sobre direitos que não admitem autocomposição? Não seria o caso de inadmitir, nessa linha de raciocínio, apenas os negócios processuais que possam atingir indevidamente tais direitos materiais (que não admitem autocomposição)? Não se pode olvidar, conforme afirmamos linhas atrás, que há diversos negócios processuais que podem ser realizados em qualquer tipo de processo, ainda que versem sobre direitos que não podem ser objeto de uma autocomposição.

Ademais, esse risco pode ser afastado por meio do controle judicial da validade dos negócios jurídicos processuais, que pode ocorrer, de ofício ou a requerimento, nos casos de nulidade ou de inserção abusiva em contrato de adesão ou em que alguma parte se encontre em manifesta situação de vulnerabilidade.

Ora, se um negócio jurídico sobre provas, por exemplo, puder dificultar as chances de êxito de uma das partes num feito que verse sobre direitos que não admitem a autocomposição, essa parte estará em situação de vulnerabilidade, podendo, portanto, o magistrado recusar a aplicação do negócio processual celebrado.

Essa conclusão é fundamental para a análise da possibilidade de celebração de negócios jurídicos processuais pela Fazenda Pública. Ora, se não for possível, em nenhuma circunstância, a celebração de negó-

13. **Curso de Direito Processual Civil: introdução ao direito processual civil, parte geral e processo de conhecimento.** Salvador: JusPodivm, 2015, p. 387.

cios jurídicos processuais quando os direitos em litígio não permitem a autocomposição, ter-se-ia que considerar inviável a negociação sobre normas processuais nas ações envolvendo o Poder Público em que não for admitida a solução consensual.

Como dito, os negócios processuais podem versar sobre alterações no procedimento que não se relacionam diretamente com o direito material em litígio e que, portanto, não lhe podem causar qualquer prejuízo, de modo que a regra constante do art. 190 do CPC/2015 deve ser flexibilizada, admitindo-se a negociação processual mesmo nos processos que versem sobre direitos que não admitam autocomposição, cabendo, nesses casos, um controle jurisdicional mais rigoroso de sua validade.

É de se ter em mente que a indisponibilidade do interesse público não representa a indisponibilidade da intervenção judicial no conflito de interesses que envolva a Fazenda Pública, de sorte que não há um óbice geral e abstrato que impeça a celebração de negócios processuais[14].

Especificamente quanto às ações envolvendo a Fazenda Pública, não devem ser permitidos os negócios processuais que acarretem prejuízos concretos ao interesse e ao patrimônio público, como aqueles que importem renúncia aos bens e direitos pertencentes ao Poder Público, sem que haja autorização legislativa para tanto. Porém, se a negociação não acarretar qualquer restrição indevida aos bens e direitos pertencentes à Fazenda, nem violar o interesse público, deve ser admitida[15].

Que consequências negativas poderiam advir ao interesse público, por exemplo, de um negócio processual em que a Fazenda concordasse em tornar os prazos processuais simples, afastando a incidência da regra da contagem em dobro prevista no art. 183 do CPC, ainda que o litígio não possa ser solucionado por meio da autocomposição?

Do mesmo modo, pensa-se ser possível a celebração de negócio processual pela Fazenda a fim de fixar calendário processual, nos termos do art. 191 do CPC[16], independentemente da natureza dos direitos em

14. RODRIGUES, Marco Antonio. **A Fazenda Pública no processo civil**. 2. Ed. São Paulo: Atlas, 2016, p. 379.
15. Enunciado 256 do Fórum Permanente de Processualistas Civis – FPPC: "A Fazenda Pública pode celebrar negócio jurídico processual".
16. "De comum acordo, o juiz e as partes podem fixar calendário para a prática dos atos processuais, quando for o caso".

litígio e da possibilidade ou não de solução consensual. Nesta linha, o Fórum Nacional do Poder Público editou enunciado, admitindo inclusive a calendarização em sede de execução fiscal e embargos[17].

Note-se que, mesmo durante a vigência do CPC/73, já se admitia a realização de negócios processuais, unilaterais e bilaterais, envolvendo a Fazenda Pública, tais como: a desistência de recursos e a renúncia ao direito de recorrer, a suspensão convencional do processo, a eleição de foro nos contratos administrativos etc., não havendo, nesses casos, uma necessária correlação entre a viabilidade da celebração dos referidos negócios processuais e a possibilidade de realização da autocomposição.

É certo que, relativamente a certas condutas, o representante judicial da Fazenda Pública deve seguir os ditames estabelecidos pela lei ou por instrumentos normativos internos, tais como as súmulas administrativas, os pareceres e as ordens de serviço, mas também é de se observar que mesmo essas restrições não precisam estar relacionadas à possibilidade de autocomposição a respeito do direito discutido na demanda. Ademais, fazendo-se uma interpretação à luz do princípio constitucional da publicidade, tanto o Fórum Permanente de Processualistas Civis como o Fórum Nacional do Poder Público editaram enunciados, no sentido de que a Administração deve publicizar as hipóteses em que está autorizada a transacionar[18][19].

A Lei Federal nº 9.469/97 permite a celebração de diversos negócios jurídicos processuais pela União, suas autarquias, fundações e empresas públicas, todos condicionados à autorização dos dirigentes máximos dos referidos entes (autorização que pode ser levada a efeito diretamente ou por delegação), quais sejam: a) a não-interposição de recursos, o requerimento de extinção das ações em curso ou de desistência dos recursos quando o custo da execução judicial for mais dispendioso que o valor que seria obtido na cobrança respectiva (art. 1º-A); b) a não interposição de

17. Enunciado 10 do Fórum Nacional do Poder Público: "É possível a calendarização dos atos processuais em sede de execução fiscal e embargos". No FNPP realizado em junho de 2017 em São Paulo foi também aprovado o seguinte enunciado: "O órgão de direção da Advocacia Pública pode estabelecer parâmetros para a fixação de calendário processual".

18. Enunciado 573 do Fórum Permanente de Processualistas Civis – FPPC: "As Fazendas Públicas devem dar publicidade às hipóteses em que seus órgãos de Advocacia Pública estão autorizados a aceitar autocomposição".

19. Enunciado 16 do Fórum Nacional do Poder Público – FNPP: "A Administração Pública deve publicizar as hipóteses em que está autorizada a transacionar".

recursos ou a sua desistência quando verificada a prescrição do crédito da Fazenda (art. 1º-C); c) a concordância da Fazenda com o pedido de desistência formulado pelo autor, desde que este renuncie expressamente ao direito sobre que se funda a ação (art. 3º), exigência que se revela inócua, posto que se a intenção do autor fosse renunciar ao direito, poderia fazê-lo sem a necessidade de concordância da parte contrária; d) a não interposição de recursos quando a controvérsia jurídica estiver sendo decidida de modo iterativo pelo Supremo Tribunal Federal ou pelos Tribunais Superiores (matéria que pode constar, inclusive, de súmulas administrativas do ente federal respectivo)[20-21].

Observe-se que a possibilidade de celebração dos negócios processuais acima referidos não está vinculada à viabilidade de solução consensual acerca do direito objeto do litígio envolvendo o Poder Público.

Da leitura da Lei nº 9.467/97 também se pode verificar que, quando os negócios processuais se relacionam, de algum modo, ao direito material em litígio pertencente ao Poder Público, a própria lei limita, restringe ou condiciona a sua celebração à autorização do dirigente máximo do respectivo ente federativo e a outros requisitos que têm por escopo proteger o patrimônio e o interesse público.

Também há inúmeros instrumentos normativos internos das Fazendas Públicas que autorizam expressamente a celebração de negócios jurídicos processuais, tais como a abstenção de contestar e de recorrer e a desistência de recursos[22].

---

20. Art. 4º.
21. Enunciado 433 do Fórum Permanente de Processualistas Civis – FPPC: "Cabe à Administração Pública dar publicidade às suas orientações vinculantes, preferencialmente pela rede mundial de computadores".
22. No âmbito federal, há que se falar nas Portarias 487 e 488 da Advocacia Geral da União. A primeira "dispõe sobre os procedimentos a serem observados pelos Advogados da União para reconhecimento da procedência do pedido, abstenção de contestação e de recurso e desistência de recurso já interposto, nos casos em que especifica" (art. 1º). Em seu art. 2º, estabelece: "Os Advogados da União ficam autorizados a reconhecer a procedência do pedido, a abster-se de contestar e de recorrer e a desistir dos recursos já interpostos, quando a pretensão deduzida ou a decisão judicial estiver de acordo com: I – súmula da Advocacia-Geral da União ou parecer aprovado nos termos dos artigos 40 ou 41 da Lei Complementar nº 73, de 10 de fevereiro de 1993; II – súmula vinculante do Supremo Tribunal Federal; III – acórdão transitado em julgado, proferido em sede de controle concentrado de constitucionalidade; IV – acórdão transitado em julgado, proferido em sede de recurso extraordinário repetitivo, processado nos termos do artigo 1.036 do CPC; V – acórdão transitado em julgado, proferido pelo Supremo Tribunal Federal em sede de recurso extraordinário em incidente de resolução de demandas repetitivas, processado nos termos do artigo 987 do CPC; VI – acórdão transitado em julgado, proferido pelo Supremo Tribunal Federal em sede de incidente de

À guisa de conclusão, entende-se que os negócios jurídicos processuais somente não serão permitidos relativamente à Fazenda Pública quando: a) houver vedação legal para tanto (a exemplo da concordância com o pedido de desistência formulado pelo autor, se este não renunciar ao direito); b) quando se verificar concretamente a violação ao interesse ou ao patrimônio público em decorrência do negócio jurídico processual.

Quem deverá fazer o controle dessas questões, em um primeiro momento, é o próprio representante judicial da Fazenda Pública, que deve se negar a celebrar negócios jurídicos processuais vedados pela lei, ou cujos termos sejam redigidos em desatendimento às restrições legais ou ainda quando violem o interesse público.

---

assunção de competência, processado nos termos do artigo 947 do CPC; e VII - acórdão transitado em julgado, proferido pelo plenário do Supremo Tribunal Federal ou súmula do Supremo Tribunal Federal, desde que observados os parâmetros estabelecidos em orientações específicas, aprovadas pela Secretaria-Geral de Contencioso, referentes a cada objeto de direito material". Já em seu art. 3º, dispõe: Art. 3º Os Advogados da União ficam autorizados a reconhecer a procedência do pedido, a abster-se de contestar e de recorrer e a desistir dos recursos já interpostos, quando a pretensão deduzida ou a decisão judicial estiver de acordo com: I - acórdão transitado em julgado, proferido pelo Superior Tribunal de Justiça em sede de recurso especial repetitivo, processado nos termos do artigo 1.036 do CPC; II - acórdão transitado em julgado, proferido pelo Superior Tribunal de Justiça em sede de recurso especial em incidente de resolução de demandas repetitivas, processado nos termos do artigo 987 do CPC; III - acórdão transitado em julgado, proferido pelo Superior Tribunal de Justiça em sede de incidente de assunção de competência, processado nos termos do artigo 947 do CPC; IV - acórdão transitado em julgado, proferido pela Corte Especial do Superior Tribunal de Justiça; V - súmula do Superior Tribunal de Justiça; VI - acórdão transitado em julgado, proferido pelo Tribunal Superior do Trabalho em sede de recurso de revista repetitivo, processado nos termos do art. 896-C da Consolidação das Leis do Trabalho (CLT); VII - acórdão transitado em julgado, proferido pelo Tribunal Superior do Trabalho em sede de recurso de revista em incidente de resolução de demandas repetitivas, processado nos termos do artigo 987 do CPC, conforme o artigo 8º da Instrução Normativa nº 39/2016, aprovada pela Resolução nº 203, de 15 de março de 2016, do Pleno do TST; VIII - acórdão transitado em julgado, proferido pelo Tribunal Superior do Trabalho em sede de incidente de assunção de competência, processado nos termos do artigo 947 do CPC, conforme o artigo 3º, XXV, da Instrução Normativa nº 39/2016, aprovada pela Resolução nº 203, de 15 de março de 2016, do Pleno do Tribunal Superior do Trabalho; IX - acórdão transitado em julgado, proferido pelo Pleno do Tribunal Superior do Trabalho; X - súmula do Tribunal Superior do Trabalho; ou XI - acórdão transitado em julgado, proferido pela Turma Nacional de Uniformização dos Juizados Especiais Federais em sede de incidente repetitivo, processado nos termos do art. 17º, VII, a, do Regimento Interno da Turma Nacional de Uniformização, nos processos que tramitam nos Juizados Especiais Federais". A Portaria trata de outras hipóteses de abstenção e desistência, além de fazer referência a diversos dispositivos relacionados à temática dos precedentes vinculantes. A Portaria 488 da Advocacia-Geral da União regulamenta os mesmos procedimentos, sendo que em relação aos Procuradores Federais. E a Portaria 502 da Procuradoria-Geral da Fazenda Nacional, por seu turno, trata da dispensa da apresentação de contestação, do oferecimento de contrarrazões, da interposição de recursos e recomendada a desistência dos recursos já interpostos relativamente aos Procuradores da Fazenda Nacional.

De qualquer modo, se o magistrado, de ofício ou mesmo após manifestação do Ministério Público (quando for o caso de sua intervenção), verificar que o negócio processual celebrado macula o interesse público, deverá intervir, inadmitindo-o ou decretando a sua nulidade.

No processo de execução ou na fase de cumprimento de sentença contra a Fazenda Pública, afigura-se viável, portanto, a celebração de negócios jurídicos processuais, desde que atendam aos parâmetros acima referidos.

Podem ser mencionados, como exemplos: a) a redução do prazo para oferecimento da impugnação ou dos embargos; b) a suspensão convencional do processo para viabilizar a realização de acordo entre o credor e a Fazenda; c) a pactuação sobre formas de intimação pessoal[23]; d) a desistência ou a renúncia à interposição de recursos, desde que observadas as restrições legais; e) o disciplinamento quanto à forma e prazo para cumprimento de obrigações de fazer e não fazer; f) a definição das provas a serem eventualmente produzidas nos embargos à execução ou na impugnação ao cumprimento de sentença etc.

Obviamente, não serão viáveis os negócios processuais que afetem as normas constitucionais que regulam o pagamento das dívidas pelo Poder Público, podendo-se referir os seguintes exemplos: a) o adimplemento da dívida por meio de requisição de pequeno valor quando houve imposição de pagamento através de precatório; b) a alteração da ordem cronológica de pagamento; c) a compensação de débitos do exequente para com a Fazenda Pública quando do pagamento de precatórios, etc.

23. Enunciado 30 do Fórum Nacional do Poder Público: "É cabível a celebração de negócio jurídico processual pela Fazenda Pública que disponha sobre formas de intimação pessoal".

Capítulo 11

Impactos do CPC na Execução Fiscal

11.1 APLICAÇÃO SUPLETIVA E SUBSIDIÁRIA DAS NORMAS DO CPC À LEI DE EXECUÇÃO FISCAL

Segundo Fredie Didier Jr.[1], a teoria geral do processo "é uma disciplina jurídica dedicada à elaboração, à organização e à articulação dos conceitos jurídicos fundamentais (*lógico-jurídico*) processuais", com pretensão de universalidade por servir à compreensão de qualquer processo, mas que não se confunde com o direito processual: este cuida das prescrições normativas[2], enquanto a teoria geral do processo ocupa-se das lições doutrinárias e filosóficas acerca do fenômeno processual.

Há, portanto, uma teoria geral do processo, que busca fornecer os subsídios teóricos para uma justa interpretação do direito processual[3] e para a fundamentação das decisões judiciais de qualquer natureza[4], mas que não tem a pretensão de conceber um direito processual único.

---

1. **Sobre a teoria geral do processo, essa desconhecida**. Salvador: JusPodivm, 2012, p. 64
2. **Sobre a teoria geral do processo, essa desconhecida**. Salvador: JusPodivm, 2012, p. 82
3. **Sobre a teoria geral do processo, essa desconhecida**. Salvador: JusPodivm, 2012, p. 174.
4. O autor exemplifica: a natureza da sentença que reconhece a extinção da punibilidade do réu com base em falso atestado de óbito é tida pela jurisprudência como ato inexistente, quando, na verdade, trata-se, segundo a teoria geral do direito e do processo, de decisão existente, válida e eficaz, porém injusta. Entretanto, como no processo penal apenas se admite a rescisão da coisa julgada para

Há, evidentemente, uma nítida divisão entre os diversos ramos do direito processual, da qual resulta a autonomia científica e procedimental de cada um deles, de modo que pode e deve haver regramento específico para cada tipo de processo, que atenda às suas respectivas particularidades e ao objeto das demandas que visam solucionar.

Em razão disso, não se pode pretender aplicar, indistintamente, as normas do direito processual civil a outras espécies de processo. Inobstante, há diversos institutos comuns à maioria dos ramos do direito processual, cujas regras têm aplicabilidade idêntica ou semelhante, como as relativas à incompetência, ao impedimento e à suspeição do juiz, às nulidades e à fundamentação das decisões judiciais. Além disso, de modo geral, o regramento do direito processual civil é mais complexo e completo, servindo, por essa razão, ao preenchimento de lacunas encontradas em outros diplomas processuais. Também não se pode olvidar que algumas espécies de processo não têm disciplinamento próprio ou o têm de modo reduzido, os quais demandam a utilização das normas contidas no CPC, de modo complementar ou quase integral.

Não há dúvidas, portanto, acerca da possibilidade de utilização das normas do processo civil, de modo supletivo e subsidiário, no que concerne a outras espécies de processo.

Nada deveria impedir, contudo, a via reversa, ou seja, a aplicação de normas estatuídas em outros diplomas processuais ao processo civil. Em primeiro lugar, porque não há qualquer prevalência das normas do processo civil no que diz respeito a outras normas processuais. O direito processual civil é considerado "comum" frente aos demais, por ser aplicável aos feitos em geral, de natureza não penal, e também ao próprio processo penal, de modo supletivo e subsidiário, mas isso não lhe confere qualquer grau de superioridade.

Assim, havendo antinomia entre normas de uma mesma hierarquia, deve prevalecer o critério da especialidade, motivo pelo qual, sendo um determinado instituto disciplinado integralmente por um ramo especí-

---

beneficiar o réu, construiu-se essa teoria de que se trata de ato inexistente, para justificar a rescisão em desfavor do réu. Para Didier, cuida-se de hipótese "de relativização atípica da coisa julgada penal em favor da sociedade, construída jurisdicionalmente". **Sobre a teoria geral do processo, essa desconhecida.** Salvador: JusPodivm, 2012, pp. 115/117.

fico do direito processual, não se deve, *a priori,* fazer uso das normas de outro, ainda que qualificado como "comum" ou "geral".

Entretanto, tomando-se por base a denominada teoria do diálogo das fontes[5], num sistema normativo complexo e plural como o brasileiro, não se afigura inviável a convivência harmônica entre as normas eventualmente em conflito[6], devendo-se buscar uma coordenação entre elas, evitando-se a exclusão da norma supostamente incompatível.

Além disso, reconhecendo-se que há, efetivamente, um *sistema* normativo, que pode conter lacunas ou regramentos incompletos, por meio desse "diálogo", viabiliza-se também uma "(...) aplicação conjunta das duas normas ao mesmo tempo e ao mesmo caso, seja complementariamente, seja subsidiariamente, seja permitindo a opção voluntária das partes sobre a fonte prevalente (...)", segundo explicita Cláudia Lima Marques[7].

As normas processuais devem, então, dialogar entre si e se harmonizar. Importante, nesse passo, chamar a atenção para a distinção entre aplicação supletiva e subsidiária: quando há omissão, ou seja, quando a matéria não encontra qualquer regramento num determinado ramo do direito, deve-se buscar a aplicação subsidiária de normas contidas em outro diploma legal; por outro lado, pode ser que o instituto seja disciplinado pela legislação específica, porém não de modo completo, caso em que se admitirá a incidência supletiva de normas previstas em outra legislação, ou seja, de modo complementar.

O mesmo raciocínio – possibilidade de incidência supletiva e subsidiária das normas gerais contidas no CPC – aplica-se aos procedimentos especiais, tanto àqueles constantes do próprio Código, como àqueles contidos na legislação esparsa.

É o caso da execução fiscal, regulamentada pela Lei nº 6.830/80. Embora contendo 42 artigos que buscam tratar de todo o procedimento da execução movida pela Fazenda Pública, há inúmeras lacunas no referido

5. Teoria idealizada por Erick Jayme, na Alemanha (In: MARQUES, Cláudia Lima. **Diálogo entre o Código de Defesa do Consumidor e o novo Código Civil: do "diálogo das fontes" no combate às cláusulas abusivas.** Revista de Direito do Consumidor nº 45. Ano 12, janeiro/março de 2003, pp.71/93.

6. Art. 2º, §2º, da Lei de Introdução às Normas do Direito Brasileiro: A lei nova, que estabeleça disposições gerais ou especiais a par das já existentes, não revoga nem modifica a lei anterior.

7. MARQUES, Cláudia Lima. **Diálogo entre o Código de Defesa do Consumidor e o novo Código Civil: do "diálogo das fontes" no combate às cláusulas abusivas.** Revista de Direito do Consumidor nº 45. Ano 12, janeiro/março de 2003, p. 74.

diploma legal que devem ser supridas ou complementadas pelas normas constantes do Código de Processo Civil.

O art. 1º da Lei 6.830/80 determina a aplicação subsidiária do CPC às execuções fiscais e o Superior Tribunal de Justiça reconhece a relação de complementaridade entre o CPC e a Lei de Execução Fiscal, admitindo a aplicação subsidiária das normas do CPC à execução fiscal, naquilo que não conflitem com a Lei 6.830/80[8]. Um dos mais claros exemplos disso é a contagem de prazos em dias úteis, que não conflita com nenhum dispositivo da lei de execuções fiscais[9].

Assim é que a Lei 13.105/2015, ao instituir um novo Código de Processo Civil, evidentemente trouxe impactos à Lei 6.830/80. Não foram poucas as previsões do CPC/2015 que acabaram por influenciar

8. O Superior Tribunal de Justiça reconhece essa relação de complementaridade entre o CPC e a Lei de Execução Fiscal, admitindo a aplicação subsidiária das normas do CPC à execução fiscal, naquilo que não conflitem com a Lei 6.830/80, como se depreende do seguinte aresto: "AGRAVO REGIMENTAL NO RECURSO ESPECIAL. PROCESSUAL CIVIL E TRIBUTÁRIO. EMBARGOS À EXECUÇÃO FISCAL. ALEGAÇÃO DE EXCESSO DE EXECUÇÃO. DECLARAÇÃO DO VALOR ENTENDIDO COMO CORRETO E AUSÊNCIA DE APRESENTAÇÃO DA MEMÓRIA DE CÁLCULO. APLICAÇÃO SUBSIDIÁRIA DO ART. 739-A, § 5º, DO CPC. POSSIBILIDADE. REJEIÇÃO LIMINAR DA AÇÃO DESCONSTITUTIVA. EMENDA DA INICIAL. INVIABILIDADE.

I – Diante da reforma no processo de execução civil, veiculada pela Lei n. 11.382/06, necessária sua compatibilização com o regime jurídico da cobrança da Dívida Ativa da União, dos Estados, do Distrito Federal, dos Municípios, e de suas respectivas autarquias (art. 1º da Lei n. 6.830/80).

II – Constatada uma relação de complementaridade entre ambos, e não de especialidade excludente, autorizada está a aplicação das normas do Código de Processo Civil naquilo que não conflitem com a Lei n. 6.830/80, em caráter subsidiário.

III – Com o advento da Lei n. 11.382/06, tornou-se regra geral, na execução civil por título extrajudicial, a obrigatoriedade do Embargante, quando a ação desconstitutiva estiver fundada em excesso de execução, declarar na petição inicial o valor que entende correto, apresentando memória do cálculo, sob pena de rejeição liminar dos embargos ou de não conhecimento desse fundamento (art. 739-A, § 5º, do CPC).

IV – A Lei de Execuções Fiscais (art. 16, § 2°) apenas traçou preceitos norteadores acerca dos Embargos do Executado, não exaurindo o regramento dessa ação. Diante da complementaridade dos sistemas de execução civil por título extrajudicial e fiscal vigentes, possível a aplicação do disposto no art. 739-A, § 5º, do estatuto processual civil aos Embargos à Execução Fiscal.

V – Incompatibilidade do disposto no art. 739-A, § 5º com o previsto no art. 284, ambos do Código de Processo Civil pois os comandos revelam-se antagônicos porque, ou rejeita-se de plano a petição inicial e, assim, não há que se falar em emenda, ou oportuniza-se a emenda e, por tal razão, a rejeição liminar não mais será possível.

Precedentes da Corte Especial deste Tribunal Superior em casos análogos.

VI – Agravo Regimental provido". (AgRg no REsp 1453745/MG, Rel. Ministro NAPOLEÃO NUNES MAIA FILHO, Rel. p/ Acórdão Ministra REGINA HELENA COSTA, PRIMEIRA TURMA, julgado em 19/03/2015, DJe 17/04/2015)

9. Enunciado 49 do Fórum Nacional do Poder Público: "Os prazos nos processos de execução fiscal serão contados em dias úteis".

o procedimento da execução fiscal, alterando a rotina e a atuação dos operadores do Direito que militam em tal área, as quais serão analisadas nos tópicos a seguir.

11.2 AS NORMAS FUNDAMENTAIS DO CPC/2015 E A EXECUÇÃO FISCAL

Diversamente da legislação anterior, a Lei nº 13.105/2015 condensou, nos seus doze primeiros artigos, normas consideradas fundamentais que, para além de trazerem princípios e regras que consagram valores caros ao nosso sistema processual, indiscutivelmente influenciaram todo o disciplinamento constante do CPC em vigor, de modo a impactarem na atuação de todos os operadores do direito, especialmente dos juízes e membros dos tribunais, que passaram a ser mais exigidos no tocante à qualidade das decisões judiciais e à observância dos direitos e garantias constitucionais do processo.

Isso já se percebe da leitura do dispositivo inaugural do Código de Processo Civil de 2015, que consagra a evidente submissão da legislação processual civil à Constituição da República.

A ideia da constitucionalização do processo civil - anunciada pela doutrina antes mesmo da Constituição de 1988 - termina por ser definitivamente incorporada à lei, embora já não houvesse, nos dias atuais, qualquer controvérsia a respeito da imperiosa necessidade de interpretar e aplicar as normas processuais à luz das normas fundamentais contidas na Carta Maior.

Não apenas a atividade interpretativa deve tomar por base o texto constitucional. A própria estrutura organizacional do novo Código e a sua disciplina foram empreendidas com esteio na Constituição.

Tais disposições seriam decerto desnecessárias para fins de sua observância pelos aplicadores do Direito, em função da indiscutível força normativa da Constituição. Inobstante, a intenção do legislador certamente foi a de explicitar a vinculação das normas processuais a esses vetores interpretativos, a fim de não deixar margem a dúvidas a respeito da posição ideológica adotada pelo novo Código: um processo civil constitucionalizado, instrumento de efetivação dos valores e fundamentos constitucionais.

Note-se que algumas normas processuais previstas expressamente no texto constitucional foram reproduzidas no novo Código, a exemplo da inafastabilidade do controle jurisdicional (art. 3º), da razoável duração do processo (art. 4º) e da igualdade processual (art. 7º).

A igualdade processual já estava prevista no Código de 1973 no art. 125, inciso I, como dever imposto ao magistrado, como decorrência de sua própria imparcialidade.

Considerada como princípio constitucional implícito, decorrente da igualdade prevista no art. 5º da Constituição da República, a igualdade processual já era tratada pela doutrina como princípio, impondo a paridade de "armas" durante toda a tramitação do processo.

O art. 7º explicita o conteúdo do princípio, ao dispor que essa igualdade deve ser garantida em relação a tudo o que acontece no processo no que atine às partes: ao exercício de seus direitos e faculdades; aos instrumentos de defesa; aos ônus e aos deveres; e também no que tange à aplicação de sanções.

Não se olvide que diferenças de tratamento são admitidas, como corolário da igualdade substancial, que permite, por exemplo, o estabelecimento de prerrogativas processuais em favor da Fazenda Pública. Diversas dessas prerrogativas constam da Lei de Execução Fiscal e devem ser mantidas, por promoverem a referida igualdade substancial e por estarem de acordo com o princípio da indisponibilidade do interesse e do patrimônio público.

O art. 4º do CPC/2015 adota, além da razoável duração do processo, o princípio da primazia do julgamento do mérito – anunciada antes mesmo da vigência do CPC/2015 por diversos processualistas, como Fredie Didier Jr.[10] – no sentido de que se deve evitar a extinção do processo sem a resolução do conflito.

De fato, às partes o que interessa é a superação do problema que as levou ao Judiciário. Não há dúvidas de que a extinção do processo sem apreciação do mérito frustra as expectativas do jurisdicionado, que sequer compreende, via de regra, os motivos técnicos que ensejaram o não conhecimento da pretensão.

10. Editorial 53 do sítio do Professor Fredie Didier Jr. na *internet*. Disponível em http://www.frediedidier.com.br/editorial/editorial-53/, capturado em 15.01.2015.

A primazia da tutela de mérito, extraída do art. 4º do novo CPC, constitui norma fundamental a ser observada pelos juízes e tribunais no exame das questões de natureza processual, inclusive na execução fiscal, buscando-se prioritariamente a correção de defeitos sanáveis, evitando-se, em consequência, decisões terminativas.

Merecem também destaque, dentre as normas fundamentais, os princípios da boa-fé objetiva (art. 5º) e da cooperação (art. 6º).

A lealdade e a boa-fé objetiva já estavam previstas expressamente no Código de Processo Civil de 1973, em seu art. 14, II, incialmente como deveres das partes e de seus procuradores, ampliando-se, com a Lei de 10.358/2001, os destinatários da regra, a qual passou a vincular todos os que de qualquer forma participem do processo, inclusive auxiliares da justiça e testemunhas, por exemplo.

Assim é que não há nenhuma grande novidade no dispositivo aqui em estudo, porquanto a boa-fé objetiva já era exigida como dever comportamental dos atores do processo no CPC de 1973.

O que fez o novo Código, a nosso ver, foi melhor sistematizar a matéria.

Em primeiro lugar, inseriu a boa-fé objetiva como norma fundamental do direito processual, o que se afigura extremamente adequado, já que diversas outras normas dela decorrem, a exemplo do próprio princípio da colaboração.

Mais à frente, ao tratar dos deveres impostos aos diversos atores do processo, no art. 77, o legislador não incluiu a lealdade e a boa-fé, como fazia o art. 14 do CPC de 1973, já que, como dito alhures, os comportamentos ali contidos são consectários da boa-fé objetiva.

Além disso, com a previsão da boa-fé objetiva como norma fundamental do direito processual no novo CPC, parece-nos que o princípio ganha os mesmos contornos daqueles presentes no Direito Privado.

No Código Civil de 2002, a boa-fé objetiva exerce uma tripla função: a) interpretativa dos negócios jurídicos (art. 113 do CC); b) limitadora, ante a possibilidade de abuso de direito em caso de sua violação (art. 187 do CC); c) e de integração, porquanto a boa-fé deve ser aplicada em todas as fases negociais (art. 422 do CC)[11].

11. TARTUCE, Flávio. **Manual de Direito Civil: volume único.** Rio de Janeiro: Forense; São Paulo: Método, 2013, p. 551.

Assim é que, *mutatis mutandis*, no processo, a boa-fé objetiva também deve exercer uma tripla função: a) interpretativa, em relação aos pedidos[12], às decisões judiciais[13], aos negócios e aos atos processuais em geral; b) limitadora, porquanto a violação da boa-fé objetiva também deve caracterizar abuso de direito no processo, devendo a conduta respectiva ser coibida e reprimida pelo juiz, que deve aplicar as sanções processuais cabíveis, a exemplo das multas por litigância de má-fé e por ato atentatório à dignidade da justiça; c) e de integração, vez que a boa-fé deve permear a atuação dos sujeitos processuais em todas as fases do processo.

Não se pode olvidar dos denominados deveres anexos à boa-fé objetiva, que também se aplicam ao processo: a) *supressio*[14] e *surrectio*[15]; b) *tu quoque*[16]; c) *exceptio doli*[17]; d) *venire contra factum proprium*[18]; e) *Duty to mitigate the loss*[19].

---

12. A função interpretativa quanto aos pedidos está expressamente prevista no art. 320, §2º do novo CPC, *in verbis*: "A interpretação do pedido considerará o conjunto da postulação e observará o princípio da boa-fé".
13. Da mesma forma, no tocante às decisões judiciais também se impõe a interpretação com base na boa-fé objetiva. É o que consta do art. 486, §3º do novo Código: "A decisão judicial deve ser interpretada a partir da conjugação de todos os seus elementos e em conformidade com o princípio da boa-fé".
14. "(...) Supressão, por renúncia tácita, de um direito ou de uma posição jurídica, pelo seu não exercício com o passar dos tempos". (TARTUCE, Flávio. **Manual de Direito Civil: volume único**. Rio de Janeiro: Forense; São Paulo: Método, 2013, p. 555)
15. "Ao mesmo tempo em que o credor perde um direito por essa supressão, surge um direito a favor do devedor, por meio da *surrectio* (Erwirkung), direito este que não existia juridicamente até então, mas que decorre da efetividade social, de acordo com os costumes" (TARTUCE, Flávio. **Manual de Direito Civil: volume único**. Rio de Janeiro: Forense; São Paulo: Método, 2013, p. 555). No processo, seria um direito a favor da parte contrária.
16. "(...) um contratante que violou uma norma jurídica não poderá, sem a caracterização do abuso de direito, aproveitar-se dessa situação anteriormente criada pelo desrespeito". O sujeito viola uma norma e, em seguida, tenta tirar proveito da situação em seu benefício. (TARTUCE, Flávio. **Manual de Direito Civil: volume único**. Rio de Janeiro: Forense; São Paulo: Método, 2013, p. 558)
17. É "(...) a defesa do réu contra ações dolosas, contrárias à boa-fé". É a boa-fé utilizada como meio de defesa. (TARTUCE, Flávio. **Manual de Direito Civil: volume único**. Rio de Janeiro: Forense; São Paulo: Método, 2013, p. 559)
18. "(...) determinada pessoa não pode exercer um direito próprio contrariando um comportamento anterior, devendo ser mantida a confiança e o dever de lealdade, decorrentes da boa-fé objetiva" (TARTUCE, Flávio. **Manual de Direito Civil: volume único**. Rio de Janeiro: Forense; São Paulo: Método, 2013, p. 561).
19. É o "(...) dever imposto ao credor de mitigar suas perdas, ou seja, o próprio prejuízo" (TARTUCE, Flávio. **Manual de Direito Civil: volume único**. Rio de Janeiro: Forense; São Paulo: Método, 2013, p. 563).

Já quanto ao princípio da cooperação, de origem alemã, consagra a ideia de um juiz ativo e participativo[20], fundada na premissa de que o processo deve ser dialético, com a integração de todos os sujeitos processuais para que sua finalidade precípua – a solução da controvérsia – seja alcançada. A tradicional passividade do magistrado não encontra guarida em um sistema processual que busque a efetividade de suas decisões e, em consequência, a concreta tutela de direitos.

Em sua formulação teórica, o princípio voltava-se com maior intensidade à atuação dos juízes e tribunais, imprimindo-lhe determinados deveres, a fim de concretizar essa colaboração, voltada ao descobrimento da verdade e à adequada solução do litígio.

Um dos maiores estudiosos do princípio da cooperação no Brasil, Lúcio Grassi de Gouveia já anunciava os deveres adjacentes ao princípio da colaboração, extraídos do Código de Processo Civil Português, em artigo publicado no ano de 2007[21]: a) *o dever de esclarecimento*, no sentido de que o magistrado deve buscar clarificar os fatos do litígio, convocando as partes, sempre que necessário, a complementarem seus argumentos e provas, para fins de uma adequada solução do conflito. Se houver dúvidas, as partes devem ser chamadas a supri-las, para que o juiz tenha condições de julgar o mérito de forma satisfatória; b) o *dever de prevenção*, segundo o qual as partes devem ser advertidas acerca das deficiências ou insuficiências em suas alegações e provas, para que possam saná-las antes da decisão final; c) o *dever de consulta*, que busca prestigiar o contraditório efetivo e evitar as chamadas decisões-surpresa – aquelas proferidas sem que as partes tenham previamente se manifestado sobre o fundamento a ser acolhido pelo juiz ou tribunal – o que acontece tanto com relação às matérias cognoscíveis de ofício quanto nas situações em que o juiz ou tribunal entende por enquadrar juridicamente a situação apresentada em juízo de forma diversa da apresentadas pelas partes; d) o *dever de auxiliar as partes*, buscando-se remover as concretas e sérias dificuldades que coloquem em cheque o exercício dos direitos, faculdades, ônus ou deveres processuais, evitando-

20. GOUVEIA, Lúcio Grassi de. **Cognição Processual Civil: Atividade Dialética e Cooperação Intersubjetiva na Busca da Verdade Real**. In: Fredie Didier Jr. (Org.). Leituras Complementares de Processo Civil. Salvador: Jus Podivm, 2007.
21. GOUVEIA, Lúcio Grassi de. **Cognição Processual Civil: Atividade Dialética e Cooperação Intersubjetiva na Busca da Verdade Real**. In: Fredie Didier Jr. (Org.). Leituras Complementares de Processo Civil. Salvador: Jus Podivm, 2007.

-se que a decisão seja contrária à parte pelo fato de não ter conseguido obter determinado documento ou informação que seriam conseguidos se houvesse esse auxílio jurisdicional.

No CPC de 1973 não havia qualquer referência expressa ao princípio da cooperação, a não ser a regra genérica contida no art. 339, relativa às provas, que determinava que "ninguém se exime do dever de colaborar com o Poder Judiciário para o descobrimento da verdade". Os artigos 340 e 341 continham os deveres decorrentes dessa colaboração, como o da parte comparecer em juízo, respondendo ao que lhe fosse interrogado.

Obviamente o princípio não tinha os contornos que agora possui no novo CPC. Além da referência como norma fundamental do processo, há inúmeras outras regras no Código que fazem referência à cooperação.

Além disso, o dispositivo em análise ampliou o conteúdo do princípio da cooperação, ao dispor que ele se aplica a todos os sujeitos processuais e não apenas ao juiz. A expressão "sujeitos do processo" é ampla, abrangendo, partes, juiz, terceiros intervenientes, auxiliares do juízo, Ministério Público.

Como dissemos linhas atrás, inicialmente o princípio buscava conferir uma dialeticidade ao processo, retirando o juiz da sua posição cômoda de passividade frente aos demais atores do processo, aguardando que produzissem suas alegações e provas e contentando-se com a verdade extraída do que as partes trouxessem aos autos.

Adotando uma postura cooperativa, o magistrado deve atuar em prol do descobrimento da verdade, da concreta e eficaz solução do litígio, esclarecendo, prevenindo, consultando e auxiliando as partes nesse caminho da busca pela efetividade do processo.

Da maneira como previsto no art. 6º, o princípio da cooperação impõe não apenas ao juiz, mas a todos os sujeitos do processo (conceito não restrito às partes, mas a todos os que atuem no processo) essa postura colaborativa, estimulando-se o diálogo constante durante toda a tramitação do processo até a sua decisão final.

Obviamente, não será suficiente a adoção do princípio pelo Código. Para sua concreta implementação, será imprescindível uma mudança comportamental em relação a todos os sujeitos que participam do processo, o que somente se alcançará, a nosso ver, a longo prazo.

O avanço, no entanto, é extremamente relevante, além de que a cooperação, da forma como inserida no CPC, deixa de ser apenas uma promessa e passa ser de imperativa, devendo-se punir com as sanções correspondentes à litigância de má-fé aqueles que se negarem, injustificadamente, a cumprir os seus deveres anexos.

Na execução fiscal, os princípios da boa-fé e da colaboração ganham especial relevo, visto que os processos respectivos são os principais responsáveis pela alta taxa de congestionamento do Poder Judiciário, conforme pesquisa realizada pelo Conselho Nacional de Justiça[22].

Há uma grande dificuldade prática na finalização dos processos executivos fiscais, notadamente na Justiça Estadual, em razão da não localização dos devedores e/ou de bens passíveis de penhora, o que acaba por revelar comportamentos processuais pouco colaborativos e em desconformidade com a boa-fé objetiva, notadamente no que se refere aos devedores da Fazenda, os quais devem ser sancionados por constituírem litigância de má-fé.

Ademais, medidas mais agressivas, que têm sido denominadas atípicas, já estão sendo determinadas pelos juízes e tribunais para forçar o devedor a cumprir as decisões judiciais, inclusive de pagar quantia, com base no art. 139, IV do CPC, objeto de análise anterior neste trabalho.

Dando continuidade à análise das normas fundamentais, tem-se que o princípio do contraditório foi bastante privilegiado no CPC/2015. Em primeiro lugar, consta do art. 7º, *in fine*, havendo referência ao dever do juiz de zelar pelo *efetivo* contraditório.

O princípio do contraditório, que decorre do devido processo legal e está contido na Constituição, em seu art. 5º, LV, contém dois aspectos fundamentais: um de natureza formal, que corresponde ao direito de participar do processo, de ter oportunidade de falar e de ser ouvido; outro

22. Conforme dados extraídos da pesquisa "Justiça em Números", de 2016, do CNJ, a fase de execução acarreta um impacto negativo nos dados de litigiosidade do Poder Judiciário brasileiro. A taxa de congestionamento geral é de 72,2%. Do total de processos pendentes de baixa no final de 2015, 51,9% eram referentes à fase ou processo de execução. Ainda mais alarmantes são os dados quando individualizados. A taxa de congestionamento da execução fiscal é de 92%; a de execução extrajudicial não fiscal é de 80%; a de execução judicial não criminal é de 56%. Interessante notar que, das execuções pendentes, a grande maioria está na Justiça Estadual (82,7%). 11,8% das ações estão na Justiça Federal e as demais na Justiça do Trabalho. Dados disponível em: http://www.cnj.jus.br/files/conteudo/arquivo/2016/10/b8f46be3dbbff344931a933579915488.pdf e capturados em 8.03.2017.

de natureza substancial, que é a possibilidade de exercer influência sobre as decisões judiciais.

A referência à palavra *efetivo* não é sem razão. Na sistemática do CPC de 1973, admitiam-se as denominadas *decisões-surpresa*, ou seja, aquelas proferidas sem que as partes tivessem prévia oportunidade de apresentar argumentos e/ou provas hábeis a interferir no processo decisório do juiz ou tribunal.

De modo geral, nas hipóteses em que se permitia ao juiz atuar de ofício, havia sempre possibilidade de ser proferida uma decisão surpresa, a exemplo da imposição de multa por litigância de má-fé ou a extinção do processo pelo reconhecimento da prescrição.

O CPC/2015, referindo-se ao efetivo contraditório, quer que o referido princípio seja sempre observado como regra, vedando expressamente as denominadas decisões surpresa em seu art. 10.

No art. 10, o que não se permite são exatamente as chamadas decisões-surpresa, proferidas com esteio em fundamento sobre o qual as partes não tenham tido a chance de se pronunciar com antecedência, o que será aplicável com maior frequência em relação às questões cognoscíveis de ofício.

Em nosso ordenamento jurídico há normas cogentes, impositivas, que não podem ser modificadas pelas partes e devem ser aplicadas independentemente de sua vontade, as quais podem ser conhecidas de ofício por qualquer juiz ou tribunal, a qualquer tempo e em qualquer grau de jurisdição, como regra. É o caso, por exemplo, das regras pertinentes à competência absoluta e das nulidades absolutas.

Pela sistemática processual anterior, seria possível ao magistrado verificar tais questões *ex officio* e proferir decisão, sem que as partes soubessem dessa possibilidade, restando-lhes apenas a via recursal para reformar ou anular o decisum respectivo e reparar eventuais prejuízos.

Ressalte-se que, em algumas situações, o prejuízo à parte era inevitável, considerando-se as decisões-surpresa proferidas pelos tribunais quando esgotadas todas as instâncias recursais.

De acordo com o dispositivo em referência, essa prática não será mais possível, em absoluta observância do princípio do contraditório. Se o juiz ou tribunal antever a probabilidade de acolher fundamento novo, ainda não tratado pelas partes nos autos, deverá intimá-las para que se manifestem, a fim de que possam efetivamente contribuir para o debate e, assim, ter condições de exercer alguma influência na decisão do órgão julgador.

Note-se que, no caso de novo fundamento, haverá intimação de ambas as partes para que se manifestem, independentemente de quem eventualmente possa vir a sofrer algum prejuízo em face da decisão a ser proferida.

Essa norma aplica-se evidentemente à execução fiscal, de modo que não é mais possível ao magistrado decidir sobre fundamento novo sem ouvir as partes previamente. Assim, não poderá, por exemplo, decretar a prescrição intercorrente de ofício, sem a oitiva de *ambas* as partes, matéria que será tratada com mais especificidade no tópico seguinte.

Ainda como expressão do contraditório, no art. 9º veda-se ao juiz que decida contrariamente a uma das partes sem sua prévia oitiva. É o cuidado com o primeiro aspecto do contraditório – o direito de informação, dando-se à parte conhecimento a respeito da possibilidade de vir a sofrer os efeitos de uma decisão judicial que lhe seja desfavorável.

Note-se que a obrigatoriedade de oitiva prévia, nesse caso, é exclusivamente em relação à parte que poderá ser afetada pelos efeitos negativos da decisão.

A norma também se aplica, como regra, às execuções fiscais, porém há uma importante controvérsia a respeito da aplicabilidade (ou não) do incidente de desconsideração da personalidade jurídica, criado pelo CPC/2015, às execuções fiscais, notadamente no que tange à exigência de contraditório prévio contida no art. 135 do referido diploma legal[23], tema que será abordado no tópico 10.7 a seguir.

A ordem cronológica para julgamento, prevista no tão debatido art. 12 do CPC/2015 – que acabou sendo modificado pela Lei n.º 13.256/2016, passando a ser mais uma *recomendação* que um *mandamento*, dada a inserção da expressão preferencialmente – também impacta nas execuções fiscais, mas o entendimento que vem prevalecendo é o de que tal ordem deve se aplicar aos embargos e às ações de conhecimento correlatas,

---

23. Instaurado o incidente, o sócio ou a pessoa jurídica será citado para manifestar-se e requerer as provas cabíveis no prazo de 15 (quinze) dias.

mas não às sentenças em execução fiscal, posicionamento este que foi adotado também pelo Fórum de Execuções Fiscais da 2ª Região, em seu Enunciado n.º 05[24].

11.3 A PRESCRIÇÃO NAS EXECUÇÕES FISCAIS

A respeito da prescrição, o CPC/2015 previu, no art. 487, parágrafo único, que, ressalvada a hipótese de improcedência liminar do pedido, a prescrição e a decadência não serão reconhecidas sem que antes seja dada às partes oportunidade de manifestação, a fim de se evitar uma decisão-surpresa.

Tal previsão parece contrariar o que está indicado no §5º do art. 40 da Lei de Execuções Fiscais, que prevê que a manifestação da Fazenda será dispensada no caso de cobranças judiciais cujo valor seja inferior ao mínimo fixado por ato do Ministro de Estado da Fazenda.

É de se respeitar, diante de tal contrariedade, o regramento contido na lei especial, no caso, a Lei de Execuções Fiscais, de modo que é o caso de se dispensar a oitiva prévia da Fazenda para se decretar a prescrição intercorrente nesses casos. Tal entendimento restou consagrado no Enunciado n.º 01 do Fórum de Execuções Fiscais da 2ª Região[25].

No que concerne à prescrição intercorrente, a matéria foi regulamentada pelo CPC, no art. 921, §§1º ao 5º[26], cujas regras são similares às previstas no art. 40 da Lei de Execução Fiscal. Há, no entanto, algumas distinções relevantes.

---

24. Enunciado 05 do Fórum de Execuções Fiscais da 2ª Região: "Com base no artigo 12, inciso VII do NCPC (Lei nº 13.105/2015), a ordem cronológica de conclusão para julgamentos não se aplica às sentenças em execuções fiscais, apenas às de ações de embargos e de conhecimento correlatas".
25. Em razão do princípio da especialidade, a sistemática dos parágrafos 4º e 5º do artigo 40 da Lei nº 6.830/1980 permanecerá, em causas de valor inferior ao mínimo fixado por ato do Ministro da Fazenda, dispensando a oitiva prévia da Fazenda para o decreto de prescrição intercorrente.
26. Art. 921. Suspende-se a execução: (...) III – quando o executado não possuir bens penhoráveis; § 1o Na hipótese do inciso III, o juiz suspenderá a execução pelo prazo de 1 (um) ano, durante o qual se suspenderá a prescrição. § 2o Decorrido o prazo máximo de 1 (um) ano sem que seja localizado o executado ou que sejam encontrados bens penhoráveis, o juiz ordenará o arquivamento dos autos. § 3o Os autos serão desarquivados para prosseguimento da execução se a qualquer tempo forem encontrados bens penhoráveis. § 4o Decorrido o prazo de que trata o § 1o sem manifestação do exequente, começa a correr o prazo de prescrição intercorrente. § 5o O juiz, depois de ouvidas as partes, no prazo de 15 (quinze) dias, poderá, de ofício, reconhecer a prescrição de que trata o § 4o e extinguir o processo.

Na execução fiscal, após a determinação de suspensão do processo por não ter sido localizado o devedor ou por não terem sido encontrados bens penhoráveis, será aberta vista dos autos ao representante judicial da Fazenda Pública para manifestação. Decorrido o prazo de um ano, o juiz determinará o arquivamento dos autos e a partir da decisão de arquivamento começa a correr o prazo da prescrição intercorrente. Decorrido o prazo prescricional, o juiz poderá decretar a reconhecer a prescrição de ofício, mas deve ouvir previamente a Fazenda Pública.

De acordo com as regras constantes do CPC/2015, também haverá suspensão do processo pelo prazo de um ano, caso não seja o executado localizado ou caso não sejam encontrados bens penhoráveis, ficando, nesse período, suspenso o prazo prescricional.

Ocorre que não há intimação do exequente após a determinação de suspensão do processo e do prazo prescricional. Na verdade, nos termos do art. 921, §4º, se não houver manifestação do exequente no prazo da suspensão (um ano), terá início o curso da prescrição intercorrente, o qual, portanto, inicia-se automaticamente.

Essas normas, inseridas do CPC/2015, não podem ser aplicadas às execuções fiscais, porquanto conflitam com o regramento próprio previsto na Lei 6.830/80, devendo prevalecer o critério da especialidade.

Finalmente, cabe destacar outra diferença entre o tratamento da prescrição intercorrente no CPC e na Lei 6.830/80: nas execuções comuns, antes da decretação da prescrição intercorrente de ofício, o juiz deve ouvir ambas as partes no prazo de 15 dias, enquanto na Lei de Execução Fiscal exige-se apenas a oitiva da Fazenda Pública.

Ou seja, no art. 40, §4º, da Lei nº 6.830/80, há a exigência de contraditório prévio apenas em relação à Fazenda Pública antes da decretação *ex officio* da prescrição intercorrente pelo juiz, exceto nas hipóteses de cobranças judiciais cujo valor seja inferior ao mínimo fixado por ato do Ministro de Estado da Fazenda (§5º).

Com as previsões contidas nos arts. 10 e 921, §5º, do CPC/2015, entende-se que o executado também deve ser ouvido antes do reconhecimento da prescrição intercorrente, posto que as normas em questão não se excluem, mas se complementam, devendo-se privilegiar o contraditório efetivo e permitir também a manifestação do executado na hipótese.

Finalmente, nas disposições finais e transitórias, o art. 1.056 estabelece que é de se considerar como termo inicial do prazo prescricional, inclusive para as execuções em curso, a data de vigência do CPC/2015, qual fosse, o dia 18 de março de 2016.

Essa previsão gerou, já nos primeiros meses de aplicação do novo diploma, certa confusão sobre como agir em relação aos processos em andamento, com prazo prescricional já em andamento.

O Superior Tribunal de Justiça tem enfrentado a matéria. No julgamento do REsp 1620919/PR, a 4ª Turma decidiu que o novo regramento sobre a prescrição intercorrente aplica-se apenas às execuções propostas após a entrada em vigor do CPC/2015 e, quanto aos feitos em andamento, a partir da suspensão da execução, determinada com base no art. 921 do CPC[27]. Relativamente aos demais feitos (a exemplo daqueles em que

---

27. RECURSO ESPECIAL. CIVIL. PROCESSUAL CIVIL. EXECUÇÃO. AUSÊNCIA DE BENS PASSÍVEIS DE PENHORA. SUSPENSÃO DO PROCESSO. INÉRCIA DO EXEQUENTE. PRESCRIÇÃO INTERCORRENTE. INOCORRÊNCIA. ATO PROCESSUAL ANTERIOR AO NOVO CÓDIGO DE PROCESSO CIVIL. MANUTENÇÃO DA SEGURANÇA JURÍDICA. NECESSIDADE DE PRÉVIA INTIMAÇÃO DO EXEQUENTE PARA DAR ANDAMENTO AO FEITO PARA INÍCIO DA CONTAGEM DO PRAZO PRESCRICIONAL.

1. A prescrição intercorrente ocorre no curso do processo e em razão da conduta do autor que, ao não prosseguir com o andamento regular ao feito, se queda inerte, deixando de atuar para que a demanda caminhe em direção ao fim colimado.

2. No tocante ao início da contagem desse prazo na execução, vigente o Código de Processo Civil de 1973, ambas as Turmas da Seção de Direito Privado sedimentaram a jurisprudência de que só seria possível o reconhecimento da prescrição intercorrente se, antes, o exequente fosse devidamente intimado para conferir andamento ao feito.

3. O Novo Código de Processo Civil previu regramento específico com relação à prescrição intercorrente, estabelecendo que haverá a suspensão da execução "quando o executado não possuir bens penhoráveis" (art. 921, III), sendo que, passado um ano desta, haverá o início (automático) do prazo prescricional, independentemente de intimação, podendo o magistrado decretar de ofício a prescrição, desde que, antes, ouça as partes envolvidas. A sua ocorrência incorrerá na extinção da execução (art. 924, V).

4. O novel estatuto trouxe, ainda, no "livro complementar" (arts. 1.045-1.072), disposições finais e transitórias a reger questões de direito intertemporal, com o fito de preservar, em determinadas situações, a disciplina normativa já existente, prevendo, com relação à prescrição intercorrente, regra transitória própria: "considerar-se-á como termo inicial do prazo da prescrição prevista no art. 924, inciso V [prescrição intercorrente], inclusive para as execuções em curso, a data de vigência deste Código" (art. 1.056).

5. A modificação de entendimento com relação à prescrição intercorrente acabaria por, além de surpreender a parte, trazer-lhe evidente prejuízo, por transgredir a regra transitória do NCPC e as situações já consolidadas, fragilizando a segurança jurídica, tendo em vista que o exequente, com respaldo na jurisprudência pacífica do STJ, estaria ciente da necessidade de sua intimação pessoal, para fins de início do prazo prescricional.

6. Assim, seja em razão da segurança jurídica, seja pelo fato de o novo estatuto processual estabelecer dispositivo específico regendo a matéria, é que, em interpretação lógico-sistemática, tem-se que o atual regramento sobre prescrição intercorrente deve incidir apenas para as execuções ajuizadas

a suspensão foi determinada com esteio no CPC/73), deve ser mantida a orientação jurisprudencial anterior, no sentido de que fica suspenso o curso do prazo da prescrição enquanto a execução estiver suspensa pela ausência de bens penhoráveis (art. 791, III, do CPC/73), exigindo-se, para o início do referido prazo, a intimação do exequente para dar andamento ao feito.

A 3ª Turma tem, no entanto, firmado orientação no sentido de que não há necessidade de intimação do exequente para dar andamento ao feito, evidenciando-se indispensável o contraditório apenas para fins de decretação da prescrição intercorrente, para que o exequente possa alegar causas interruptivas ou suspensivas da prescrição[28].

Tendo em vista a relevância da matéria e a necessidade de uniformização do entendimento do STJ a seu respeito, a referida Corte Superior

---

após a entrada em vigor do CPC/2015 e, nos feitos em curso, a partir da suspensão da execução, com base no art. 921.

7. Na hipótese, como o deferimento da suspensão da execução ocorreu sob a égide do CPC/1973 (ago/1998), há incidência do entendimento jurisprudencial consolidado no sentido de que não tem curso o prazo de prescrição intercorrente enquanto a execução estiver suspensa com base na ausência de bens penhoráveis (art. 791, III), exigindo-se, para o seu início, a intimação do exequente para dar andamento ao feito.

8. Recurso especial provido.

(REsp 1620919/PR, Rel. Ministro LUIS FELIPE SALOMÃO, QUARTA TURMA, julgado em 10/11/2016, DJe 14/12/2016)

28. RECURSO ESPECIAL. CIVIL. PROCESSUAL CIVIL. EXECUÇÃO. CÉDULA DE CRÉDITO RURAL. AUSÊNCIA DE BENS PASSÍVEIS DE PENHORA. SUSPENSÃO DO PROCESSO. INÉRCIA DO EXEQUENTE POR SETE DE ANOS. PRESCRIÇÃO INTERCORRENTE. OCORRÊNCIA. SÚMULA 150/STF. 1. Controvérsia acerca da prescrição intercorrente no curso de execução de título extrajudicial. 2. "Prescreve a execução no mesmo prazo da prescrição da ação" (Súmula 150/STF). 3. "Suspende-se a execução: [...] quando o devedor não possuir bens penhoráveis" (art. 791, inciso III, do CPC/73). 4. Ocorrência de prescrição intercorrente, se o exequente permanecer inerte por prazo superior ao de prescrição do direito material vindicado. 5. Hipótese em que a execução permaneceu suspensa por sete anos sem que o exequente tenha adotado qualquer providência para a localização de bens penhoráveis.

6. Distinção entre abandono da causa, fenômeno processual, e prescrição, instituto de direito material. 7. Possibilidade, em tese, de se declarar de ofício a prescrição intercorrente no caso concreto, pois a pretensão de direito material prescreve em três anos. 8. Desnecessidade de prévia intimação do exequente para dar andamento ao feito. 9. Necessidade apenas de intimação do exequente, concedendo-lhe oportunidade de demonstrar causas interruptivas ou suspensivas da prescrição. 10. "O contraditório é princípio que deve ser respeitado em todas as manifestações do Poder Judiciário, que deve zelar pela sua observância, inclusive nas hipóteses de declaração de ofício da prescrição intercorrente, devendo o credor ser previamente intimado para opor algum fato impeditivo à incidência da prescrição" (REsp 1.589.753/PR, Rel. Ministro MARCO AURÉLIO BELLIZZE, TERCEIRA TURMA, DJe 31/05/2016). 11. Entendimento em sintonia com o disposto no novo Código de Processo Civil (art. 921, §§ 4º e 5º, CPC/2015). 12. RECURSO ESPECIAL PARCIALMENTE PROVIDO. (REsp 1593786/SC, Rel. Ministro PAULO DE TARSO SANSEVERINO, TERCEIRA TURMA, julgado em 22/09/2016, DJe 30/09/2016)

admitiu, com base no art. 947 do CPC, a instauração de incidente de assunção de competência com a finalidade de definir o entendimento sobre "o cabimento de prescrição intercorrente e eventual imprescindibilidade de intimação prévia do credor" e acerca da "necessidade de oportunidade para o autor dar andamento ao processo paralisado por prazo superior àquele previsto para a prescrição da pretensão veiculada na demanda"[29]. O incidente foi admitido pela Segunda Seção do STJ no dia 08.02.2017 e o julgamento não foi concluído até o fechamento da presente edição.

O fato é que não há razões para incidir o art. 1.056 e nem o resultado do julgamento do incidente de assunção de competência acima referido relativamente às execuções fiscais, porquanto a prescrição intercorrente já se achava regulamentada pela Lei 6.830/80. Assim, os prazos prescricionais continuam a correr normalmente nas referidas demandas.

Ademais, diante do disposto expressamente no art. 40, §1º, da Lei de Execução Fiscal, a Fazenda deve ser intimada para se manifestar quando da determinação da suspensão do feito ante a não localização do devedor ou de bens penhoráveis para, querendo, dar andamento ao feito, antes do curso do prazo da prescrição intercorrente.

11.4 OS EMBARGOS DO DEVEDOR NA EXECUÇÃO FISCAL APÓS A VIGÊNCIA DO CPC/2015

Outro aspecto importante a realçar, quanto aos impactos do CPC/2015 nas execuções fiscais, reside na questão dos embargos de devedor. Da leitura do art. 918, parágrafo único, c/c o art. 77, §2º, ambos do Código, fala-se em conduta atentatória à dignidade da justiça o oferecimento de embargos manifestamente protelatórios, com multa de até 20% (vinte por cento) do valor do débito.

29. PROPOSTA DE ASSUNÇÃO DE COMPETÊNCIA. RECURSO ESPECIAL. INCIDENTE INSTAURADO DE OFÍCIO. DIREITO PROCESSUAL CIVIL. PRESCRIÇÃO INTERCORRENTE. INTIMAÇÃO PRÉVIA DO CREDOR. ANDAMENTO DO PROCESSO.

RELEVANTE QUESTÃO DE DIREITO. DIVERGÊNCIA ENTRE AS TURMAS DA SEGUNDA SEÇÃO. 1. Delimitação da controvérsia: 1.1. Cabimento, ou não, da prescrição intercorrente nos processos anteriores ao atual CPC; 1.2. Imprescindibilidade de intimação e de oportunidade prévia para o credor dar andamento ao processo. 2. Recurso especial afetado ao rito do art. 947 do CPC/2015. (IAC no REsp 1604412/SC, Rel. Ministro MARCO AURÉLIO BELLIZZE, SEGUNDA SEÇÃO, julgado em 08/02/2017, DJe 13/02/2017)

Evidentemente, tal regra é extensiva à execução fiscal, mas imaginar o uso indiscriminado de tal prescrição pode importar em um sério e perigoso cerceamento ao direito de defesa do devedor/contribuinte, quando das execuções que lhe são movidas pela Fazenda Pública.

Também se detectou outra contrariedade entre dispositivos do CPC/2015 e a Lei de Execução Fiscal: o art. 876, §4º do diploma processual e o art. 24, parágrafo único, da Lei 8.030/80.

Nos termos do art. 24, parágrafo único, da Lei de Execução Fiscal, se o preço da avaliação ou o valor da melhor oferta for superior aos créditos da Fazenda Pública, a adjudicação somente será deferida pelo juiz se a diferença for depositada, pelo exequente, à ordem do juiz, no prazo de trinta dias.

Por outro lado, o CPC, em seu art. 876, §4º, previu que se o valor do crédito for inferior ao dos bens, o requerente da adjudicação depositará de imediato a diferença, que ficará então à disposição do executado.

Nesse caso, também em razão da especialidade, é de se fazer prevalecer o contido na LEF, de modo que persiste o prazo de trinta dias para o depósito da diferença. Esse também foi o entendimento do Fórum de Execuções Fiscais da 2ª Região, expressado pelo Enunciado n.º 09[30].

11.5 ALTERAÇÕES RELATIVAS AO LEILÃO NO CPC/2015 E A EXECUÇÃO FISCAL

Há de se fazer também menção à previsão do art. 882 do CPC/2015, que indica que o leilão presencial somente haverá de ser realizado quando não for possível a sua realização por meio eletrônico. Como não contrasta com nenhum dispositivo da LEF, é de se dizer que dita previsão do CPC deve ser aplicada também às execuções fiscais, de modo que também nesses processos o leilão na forma eletrônica seja a regra.

Defende-se, por igual, que nas execuções fiscais a alienação por iniciativa particular possa ser utilizada em detrimento do leilão público, mas

30. Enunciado 09 do Fórum de Execuções Fiscais da 2ª Região: "O prazo de que dispõe a Fazenda, como exequente, para depositar o valor da diferença em caso de adjudicação de bem de valor superior ao crédito é de 30 dias conforme art. 24, parágrafo único, da LEF, e não de imediato conforme a previsão do art. 876, § 4º do Novo Código de Processo Civil".

desde que haja para tanto interesse do exequente, como restou inclusive consagrado em enunciado do Fórum Nacional do Poder Público[31].

Discutiu-se também se o CPC/2015 teria alterado o prazo de antecedência para a publicação do edital de leilão nas execuções fiscais.

Isso porque o art. 22, §1º, da Lei 6.830/80 estabelece que o prazo entre as datas de publicação do edital e do leilão não pode ser superior a trinta dias e nem inferior a dez dias.

Já o CPC, no art. 887, §1º, prevê que a publicação do edital deve ocorrer pelo menos cinco dias antes da data marcada para o leilão.

No caso, deve-se respeitar também a especialidade da Lei de Execução Fiscal, de modo que o prazo continua sendo o mínimo de dez dias e o máximo de trinta dias, conforme consagrado inclusive no Enunciado n.º 15 do Fórum de Execuções Fiscais da 2ª Região[32].

O art. 23 da Lei de Execução Fiscal prevê que a alienação de quaisquer bens penhorados deve ser feita em leilão público. Já o art. 879, I, do CPC/2015, prevê que a alienação pode ser feita por iniciativa particular.

Aqui não é de se falar em contrariedade, mas sim em omissão quanto ao ponto na Lei de Execução Fiscal, de modo que nada obsta a aplicação supletiva da regra contida no CPC na hipótese. Assim, pode a Fazenda requerer que a alienação se dê por sua iniciativa, de modo a imprimir maior celeridade e efetividade ao procedimento.

11.6 EMBARGOS INFRINGENTES NA EXECUÇÃO FISCAL APÓS A VIGÊNCIA DO CPC/2015

O CPC/2015 decretou o fim dos embargos infringentes enquanto espécie recursal, prevendo apenas uma técnica de julgamento prolongado ou ampliado, no art. 942, quando o resultado da apelação não for unânime, ou quando não for unânime a procedência da ação rescisória ou a reforma da decisão parcial de mérito em agravo de instrumento.

31. Enunciado 46 do Fórum Nacional do Poder Público – FNPP: "Na execução fiscal, a alienação por iniciativa particular poderá ser utilizada em detrimento do leilão público se for de interesse do exequente".
32. Enunciado 15 do Fórum de Execuções Fiscais da 2ª Região: "O prazo de antecedência da publicação do edital de leilão nas execuções fiscais permanece sendo aquele previsto no art. 22, § 1º, da LEF, e não o previsto no art. 887, §1º, do NCPC".

Isso não significou, por outro lado, o fim dos embargos infringentes na execução fiscal, visto que este recurso na Lei 6.830/80 (art. 34) tem características próprias, que não se confundem com aquele recurso antes existente no CPC, mais se assemelhando a uma apelação para atacar as sentenças de primeiro grau de valor baixo.

11.7 INCIDENTE DE DESCONSIDERAÇÃO DA PERSONALIDADE JURÍDICA E EXECUÇÃO FISCAL

O CPC/2015 promoveu importantes alterações no que toca às modalidades típicas de intervenção de terceiros. Ao tempo em que se houve por eliminar, dentre tais modalidades, a oposição e a nomeação à autoria, foram incluídas três novas figuras, quais sejam, a assistência (que já existia no CPC/1973, mas não enquanto espécie de intervenção de terceiros), o *amicus curiae* e o incidente de desconsideração da personalidade jurídica.

A busca do patrimônio pessoal das pessoas físicas, que integram empresas, quer individual ou em sociedades, sempre foi um imenso problema nas execuções, inclusive nas execuções fiscais.

Pela regra tradicional de não responder o sócio pelas obrigações da sociedade, sempre foi muito comum se observar situações de verdadeiras fraudes, em que as sociedades devedoras nada possuíam para saldar seus débitos, ao passo em que os sócios tinham seus patrimônios recheados de bens.

Aos poucos, surgiu a teoria da desconsideração da personalidade jurídica, de construção doutrinária e aplicação jurisprudencial, que acabou por ser positivada em diversos diplomas legais, dentre os quais o Código de Defesa do Consumidor (Lei 8.078/90, art. 28) e o Código Civil/2002 (art. 50), mas que carecia de regulamentação e disciplinamento na lei processual, o que somente veio a ocorrer com os arts. 133/137 do Código de Processo Civil de 2015.

A desconsideração se configura em incidente processual que pode ser iniciado por requerimento da parte ou do Ministério Público. A instauração é dispensável caso seja requerido na inicial, mas, quando instaurado, o incidente suspende o andamento do processo.

Dita modalidade de intervenção de terceiros é cabível em qualquer tipo e momento do processo, inclusive se o processo estiver em fase de recurso.

O contraditório se faz imprescindível nesse incidente, valendo tal regra também no que pertine à necessidade de citação de todos os sócios da pessoa jurídica.

Sendo requerido o incidente na inicial, deverão ser citados os demais sócios, se for o caso. Assim ocorrendo, o contraditório será exercido na contestação, dispensando-se a realização de incidente autônomo. Caso seja pleiteado em momento posterior, será instaurado o incidente, suspendendo o processo até a decisão, mas se fazendo necessária, da mesma forma, a citação dos eventuais sócios.

A decisão que resolve o incidente tem natureza interlocutória, passível de recurso de agravo de Instrumento, conforme previsão do art. 1015, IV, do CPC/2015.

Importante realçar que o pedido de instauração do incidente é ainda possível em fase recursal, competindo ao relator decidir, cabendo para tanto agravo Interno, nos termos do art. 1.021 do CPC/2015.

O art. 137 do CPC/2015 estabelece que, em sendo acolhido o pedido de desconsideração, a alienação ou a oneração de bens, que houver ocorrido em fraude de execução, será tida por ineficaz em relação ao requerente.

A positivação no novo diploma processual do incidente de desconsideração da personalidade jurídica revela grande relevância, e já tem sido objeto de larga utilização desde os primeiros meses de vigência.

Em se tratando das execuções fiscais, a aplicação do incidente de desconsideração da personalidade jurídica guarda forte polêmica. Há muitos que defendem a sua não aplicação[33], notadamente entre aqueles que defendem a Fazenda Pública em juízo. Dentre os argumentos que se colocam, destacam-se: a) o legislador não houve por estabelecer previsão expressa de sua aplicação, como fez em relação aos juizados especiais, no art. 1.062 do CPC/2015; b) o incidente, nos moldes previstos no CPC, suspende o processo e a suspensão da execução fiscal só pode ocorrer após garantia do juízo; c) nos termos da súmula 435 do Superior Tribunal de Justiça, presume-se dissolvida irregularmente a empresa que deixar

33. Por todos, pode-se mencionar o texto de Ricardo de Lima Souza Queiroz: Incidente de desconsideração da PJ deve ser afastado em execução fiscal. Disponível em: http://www.conjur.com.br/2016-fev-08/ricardo-queiroz-desconsideracao-pj-nao-cabe-execucao- fiscal. Capturado em 10.10.2016.

de funcionar em seu domicílio fiscal, sem comunicação aos órgãos competentes, legitimando o redirecionamento ao sócio-gerente; desse modo, a presunção de dissolução irregular, a verossimilhança da sujeição passiva tributária e o risco de ineficácia do provimento final justificam o contraditório postergado na hipótese; d) no caso do art. 135 do Código Tributário Nacional, a responsabilidade tributária dos sócios é subjetiva, pessoal e direta, de modo que não há, na hipótese, desconsideração da personalidade jurídica nos moldes previstos no Código Civil.

O enunciado n.º 53 da Escola Nacional de Formação e Aperfeiçoamento de Magistrados – ENFAM prevê, acerca do tema, que o redirecionamento da execução fiscal para o sócio-gerente prescinde do incidente de desconsideração da personalidade jurídica previsto no art. 133 do CPC/2015. Assim, firmou-se o entendimento de que a instauração se dispensa para que venha a ocorrer o redirecionamento da execução fiscal[34].

Já o Enunciado n.º 06 do Fórum de Execuções Fiscais da 2ª Região[35] estabeleceu que a responsabilidade tributária regulada no art. 135 do Código Tributário Nacional não constitui hipótese de desconsideração da personalidade jurídica, não se submetendo ao incidente previsto no art. 133 do CPC/2015. Aqui, tem-se que o incidente não é de se aplicar às situações do art. 135 do CTN, já que para a sua incidência, a obrigação tributária há de ter sido fruto da prática de infração à lei, contrato social ou estatutos.

Há, no entanto, quem defenda a possibilidade de instauração do incidente de desconsideração da personalidade jurídica nas execuções fiscais, a exemplo de Leonardo Carneiro da Cunha[36], que o faz com esteio nos seguintes fundamentos: a) o incidente se aplica em todas as fases do processo de conhecimento, no cumprimento de sentença e na execução fundada em título extrajudicial, enquadrando-se nesta última a execução fiscal; b) o executado na execução fiscal também tem direito ao contraditório; c) o incidente revela-se obrigatório, nos termos do art.

34. Enunciado 53 do Encontro Nacional de Formação e Aperfeiçoamento de Magistrados – ENFAM: "O redirecionamento da execução fiscal para o sócio-gerente prescinde do incidente de desconsideração da personalidade jurídica previsto no art. 133 do CPC/2015".
35. Enunciado 06 do Fórum de Execuções Fiscais da 2ª Região: "responsabilidade tributária regulada no art. 135 do CTN não constitui hipótese de desconsideração da personalidade jurídica, não se submetendo ao incidente previsto no art. 133 do CPC/2015".
36. CUNHA, Leonardo José Carneiro da. **A Fazenda Pública em juízo**. 13. Ed. Rio de Janeiro: Forense, 2016, p. 411 a 416.

795, §4º, do CPC; d) mesmo no caso do art. 135 do Código Tributário Nacional deve ser aplicado o incidente, ainda que não haja propriamente desconsideração: se o sujeito não está no título e sua responsabilidade depende de comprovação de elementos subjetivos é necessário o incidente para garantir o contraditório; e) o incidente não frustra a efetividade da execução, pela possiblidade do executado esvaziar suas contas e desviar seus bens: qualquer alienação será ineficaz com o reconhecimento da fraude e é possível a concessão da tutela provisória (bloqueio de ativos ou sua indisponibilidade).

Os tribunais pátrios já têm se manifestado sobre a possibilidade ou não de aplicação dos arts. 133 a 137 do CPC à execução fiscal.

Os Tribunais Regionais Federais da 1ª, 2ª e 3ª Região têm afastado a incidência das regras previstas nos arts. 133 a 137 do CPC nas execuções fiscais, visto que "(...) a responsabilidade tributária dos sócios, nesse caso, tem regramentos específicos previstos na Lei n.º 6.830/80 (artigo 4º, inciso V, §2º) e no CTN (artigos 121/138), o que afasta a aplicação dos artigos 50 do CC e 133 a 137 do CPC"[37].

---

37. Vide, por todos, a seguinte ementa de julgado do TRF da 3ª Região: PROCESSUAL CIVIL E TRIBUTÁRIO. AGRAVO DE INSTRUMENTO. EXECUÇÃO FISCAL. DESCONSIDERAÇÃO DA PERSONALIDADE JURÍDICA. ARTIGO 50 DO CC. INCIDENTE. ARTIGOS 133 A 137 DO CPC. RESPONSABILIDADE TRIBUTÁRIA. NORMA ESPECIAL. LEI N.º 6.830/80 E ARTIGOS 121/138 DO CTN. RECURSO PROVIDO. – Estabelecem os artigos 50 do CC e 133/134, caput, do CPC, verbis: Art. 50. Em caso de abuso da personalidade jurídica, caracterizado pelo desvio de finalidade, ou pela confusão patrimonial, pode o juiz decidir, a requerimento da parte, ou do Ministério Público quando lhe couber intervir no processo, que os efeitos de certas e determinadas relações de obrigações sejam estendidos aos bens particulares dos administradores ou sócios da pessoa jurídica. Art. 133. O incidente de desconsideração da personalidade jurídica será instaurado a pedido da parte ou do Ministério Público, quando lhe couber intervir no processo. § 1o O pedido de desconsideração da personalidade jurídica observará os pressupostos previstos em lei. § 2o Aplica-se o disposto neste Capítulo à hipótese de desconsideração inversa da personalidade jurídica. Art. 134. O incidente de desconsideração é cabível em todas as fases do processo de conhecimento, no cumprimento de sentença e na execução fundada em título executivo extrajudicial. – A personalidade jurídica quando exercida com abuso, caracterizado pelo desvio de finalidade, ou pela confusão patrimonial pode ser desconsiderada pelo juiz, a requerimento da pela parte ou do Ministério Público, quando lhe couber intervir no processo, para que os efeitos de certas e determinadas relações obrigacionais sejam estendidos aos bens particulares dos administradores ou sócios da empresa. Sobre a matéria, a Lei n.º 13.105/2015 inovou ao prever um incidente processual, para fins de desconsideração da personalidade jurídica, cabível em todas as fases do processo de conhecimento, no cumprimento de sentença e na execução fundada em título executivo extrajudicial, cuja instauração depende, necessariamente, de pedido da parte ou do Ministério Público, quando lhe couber intervir no processo. Saliente-se que, propositalmente, as execuções fiscais não foram abrangidas pela norma instituidora desse incidente processual, uma vez que a responsabilidade tributária dos sócios, nesse caso, tem regramentos específicos previstos na Lei n.º 6.830/80 (artigo 4º, inciso V, §2º) e no CTN (artigos 121/138), o que afasta a aplicação dos artigos 50 do CC e 133 a 137 do CPC. – A exequente pleiteou o redirecionamento do feito contra o

Já no Tribunal Regional Federal da 5ª Região há julgados que evidenciam a possibilidade de instauração do incidente, nos moldes previstos no CPC[38].

O TRF da 3ª Região admitiu, em fevereiro de 2017, incidente de resolução de demandas repetitivas no processo de nº 0017610-97.2016.4.03.0000[39] para definir se o redirecionamento de execução

---

sócio administrador da devedora, em razão de se tratar de empresa individual que, mesmo citada, não procedeu ao pagamento, tampouco nomeou bem à penhora. Ao analisar o requerimento, o magistrado a quo determinou a instauração de incidente de desconsideração da personalidade jurídica, com a suspensão da ação e a citação dos sócios. No entanto, de acordo com a fundamentação e os dispositivos anteriormente explicitados, é descabida a instauração em execução fiscal, em virtude da regra especial do CTN afastar a geral prevista no CPC. – Agravo de instrumento provido, para afastar a instauração do incidente de desconsideração da personalidade jurídica, bem como determinar o regular prosseguimento da execução fiscal, com a análise do pleito de redirecionamento do feito contra o sócio administrador indicado. (AI 00180941520164030000, Relator Juiz Convocado Sidmar Martins, 4ª Turma, e-DJF3 de 21/02/2017).

38. PROCESSUAL CIVIL. AGRAVO DE INSTRUMENTO. EXECUÇÃO FISCAL. CRÉDITO NÃO-TRIBUTÁRIO. INAPLICABILIDADE DO ART. 135 DO CTN. AUSÊNCIA DE DEMONSTRAÇÃO DO ABUSO DA PERSONALIDADE JURÍDICA. REDIRECIONAMENTO. IMPOSSIBILIDADE. 1. Agravo de instrumento interposto pela Agência Nacional de Transporte Terrestre – ANTT contra decisão que, em sede de Execução Fiscal, indeferiu o redirecionamento do feito para os sócios. 2. Em que pese o entendimento firmado pelo STJ, quando do julgamento do REsp repetitivo 1.371.128, a Segunda Turma deste Tribunal tem entendido que a possibilidade de redirecionamento em face de dissolução irregular é típica do crédito tributário da Fazenda Pública. 3. Extrai-se dos autos que a presente execução fiscal visa a cobrança de multa administrativa, restando descaracterizada a aplicação do art. 135 do CTN, em razão da natureza não tributária da dívida. 4. Nada obstante, certo é que pode haver a despersonalização da pessoa jurídica e a responsabilização dos seus sócios nos moldes do art. 50 do Código Civil. No caso concreto, no entanto, não restou demonstrada a existência de abuso da personalidade jurídica, caracterizado pelo desvio de finalidade e/ou pela confusão patrimonial. 5. A desconsideração da personalidade jurídica é medida excepcional, devendo a parte exequente demonstrar a presença dos requisitos que a ensejam, não bastando simplesmente a não localização da pessoa jurídica em seu endereço cadastral para que possa ser reconhecido o abuso da personalidade jurídica. 6. Ademais, o Código de Processo Civil de 2015 prevê em seus arts. 133 e 135 a instauração de um incidente de desconsideração da personalidade jurídica e a citação do sócio para manifestar-se ou requerer as provas cabíveis no prazo de 15 dias, de maneira que ainda que se entendesse cabível o redirecionamento para os sócios, seria imprescindível, na hipótese, a instauração do incidente de desconsideração para oportunizar ao redirecionado o contraditório e a ampla defesa. 7. Agravo de Instrumento desprovido.(AG 00012685420164050000, Relator Desembargador Federal Paulo Roberto de Oliveira Lima, Segunda Turma, DJE de 16/12/2016).

39. PROCESSO CIVIL. INCIDENTE DE RESOLUÇÃO DE DEMANDAS REPETITIVAS. ADMISSIBILIDADE. EXECUÇÃO FISCAL. INCIDENTE DE DESCONSIDERAÇÃO DA PERSONALIDADE JURÍDICA.

1. O requisito legal de efetiva repetição de processos que tem por objeto a mesma questão de direito restou comprovado pelos extratos de andamento processual que foram juntados aos autos.

2. Risco de ofensa à segurança jurídica e isonomia restou caracterizado diante do ambiente de dubiedade procedimental estabelecido.

3. Questão controvertida de direito processual: o redirecionamento de execução de crédito tributário da pessoa jurídica para os sócios dar-se-ia nos próprios autos da execução fiscal ou em sede de incidente de desconsideração da personalidade jurídica.

4. Incidente de Resolução de Demandas Repetitivas admitido.

de crédito tributário da pessoa jurídica para os sócios deve ser levado a efeito nos próprios autos da execução fiscal ou através de incidente de desconsideração da personalidade jurídica, o qual ainda não havia sido ainda julgado até o fechamento da presente edição.

Entendemos que, nas hipóteses previstas no art. 135 do CTN, de fato, não há propriamente desconsideração da personalidade jurídica, posto que a responsabilidade ali prevista é subjetiva, pessoal e direta, não se configurando a hipótese prevista no art. 50 do Código Civil, revelando-se, portanto, inaplicáveis as regras previstas nos arts. 133/137 do CPC às execuções fiscais em que o redirecionamento da cobrança em relação aos sócios se dá com fundamento no pré-falado art. 135 do CTN. Desse modo, não há que se falar, no caso, em incidente de desconsideração da personalidade jurídica.

Inobstante, é de se concordar com Leonardo Carneiro da Cunha quanto ao argumento de que o contraditório prévio é também essencial nas execuções fiscais[40], ainda que haja presunção de dissolução irregular da empresa (súmula 435 do STJ), de modo que, a nosso ver, afigura-se mais adequada a aplicação, na espécie, do art. 9º do CPC/2015, devendo-se determinar a citação dos sócios para se manifestarem acerca da possibilidade de redirecionamento da execução fiscal em seu desfavor, antes da decisão ser proferida pelo magistrado.

---

40. CUNHA, Leonardo José Carneiro da. **A Fazenda Pública em juízo.** 13. Ed. Rio de Janeiro: Forense, 2016,p. 411.

Capítulo 12

Os Precedentes Vinculantes, a Execução contra a Fazenda Pública e a Execução Fiscal

Tendo em vista não ser mais concebível o ainda atual estágio de instabilidade da jurisprudência brasileira, foram incluídas disposições no Código de Processo Civil brasileiro de 2015 que têm o nítido escopo de promover uma profunda mudança na atuação dos juízes e tribunais no que diz respeito à uniformização de seus entendimentos, numa tentativa de impor-lhes a prática de seguir seus próprios precedentes e também aqueles provenientes de tribunais que lhe sejam hierarquicamente superiores.

Até a entrada em vigor da Lei nº 13.105/2105, produziam efeito vinculante, nos termos da Constituição da República, as decisões do Supremo Tribunal Federal em controle concentrado de constitucionalidade e as súmulas vinculantes (na realidade, a *ratio decidendi* dos precedentes que ensejaram a sua edição, segundo se pensa), editadas pela mesma Corte Superior.

O CPC/2015 amplia o rol das hipóteses de efeito vinculante proveniente de decisões do Poder Judiciário em seu art. 927[1].

---

1. "Art. 927. Os juízes e os tribunais observarão:
I – as decisões do Supremo Tribunal Federal em controle concentrado de constitucionalidade;
II – os enunciados de súmula vinculante;

Primeiramente, deve-se fazer um esclarecimento. No artigo acima referido, o legislador não atribuiu às decisões, acórdãos, orientações e enunciados sumulares que especifica a qualidade de precedentes, os quais não estão contidos na conclusão das decisões judiciais e tampouco nos concisos verbetes sumulares, mas no inteiro teor da decisão ou do conjunto das decisões que ensejou a edição da súmula.

O precedente, identificável, em tese, pelo órgão jurisdicional que busca aplicar, a um caso futuro, a conclusão generalizável (norma geral) extraída de um julgado anterior, que lhe é similar, continua sendo formado pelos elementos fáticos e pela *ratio decidendi* contidos na decisão pretérita, de modo que não teve seu conceito alterado pelo CPC/2015.

Por isso é que se evidencia imprescindível contextualizar os enunciados sumulares e demais decisões explicitadas pelo art. 927 do CPC/2015 ao caso concreto, identificando-se e comparando-se os elementos fáticos e jurídicos da decisão paradigma e do caso a ser julgado, a fim de constatar a aplicação ou não da *ratio decidendi* do caso anterior ao caso posterior, de modo obrigatório.

Não há como admitir a aplicação mecânica dessas teses e enunciados, o que, inclusive, é vedado pelo CPC/2015, em seu art. 489, §1º, incisos V e VI, que reputa sem fundamentação qualquer decisão judicial que "se limitar a invocar precedente ou enunciado de súmula, sem identificar seus fundamentos determinantes nem demonstrar que o caso sob julgamento se ajusta àqueles fundamentos" ou que "deixar de seguir enunciado de súmula, jurisprudência ou precedente invocado pela parte, sem demonstrar a existência de distinção no caso em julgamento ou a superação do entendimento".

Aliás, a leitura do art. 489, §1º, inciso V também deixa claro que as súmulas não se destacam dos precedentes que lhes originaram, porquanto determina a identificação de seus fundamentos determinantes e a demonstração da incidência da *ratio* contida no precedente ao caso sob julgamento, a partir da similitude fático-jurídica entre ambos.

III – os acórdãos em incidente de assunção de competência ou de resolução de demandas repetitivas e em julgamento de recursos extraordinário e especial repetitivos;

IV – os enunciados das súmulas do Supremo Tribunal Federal em matéria constitucional e do Superior Tribunal de Justiça em matéria infraconstitucional;

V – a orientação do plenário ou do órgão especial aos quais estiverem vinculados".

Assim é que o art. 927 não enumera os precedentes vinculantes, mas especifica as decisões a partir das quais eles podem ser identificados. As teses e enunciados de súmula provenientes de tais decisões devem ser utilizados como método de trabalho para agilizar os julgamentos e como fonte de pesquisa dos precedentes cuja *ratio decidendi* apresenta efeito vinculante, a qual somente terá incidência nos processos judiciais se houver similitude fático-jurídica entre os elementos da decisão paradigma e do caso a ser julgado, extraídos de seu inteiro teor e não do resultado do julgamento ou do verbete sumular.

De qualquer sorte, é certo que a predefinição, pelo legislador, de decisões com aptidão para formar precedentes vinculantes termina por conferir aos tribunais a função de estabelecer, no julgamento dos casos individuais, a norma geral que poderá ser aplicável aos casos futuros (que corresponde à *ratio decidendi*).

Nesse sentido, esclarece Paula Pessoa Pereira[2]:

> "O tribunal, ao deliberar de forma colegiada acerca da interpretação e aplicação de uma determinada norma jurídica sobre um delimitado substrato fático, acaba por resolver a disputa para além do caso individual, na medida em que as justificações de um julgamento colegiado imprimem a forma de uma regra de conduta, afirmando o parâmetro de resolução para os casos semelhantes futuros".

Assim é que o precedente, que deveria ser encontrado pelo segundo juiz – o que pretende aplicá-lo – terminará sendo pré-determinado pelo primeiro. Essa parece ser uma tendência indiscutível e inevitável da jurisprudência brasileira, que diverge absolutamente do modo de aplicação dos precedentes nos sistemas da *common law*[3].

Apesar do efeito vinculante decorrente do art. 927, somente cabe reclamação, segundo para garantir a observância da *ratio* relativa a:

2. *Op. Cit.*, p. 118.
3. A *ratio* pode ser construída paulatinamente, inclusive. Nesse sentido, adverte Dierle José Coelho Nunes (In: **Processualismo constitucional democrático e o dimensionamento da técnicas para a litigiosidade repetitiva. A litigância de interesse público e as tendências "não compreendidas" de padronização decisória**. Revista de Processo. São Paulo, Ano 38, n. 199, set. 2011) que "(...) se percebe muito difícil a formação de um precedente (padrão decisório a ser repetido) a partir de um único julgado, salvo se em sua análise for procedido um esgotamento discursivo de todos os aspectos relevantes suscitados pelos interessados".

enunciado de súmula vinculante; de decisão do Supremo Tribunal Federal em controle concentrado de constitucionalidade; e de acórdão proferido em julgamento de incidente de resolução de demandas repetitivas ou de incidente de assunção de competência.

Também é cabível a reclamação proposta para garantir a observância de acórdão de recurso extraordinário com repercussão geral reconhecida ou de acórdão proferido em julgamento de recursos extraordinário ou especial repetitivos, desde que haja esgotamento das instâncias ordinárias (art. 988, §5º, II).

Nas demais hipóteses, não cabe, segundo o CPC, reclamação, nada impedindo que os regimentos internos dos tribunais de segundo grau prevejam o seu cabimento no que concerne à violação de seus precedentes vinculantes.

No mais, cabe sempre recurso, com a possibilidade de decisão monocrática do relator, para garantir a observância dos precedentes obrigatórios definidos pelo CPC/2015[4].

Há outros institutos que podem ser utilizados com o fito de antecipar a prestação da tutela jurisdicional quando o pedido estiver baseado em precedentes vinculantes ou de agilizar os julgamentos na hipótese do pedido os contrariar, como a tutela da evidência (no primeiro caso) e a improcedência liminar do pedido (no segundo), contidas, respectivamente, nos arts. 311, II[5] e 332[6] do CPC.

---

4. Art. 932. Incumbe ao relator: IV – negar provimento a recurso que for contrário a: a) súmula do Supremo Tribunal Federal, do Superior Tribunal de Justiça ou do próprio tribunal; b) acórdão proferido pelo Supremo Tribunal Federal ou pelo Superior Tribunal de Justiça em julgamento de recursos repetitivos; c) entendimento firmado em incidente de resolução de demandas repetitivas ou de assunção de competência; V – depois de facultada a apresentação de contrarrazões, dar provimento ao recurso se a decisão recorrida for contrária a:

   a) súmula do Supremo Tribunal Federal, do Superior Tribunal de Justiça ou do próprio tribunal; b) acórdão proferido pelo Supremo Tribunal Federal ou pelo Superior Tribunal de Justiça em julgamento de recursos repetitivos; c) entendimento firmado em incidente de resolução de demandas repetitivas ou de assunção de competência; VI – decidir o incidente de desconsideração da personalidade jurídica, quando este for instaurado originariamente perante o tribunal.

5. Art. 311, II: A tutela da evidência será concedida, independentemente da demonstração de perigo de dano ou de risco ao resultado útil do processo, quando: II – as alegações de fato puderem ser comprovadas apenas documentalmente e houver tese firmada em julgamento de casos repetitivos ou em súmula vinculante.

6. Art. 332. Nas causas que dispensem a fase instrutória, o juiz, independentemente da citação do réu, julgará liminarmente improcedente o pedido que contrariar: I – enunciado de súmula do Supremo Tribunal Federal ou do Superior Tribunal de Justiça; II – acórdão proferido pelo Supremo Tribunal

Dada a relevância da temática relativa aos precedentes, notadamente dos vinculantes, no presente capítulo, mencionaremos as súmulas e recursos repetitivos dos tribunais superiores que tratam de cumprimento de sentença e execução contra a Fazenda Pública e, bem assim, daqueles que tratam da execução fiscal. Mencionaremos também as teses firmadas nos recursos em que houve reconhecimento de repercussão geral pelo Supremo Tribunal Federal.

12.1 TESES FIRMADAS EM RECURSOS ESPECIAIS REPETITIVOS DO STJ

12.1.1 REsp repetitivo nº 1377507/SP: Bloqueio universal de bens e de direitos autorizado pelo art. 185-A do Código Tributário Nacional

TRIBUTÁRIO. RECURSO ESPECIAL REPRESENTATIVO DE CONTROVÉRSIA. ART. 543-C DO CPC E RESOLUÇÃO STJ N. 8/2008. EXECUÇÃO FISCAL. ART. 185-A DO CTN. INDISPONIBILIDADE DE BENS E DIREITOS DO DEVEDOR. ANÁLISE RAZOÁVEL DO ESGOTAMENTO DE DILIGÊNCIAS PARA LOCALIZAÇÃO DE BENS DO DEVEDOR. NECESSIDADE.

1. Para efeitos de aplicação do disposto no art. 543-C do CPC, e levando em consideração o entendimento consolidado por esta Corte Superior de Justiça, firma-se compreensão no sentido de que a indisponibilidade de bens e direitos autorizada pelo art. 185-A do CTN depende da observância dos seguintes requisitos: (i) citação do devedor tributário; (ii) inexistência de pagamento ou apresentação de bens à penhora no prazo legal; e (iii) a não localização de bens penhoráveis após esgotamento das diligências realizadas pela Fazenda, caracterizado quando houver nos autos (a) pedido de acionamento do Bacen Jud e consequente determinação pelo magistrado e (b) a expedição de ofícios aos registros públicos do domicílio do executado e ao Departamento Nacional ou Estadual de Trânsito – DENATRAN ou DETRAN.

Federal ou pelo Superior Tribunal de Justiça em julgamento de recursos repetitivos; III – entendimento firmado em incidente de resolução de demandas repetitivas ou de assunção de competência; IV – enunciado de súmula de tribunal de justiça sobre direito local.

2. O bloqueio universal de bens e de direitos previsto no art. 185 -A do CTN não se confunde com a penhora de dinheiro aplicado em instituições financeiras, por meio do Sistema BacenJud, disciplinada no art. 655-A do CPC.

3. As disposições do art. 185-A do CTN abrangerão todo e qualquer bem ou direito do devedor, observado como limite o valor do crédito tributário, e dependerão do preenchimento dos seguintes requisitos: (i) citação do executado; (ii) inexistência de pagamento ou de oferecimento de bens à penhora no prazo legal; e, por fim, (iii) não forem encontrados bens penhoráveis.

4. A aplicação da referida prerrogativa da Fazenda Pública pressupõe a comprovação de que, em relação ao último requisito, houve o esgotamento das diligências para localização de bens do devedor.

5. Resta saber, apenas, se as diligências realizadas pela exequente e infrutíferas para o que se destinavam podem ser consideradas suficientes a permitir que se afirme, com segurança, que não foram encontrados bens penhoráveis, e, por consequência, determinar a indisponibilidade de bens.

6. O deslinde de controvérsias idênticas à dos autos exige do magistrado ponderação a respeito das diligências levadas a efeito pelo exequente, para saber se elas correspondem, razoavelmente, a todas aquelas que poderiam ser realizadas antes da constrição consistente na indisponibilidade de bens.

7. A análise razoável dos instrumentos que se encontram à disposição da Fazenda permite concluir que houve o esgotamento das diligências quando demonstradas as seguintes medidas: (i) acionamento do Bacen Jud; e (ii) expedição de ofícios aos registros públicos do domicílio do executado e ao Departamento Nacional ou Estadual de Trânsito – DENATRAN ou DETRAN.

8. No caso concreto, o Tribunal de origem não apreciou a demanda à luz da tese repetitiva, exigindo-se, portanto, o retorno dos autos à origem para, diante dos fatos que lhe forem demonstrados, aplicar a orientação jurisprudencial que este Tribunal Superior adota neste recurso.

9. Recurso especial a que se dá provimento para anular o acórdão impugnado, no sentido de que outro seja proferido em seu lugar, observando as orientações delineadas na presente decisão.

- (REsp 1377507/SP, Rel. Ministro OG FERNANDES, PRIMEIRA SEÇÃO, julgado em 26/11/2014, DJe 02/12/2014)

12.1.2 REsp repetitivo nº 1141990/PR: momento para caracterização da fraude à execução fiscal antes e após a vigência da Lei Complementar n.º 118/2005, que alterou o art. 185 do Código Tributário Nacional

PROCESSUAL CIVIL. RECURSO ESPECIAL REPRESENTATIVO DE CONTROVÉRSIA. ART. 543-C, DO CPC. DIREITO TRIBUTÁRIO. EMBARGOS DE TERCEIRO. FRAUDE À EXECUÇÃO FISCAL. ALIENAÇÃO DE BEM POSTERIOR À CITAÇÃO DO DEVEDOR. INEXISTÊNCIA DE REGISTRO NO DEPARTAMENTO DE TRÂNSITO - DETRAN. INEFICÁCIA DO NEGÓCIO JURÍDICO. INSCRIÇÃO EM DÍVIDA ATIVA. ARTIGO 185 DO CTN, COM A REDAÇÃO DADA PELA LC N.º 118/2005. SÚMULA 375/STJ. INAPLICABILIDADE.

1. A lei especial prevalece sobre a lei geral (lex specialis derrogat lex generalis), por isso que a Súmula n.º 375 do Egrégio STJ não se aplica às execuções fiscais.

2. O artigo 185, do Código Tributário Nacional - CTN, assentando a presunção de fraude à execução, na sua redação primitiva, dispunha que: "Art. 185. Presume-se fraudulenta a alienação ou oneração de bens ou rendas, ou seu começo, por sujeito passivo em débito para com a Fazenda Pública por crédito tributário regularmente inscrito como dívida ativa em fase de execução. Parágrafo único. O disposto neste artigo não se aplica na hipótese de terem sido reservados pelo devedor bens ou rendas suficientes ao total pagamento da dívida em fase de execução." 3. A Lei Complementar n.º 118, de 9 de fevereiro de 2005, alterou o artigo 185, do CTN, que passou a ostentar o seguinte teor: "Art. 185. Presume-se fraudulenta a alienação ou oneração de bens ou rendas, ou seu começo, por sujeito passivo em débito para com a Fazenda Pública, por crédito tributário regularmente inscrito como dívida ativa. Parágrafo único. O disposto neste artigo não se aplica na hipótese de terem sido reservados, pelo devedor, bens ou rendas suficientes ao total pagamento da dívida inscrita." 4. Consectariamente, a alienação efetivada antes da entrada em vigor da LC n.º 118/2005 (09.06.2005) presumia-se em fraude à execução se o negócio jurídico sucedesse a citação válida do devedor; posteriormente à 09.06.2005, consideram-se fraudulentas as alienações efetuadas pelo devedor fiscal após a inscrição do crédito tributário na dívida ativa.

5. A diferença de tratamento entre a fraude civil e a fraude fiscal justifica-se pelo fato de que, na primeira hipótese, afronta-se interesse

privado, ao passo que, na segunda, interesse público, porquanto o recolhimento dos tributos serve à satisfação das necessidades coletivas.

6. É que, consoante a doutrina do tema, a fraude de execução, diversamente da fraude contra credores, opera-se in re ipsa, vale dizer, tem caráter absoluto, objetivo, dispensando o concilium fraudis. (FUX, Luiz. O novo processo de execução: o cumprimento da sentença e a execução extrajudicial. 1. ed. Rio de Janeiro: Forense, 2008, p. 95-96 / DINAMARCO, Cândido Rangel. Execução civil. 7. ed.São Paulo: Malheiros, 2000, p. 278-282 / MACHADO, Hugo de Brito. Curso de direito tributário. 22. ed. São Paulo: Malheiros, 2003, p. 210-211 / AMARO, Luciano. Direito tributário brasileiro. 11. ed. São Paulo: Saraiva, 2005. p. 472-473 / BALEEIRO, Aliomar. Direito Tributário Brasileiro. 10. ed. Rio de Janeiro: Forense, 1996, p. 604).

7. A jurisprudência hodierna da Corte preconiza referido entendimento consoante se colhe abaixo: "O acórdão embargado, considerando que não é possível aplicar a nova redação do art. 185 do CTN (LC 118/05) à hipótese em apreço (tempus regit actum), respaldou-se na interpretação da redação original desse dispositivo legal adotada pela jurisprudência do STJ". (EDcl no AgRg no Ag 1.019.882/PR, Rel. Ministro Benedito Gonçalves, Primeira Turma, julgado em 06/10/2009, DJe 14/10/2009) "Ressalva do ponto de vista do relator que tem a seguinte compreensão sobre o tema: [...] b) Na redação atual do art. 185 do CTN, exige-se apenas a inscrição em dívida ativa prévia à alienação para caracterizar a presunção relativa de fraude à execução em que incorrem o alienante e o adquirente (regra aplicável às alienações ocorridas após 9.6.2005);". (REsp 726.323/SP, Rel. Ministro Mauro Campbell Marques, Segunda Turma, julgado em 04/08/2009, DJe 17/08/2009) "Ocorrida a alienação do bem antes da citação do devedor, incabível falar em fraude à execução no regime anterior à nova redação do art. 185 do CTN pela LC 118/2005". (AgRg no Ag 1.048.510/SP, Rel. Ministra Eliana Calmon, Segunda Turma, julgado em 19/08/2008, DJe 06/10/2008) "A jurisprudência do STJ, interpretando o art. 185 do CTN, até o advento da LC 118/2005, pacificou-se, por entendimento da Primeira Seção (EREsp 40.224/SP), no sentido de só ser possível presumir-se em fraude à execução a alienação de bem de devedor já citado em execução fiscal". (REsp 810.489/RS, Rel. Ministra Eliana Calmon, Segunda Turma, julgado em 23/06/2009, DJe 06/08/2009) 8. A inaplicação do art. 185 do CTN implica violação da Cláusula de Reserva de Plenário e enseja reclamação por infringência da Súmula Vinculante

n.º 10, verbis: "Viola a cláusula de reserva de plenário (cf, artigo 97) a decisão de órgão fracionário de tribunal que, embora não declare expressamente a inconstitucionalidade de lei ou ato normativo do poder público, afasta sua incidência, no todo ou em parte." 9. Conclusivamente: (a) a natureza jurídica tributária do crédito conduz a que a simples alienação ou oneração de bens ou rendas, ou seu começo, pelo sujeito passivo por quantia inscrita em dívida ativa, sem a reserva de meios para quitação do débito, gera presunção absoluta (jure et de jure) de fraude à execução (lei especial que se sobrepõe ao regime do direito processual civil); (b) a alienação engendrada até 08.06.2005 exige que tenha havido prévia citação no processo judicial para caracterizar a fraude de execução;

se o ato translativo foi praticado a partir de 09.06.2005, data de início da vigência da Lei Complementar n.º 118/2005, basta a efetivação da inscrição em dívida ativa para a configuração da figura da fraude; (c) a fraude de execução prevista no artigo 185 do CTN encerra presunção jure et de jure, conquanto componente do elenco das "garantias do crédito tributário"; (d) a inaplicação do artigo 185 do CTN, dispositivo que não condiciona a ocorrência de fraude a qualquer registro público, importa violação da Cláusula Reserva de Plenário e afronta à Súmula Vinculante n.º 10, do STF.

10. In casu, o negócio jurídico em tela aperfeiçoou-se em 27.10.2005, data posterior à entrada em vigor da LC 118/2005, sendo certo que a inscrição em dívida ativa deu-se anteriormente à revenda do veículo ao recorrido, porquanto, consoante dessume-se dos autos, a citação foi efetuada em data anterior à alienação, restando inequívoca a prova dos autos quanto à ocorrência de fraude à execução fiscal.

11. Recurso especial conhecido e provido. Acórdão submetido ao regime do artigo 543-C do CPC e da Resolução STJ n.º 08/2008.

- (REsp 1141990/PR, Rel. Ministro LUIZ FUX, PRIMEIRA SEÇÃO, julgado em 10/11/2010, DJe 19/11/2010)

12.1.3 REsp repetitivo nº 1143677/RS: descabimento de juros de mora no período compreendido entre a data de elaboração da conta de liquidação e o efetivo pagamento da requisição de pequeno valor

PROCESSO CIVIL. RECURSO ESPECIAL REPRESENTATIVO DE CONTROVÉRSIA. ARTIGO 543-C, DO CPC. DIREITO FINANCEIRO. REQUISIÇÃO DE PEQUENO VALOR. PERÍODO COMPREENDIDO ENTRE A

DATA DA ELABORAÇÃO DA CONTA DE LIQUIDAÇÃO E O EFETIVO PAGAMENTO DA RPV. JUROS DE MORA. DESCABIMENTO. SÚMULA VINCULANTE 17/STF. APLICAÇÃO ANALÓGICA. CORREÇÃO MONETÁRIA. CABIMENTO. TAXA SELIC. INAPLICABILIDADE. IPCA- E. APLICAÇÃO.

1. A Requisição de pagamento de obrigações de Pequeno Valor (RPV) não se submete à ordem cronológica de apresentação dos precatórios (artigo 100, § 3º, da Constituição da República Federativa do Brasil de 1988), inexistindo diferenciação ontológica, contudo, no que concerne à incidência de juros de mora, por ostentarem a mesma natureza jurídica de modalidade de pagamento de condenações suportadas pela Fazenda Pública (Precedente do Supremo Tribunal Federal: AI 618.770 AgR, Rel. Ministro Gilmar Mendes, Segunda Turma, julgado em 12.02.2008, DJe-041 DIVULG 06.03.2008 PUBLIC 07.03.2008).

2. A Lei 10.259/2001 determina que, para os efeitos do § 3º, do artigo 100, da CRFB/88, as obrigações de pequeno valor, a serem pagas independentemente de precatório, compreendem aquelas que alcancem a quantia máxima de 60 (sessenta) salários mínimos (§ 1º, do artigo 17, c/c o caput, do artigo 3º, da Lei 10.259/2001).

3. O prazo para pagamento de quantia certa encartada na sentença judicial transitada em julgado, mediante a Requisição de Pequeno Valor, é de 60 (sessenta) dias contados da entrega da requisição, por ordem do Juiz, à autoridade citada para a causa, sendo certo que, desatendida a requisição judicial, o Juiz determinará o seqüestro do numerário suficiente ao cumprimento da decisão (artigo 17, caput e § 2º, da Lei 10.259/2001).

4. A Excelsa Corte, em 29.10.2009, aprovou a Súmula Vinculante 17, que cristalizou o entendimento jurisprudencial retratado no seguinte verbete: "Durante o período previsto no parágrafo 1º do artigo 100 da Constituição, não incidem juros de mora sobre os precatórios que nele sejam pagos." 5. Conseqüentemente, os juros moratórios não incidem entre a data da elaboração da conta de liquidação e o efetivo pagamento do precatório, desde que satisfeito o débito no prazo constitucional para seu cumprimento (RE 298.616, Rel. Ministro Gilmar Mendes, Tribunal Pleno, julgado em 31.10.2002, DJ 03.10.2003; AI 492.779 AgR, Rel. Ministro Gilmar Mendes, Segunda Turma, julgado em 13.12.2005, DJ 03.03.2006; e RE 496.703 ED, Rel. Ministro Ricardo Lewandowski, Primeira Turma, julgado em 02.09.2008, DJe-206 DIVULG 30.10.2008 PUBLIC

31.10.2008), exegese aplicável à Requisição de Pequeno Valor, por força da princípio hermenêutico ubi eadem ratio ibi eadem legis dispositio (RE 565.046 AgR, Rel. Ministro Gilmar Mendes, Segunda Turma, julgado em 18.03.2008, DJe-070 DIVULG 17.04.2008 PUBLIC 18.04.2008; e AI 618.770 AgR, Rel. Ministro Gilmar Mendes, Segunda Turma, julgado em 12.02.2008, DJe-041 DIVULG 06.03.2008 PUBLIC 07.03.2008).

6. A hodierna jurisprudência do Superior Tribunal de Justiça, na mesma linha de entendimento do Supremo Tribunal Federal, pugna pela não incidência de juros moratórios entre a elaboração dos cálculos e o efetivo pagamento da requisição de pequeno valor - RPV (AgRg no REsp 1.116229/RS, Rel. Ministro Felix Fischer, Quinta Turma, julgado em 06.10.2009, DJe 16.11.2009; AgRg no REsp 1.135.387/PR, Rel. Ministro Haroldo Rodrigues (Desembargador Convocado do TJ/CE), Sexta Turma, julgado em 29.09.2009, DJe 19.10.2009; REsp 771.624/PR, Rel. Ministro Teori Albino Zavascki, Primeira Turma, julgado em 16.06.2009, DJe 25.06.2009; EDcl nos EDcl no AgRg no REsp 941.933/SP, Rel. Ministro Jorge Mussi, Quinta Turma, julgado em 14.05.2009, DJe 03.08.2009; AgRg no Ag 750.465/RS, Rel. Ministra Maria Thereza de Assis Moura, Sexta Turma, julgado em 28.04.2009, DJe 18.05.2009; e REsp 955.177/RS, Rel. Ministra Eliana Calmon, Segunda Turma, julgado em 14.10.2008, DJe 07.11.2008).

7. A correção monetária plena, por seu turno, é mecanismo mediante o qual se empreende a recomposição da efetiva desvalorização da moeda, com o escopo de se preservar o poder aquisitivo original, sendo certo que independe de pedido expresso da parte interessada, não constituindo um plus que se acrescenta ao crédito, mas um minus que se evita.

8. Destarte, incide correção monetária no período compreendido entre a elaboração dos cálculos e o efetivo pagamento da RPV, ressalvada a observância dos critérios de atualização porventura fixados na sentença de liquidação, em homenagem ao princípio da segurança jurídica, encartado na proibição de ofensa à coisa julgada (Mutatis mutandis, precedentes do STJ: EREsp 674.324/RS, Rel. Ministra Denise Arruda, Primeira Seção, julgado em 24.10.2007, DJ 26.11.2007; AgRg no REsp 839.066/DF, Rel. Ministro Herman Benjamin, Segunda Turma, julgado em 03.03.2009, DJe 24.03.2009; EDcl no REsp 720.860/RJ, Rel. Ministro Teori Albino Zavascki, Rel. p/ Acórdão Ministro José Delgado, Primeira Turma, julgado em 10.04.2007, DJ 28.05.2007; EDcl no REsp 675.479/DF,

Rel. Ministra Denise Arruda, Primeira Turma, julgado em 12.12.2006, DJ 01.02.2007; e REsp 142.978/SP, Rel. Ministra Eliana Calmon, Segunda Turma, julgado em 04.12.2003, DJ 29.03.2004).

9. Entrementes, ainda que a conta de liquidação tenha sido realizada em período em que aplicável a Taxa Selic como índice de correção monetária do indébito tributário, impõe-se seu afastamento, uma vez que a aludida taxa se decompõe em taxa de inflação do período considerado e taxa de juros reais, cuja incompatibilidade, na hipótese, decorre da não incidência de juros moratórios entre a elaboração dos cálculos e o efetivo pagamento, no prazo legal, da requisição de pequeno valor – RPV.

10. Consectariamente, o índice de correção monetária aplicável aos valores constantes da RPV, quando a conta de liquidação for realizada no período em que vigente a Taxa Selic, é o IPCA-E/IBGE (Índice Nacional de Preços ao Consumidor Amplo Especial), à luz do Manual de Orientação de Procedimentos para os cálculos na Justiça Federal, aprovado pela Resolução 242/2001 (revogada pela Resolução 561/2007).

11. A vedação de expedição de precatório complementar ou suplementar do valor pago mediante Requisição de Pequeno Valor tem por escopo coibir o fracionamento, repartição ou quebra do valor da execução, a fim de que seu pagamento não se faça, em parte, por RPV e, em parte, por precatório (artigo 100, § 4º, da CRFB/88, repetido pelo artigo 17, § 3º, da Lei 10.259/2001), o que não impede a expedição de requisição de pequeno valor complementar para pagamento da correção monetária devida entre a data da elaboração dos cálculos e a efetiva satisfação da obrigação pecuniária.

12. O Supremo Tribunal Federal, em 13.03.2008, reconheceu a repercussão geral do Recurso Extraordinário 579.431/RS, cujo thema iudicandum restou assim identificado: "Precatório. Juros de mora. Incidência no período compreendido entre a data da feitura do cálculo e a data da expedição da requisição de pequeno valor." 13. O reconhecimento da repercussão geral pelo STF, com fulcro no artigo 543-B, do CPC, como cediço, não tem o condão, em regra, de sobrestar o julgamento dos recursos especiais pertinentes.

14. É que os artigos 543-A e 543-B, do CPC, asseguram o sobrestamento de eventual recurso extraordinário, interposto contra acórdão proferido pelo STJ ou por outros tribunais, que verse sobre a controvérsia

de índole constitucional cuja repercussão geral tenha sido reconhecida pela Excelsa Corte (Precedentes do STJ: AgRg nos EREsp 863.702/RN, Rel. Ministra Laurita Vaz, Terceira Seção, julgado em 13.05.2009, DJe 27.05.2009; AgRg no Ag 1.087.650/SP, Rel. Ministro Benedito Gonçalves, Primeira Turma, julgado em 18.08.2009, DJe 31.08.2009; AgRg no REsp 1.078.878/SP, Rel. Ministro Luiz Fux, Primeira Turma, julgado em 18.06.2009, DJe 06.08.2009; AgRg no REsp 1.084.194/SP, Rel. Ministro Humberto Martins, Segunda Turma, julgado em 05.02.2009, DJe 26.02.2009; EDcl no AgRg nos EDcl no AgRg no REsp 805.223/RS, Rel. Ministro Arnaldo Esteves Lima, Quinta Turma, julgado em 04.11.2008, DJe 24.11.2008; EDcl no AgRg no REsp 950.637/MG, Rel. Ministro Castro Meira, Segunda Turma, julgado em 13.05.2008, DJe 21.05.2008; e AgRg nos EDcl no REsp 970.580/RN, Rel. Ministro Paulo Gallotti, Sexta Turma, julgado em 05.06.2008, DJe 29.09.2008).

15. Destarte, o sobrestamento do feito, ante o reconhecimento da repercussão geral do thema iudicandum, configura questão a ser apreciada tão somente no momento do exame de admissibilidade do apelo dirigido ao Pretório Excelso.

16. Recurso especial parcialmente provido, para declarar a incidência de correção monetária, pelo IPCA-E, no período compreendido entre a elaboração dos cálculos e o efetivo pagamento da requisição de pequeno valor – RPV, julgando-se prejudicados os embargos de declaração opostos pela recorrente contra a decisão que submeteu o recurso ao rito do artigo 543-C, do CPC. Acórdão submetido ao regime do artigo 543-C, do CPC, e da Resolução STJ 08/2008.

- (REsp 1143677/RS, Rel. Ministro LUIZ FUX, CORTE ESPECIAL, julgado em 02/12/2009, DJe 04/02/2010)

12.1.4 REsp repetitivo nº 1373292/PE: prazo prescricional aplicável à execução fiscal para cobrança de dívida ativa não-tributária relativa a crédito rural

PROCESSUAL CIVIL. RECURSO ESPECIAL REPRESENTATIVO DA CONTROVÉRSIA. ART. 543-C, DO CPC. AUSÊNCIA DE VIOLAÇÃO AO ART. 535, DO CPC. PRAZO PRESCRICIONAL APLICÁVEL À EXECUÇÃO FISCAL PARA A COBRANÇA DE DÍVIDA ATIVA NÃO-TRIBU-

TÁRIA RELATIVA A OPERAÇÃO DE CRÉDITO RURAL TRANSFERIDA À UNIÃO POR FORÇA DA MEDIDA PROVISÓRIA Nº 2.196-3/2001.

1. Não viola o art. 535, do CPC, o acórdão que decide de forma suficientemente fundamentada, não estando obrigada a Corte de Origem a emitir juízo de valor expresso a respeito de todas as teses e dispositivos legais invocados pelas partes.

2. Em discussão o prazo prescricional aplicável para o ajuizamento da execução fiscal de dívida ativa de natureza não tributária proveniente dos contratos de financiamento do setor agropecuário, respaldados em Cédulas de Crédito Rural (Cédula Rural Pignoratícia, Cédula Rural Hipotecária, Cédula Rural Pignoratícia e Hipotecária, Nota de Crédito Rural) ou os Contratos de Confissão de Dívidas, com garantias reais ou não, mediante escritura pública ou particular assinada por duas testemunhas, firmados pelos devedores originariamente com instituições financeiras e posteriormente adquiridos pela União, por força da Medida Provisória nº. 2.196-3/2001, e inscritos em dívida ativa para cobrança.

3. A União, cessionária do crédito rural, não executa a Cédula de Crédito Rural (ação cambial), mas a dívida oriunda de contrato de financiamento, razão pela qual pode se valer do disposto no art. 39, § 2º, da Lei 4.320/64 e, após efetuar a inscrição na sua dívida ativa, buscar sua satisfação por meio da Execução Fiscal (Lei 6.830/1980), não se aplicando o art. 70 da Lei Uniforme de Genebra (Decreto n. 57.663/1966), que fixa em 3 (três) anos a prescrição do título cambial, pois a prescrição da ação cambial não fulmina o próprio crédito, que poderá ser perseguido por outros meios, consoante o art. 60 do Decreto-lei nº. 167/67, c/c art. 48 do Decreto nº. 2.044/08. No mesmo sentido: REsp. n. 1.175.059 – SC, Segunda Turma, Rel. Min. Herman Benjamin, julgado em 05.08.2010; REsp. n. 1.312.506 – PE, Segunda Turma, Rel. Min. Mauro Campbell Marques, julgado em 24.04.2012.

4. No caso em apreço, não se aplicam os precedentes REsp. n. 1.105.442 – RJ, Primeira Seção, Rel. Min. Hamilton Carvalhido, julgado em 09.12.2009; e REsp 1.112.577/SP, Primeira Seção, Rel. Min. Castro Meira, julgado em 09.12.2009, que determinam a aplicação do prazo prescricional quinquenal previsto no Decreto n. 20.910/32, pois: 4.1. Os precedentes versam sobre multa administrativa que, por sua natureza, é

derivação própria do Poder de Império da Administração Pública, enquanto os presentes autos analisam débito proveniente de relação jurídica de Direito Privado que foi realizada voluntariamente pelo particular quando assinou contrato privado de financiamento rural; 4.2. No presente caso existem regras específicas, já que para regular o prazo prescricional do direito pessoal de crédito albergado pelo contrato de mútuo ("ação pessoal") vigeu o art. 177, do CC/16 (20 anos), e para regular a prescrição da pretensão para a cobrança de dívidas líquidas, em vigor o art. 206, §5º, I, do CC/2002 (5 anos). 4.3. Em se tratando de qualquer contrato onde a Administração Pública é parte, não existe isonomia perfeita, já que todos os contratos por ela celebrados (inclusive os de Direito Privado) sofrem as derrogações próprias das normas publicistas.

5. Desse modo, o regime jurídico aplicável ao crédito rural adquirido pela União sofre uma derrogação pontual inerente aos contratos privados celebrados pela Administração Pública em razão dos procedimentos de controle financeiro, orçamentário, contábil e de legalidade específicos a que se submete (Lei n. 4.320/64). São justamente esses controles que justificam a inscrição em dívida ativa da União, a utilização da Execução Fiscal para a cobrança do referido crédito, a possibilidade de registro no Cadastro Informativo de créditos não quitados do setor público federal (Cadin), as restrições ao fornecimento de Certidão Negativa de Débitos e a incidência do Decreto-Lei n. 1.025/1969 (encargo legal).

6. Sendo assim, para os efeitos próprios do art. 543-C, do CPC: "ao crédito rural cujo contrato tenha sido celebrado sob a égide do Código Civil de 1916, aplica-se o prazo prescricional de 20 (vinte) anos (prescrição das ações pessoais – direito pessoal de crédito), a contar da data do vencimento, consoante o disposto no art. 177, do CC/16, para que dentro dele (observado o disposto no art. 2º, §3º da LEF) sejam feitos a inscrição e o ajuizamento da respectiva execução fiscal. Sem embargo da norma de transição prevista no art. 2.028 do CC/2002".

7. Também para os efeitos próprios do art. 543-C, do CPC: "para o crédito rural cujo contrato tenha sido celebrado sob a égide do Código Civil de 2002, aplica-se o prazo prescricional de 5 (cinco) anos (prescrição da pretensão para a cobrança de dívidas líquidas constantes de instrumento público ou particular), a contar da data do vencimento, consoante o disposto no art. 206, §5º, I, do CC/2002, para que dentro dele (observado

o disposto no art. 2º, §3º da LEF) sejam feitos a inscrição em dívida ativa e o ajuizamento da respectiva execução fiscal".

8. Caso concreto em que o contrato de mútuo foi celebrado na forma de Nota de Crédito Rural sob a égide do Código Civil de 1916 (e-STJ fls. 139-141). Desse modo, o prazo prescricional para a cobrança do mútuo como relação jurídica subjacente inicialmente era o de 20 anos (art. 177 do CC/16). No entanto, a obrigação em execução restou vencida em 31.10.2002, ou seja, aplicando-se a norma de transição do art. 2.028 do CC/2002, muito embora vencida a dívida antes do início da vigência do CC/2002 (11.01.2003), não havia transcorrido mais da metade do tempo estabelecido na lei revogada (10 anos). Sendo assim, o prazo aplicável é o da lei nova, 5 (cinco) anos, em razão do art. 206, §5º, I, do CC/2002, a permitir o ajuizamento da execução até o dia 31.10.2007. Como a execução foi ajuizada em 07.02.2007, não houve a prescrição, devendo a execução ser retomada na origem.

9. Recurso especial conhecido e parcialmente provido. Acórdão submetido ao regime do art. 543-C do CPC e da Resolução STJ 08/2008.

- (REsp 1373292/PE, Rel. Ministro MAURO CAMPBELL MARQUES, PRIMEIRA SEÇÃO, julgado em 22/10/2014, DJe 04/08/2015)

12.1.5 REsp repetitivo nº 1371128/RS: redirecionamento da execução fiscal de dívida ativa não-tributária quando da dissolução irregular da pessoa jurídica

PROCESSUAL CIVIL. TRIBUTÁRIO. RECURSO ESPECIAL REPRESENTATIVO DA CONTROVÉRSIA. ART. 543-C, DO CPC. REDIRECIONAMENTO DE EXECUÇÃO FISCAL DE DÍVIDA ATIVA NÃO-TRIBUTÁRIA EM VIRTUDE DE DISSOLUÇÃO IRREGULAR DE PESSOA JURÍDICA. POSSIBILIDADE. ART. 10, DO DECRETO N. 3.078/19 E ART. 158, DA LEI N. 6.404/78 – LSA C/C ART. 4º, V, DA LEI N. 6.830/80 – LEF.

1. A mera afirmação da Defensoria Pública da União – DPU de atuar em vários processos que tratam do mesmo tema versado no recurso representativo da controvérsia a ser julgado não é suficiente para caracterizar-lhe a condição de amicus curiae. Precedente: REsp.

1.333.977/MT, Segunda Seção, Rel. Min. Isabel Gallotti, julgado em 26.02.2014.

2. Consoante a Súmula n. 435/STJ: "Presume-se dissolvida irregularmente a empresa que deixar de funcionar no seu domicílio fiscal, sem comunicação aos órgãos competentes, legitimando o redirecionamento da execução fiscal para o sócio-gerente".

3. É obrigação dos gestores das empresas manter atualizados os respectivos cadastros, incluindo os atos relativos à mudança de endereço dos estabelecimentos e, especialmente, referentes à dissolução da sociedade. A regularidade desses registros é exigida para que se demonstre que a sociedade dissolveu-se de forma regular, em obediência aos ritos e formalidades previstas nos arts. 1.033 à 1.038 e arts. 1.102 a 1.112, todos do Código Civil de 2002 – onde é prevista a liquidação da sociedade com o pagamento dos credores em sua ordem de preferência – ou na forma da Lei n. 11.101/2005, no caso de falência. A desobediência a tais ritos caracteriza infração à lei.

4. Não há como compreender que o mesmo fato jurídico "dissolução irregular" seja considerado ilícito suficiente ao redirecionamento da execução fiscal de débito tributário e não o seja para a execução fiscal de débito não-tributário. "Ubi eadem ratio ibi eadem legis dispositio". O suporte dado pelo art. 135, III, do CTN, no âmbito tributário é dado pelo art. 10, do Decreto n. 3.078/19 e art. 158, da Lei n. 6.404/78 – LSA no âmbito não-tributário, não havendo, em nenhum dos casos, a exigência de dolo.

5. Precedentes: REsp. n. 697108 / MG, Primeira Turma, Rel. Min. Teori Albino Zavascki, julgado em 28.04.2009; REsp. n. 657935 / RS , Primeira Turma, Rel. Min. Teori Albino Zavascki, julgado em 12.09.2006; AgRg no AREsp 8.509/SC, Rel. Min. Humberto Martins, Segunda Turma, DJe 4.10.2011; REsp 1272021 / RS, Segunda Turma, Rel. Min. Mauro Campbell Marques, julgado em 07.02.2012; REsp 1259066/SP, Terceira Turma, Rel. Min. Nancy Andrighi, DJe 28/06/2012; REsp.n. º 1.348.449 – RS, Quarta Turma, Rel. Min. Luis Felipe Salomão, julgado em 11.04.2013; AgRg no AG nº 668.190 – SP, Terceira Turma, Rel. Min. Ricardo Villas Bôas Cueva, julgado em 13.09.2011; REsp. n.º 586.222 – SP, Quarta Turma, Rel. Min. Luis Felipe Salomão, julgado em 23.11.2010; REsp 140564 / SP, Quarta Turma, Rel. Min. Barros Monteiro, julgado em 21.10.2004.

6. Caso em que, conforme o certificado pelo oficial de justiça, a pessoa jurídica executada está desativada desde 2004, não restando bens a serem penhorados. Ou seja, além do encerramento irregular das ativi-

dades da pessoa jurídica, não houve a reserva de bens suficientes para o pagamento dos credores.

7. Recurso especial provido. Acórdão submetido ao regime do art. 543-C do CPC e da Resolução STJ 08/2008.

- (REsp 1371128/RS, Rel. Ministro MAURO CAMPBELL MARQUES, PRIMEIRA SEÇÃO, julgado em 10/09/2014, DJe 17/09/2014)

12.1.6 REsp repetitivo nº 1406296/RS: (não) incidência de honorários advocatícios nas execuções não embargadas quando há renúncia superveniente do excedente ao limite constitucional e legal para pagamento por meio de precatórios, a fim de garantir o pagamento por meio de requisição de pequeno valor

RECURSO ESPECIAL. MATÉRIA REPETITIVA. ART. 543-C DO CPC E RESOLUÇÃO STJ 8/2008. RECURSO REPRESENTATIVO DE CONTROVÉRSIA. EXECUÇÃO NÃO EMBARGADA CONTRA A FAZENDA PÚBLICA. PROCESSAMENTO INICIAL SOB O RITO DO PRECATÓRIO. RENÚNCIA SUPERVENIENTE DO EXCEDENTE AO LIMITE. RPV. HONORÁRIOS. NÃO CABIMENTO.

1. A controvérsia consiste em verificar o cabimento da fixação de honorários advocatícios em Execução promovida sob o rito do art. 730 do CPC, não embargada contra a Fazenda Pública, na hipótese em que a parte renuncia posteriormente ao excedente previsto no art. 87 do ADCT, para fins de expedição de Requisição de Pequeno Valor (RPV).

2. Nos moldes da interpretação conforme a Constituição estabelecida pelo STF no RE 420.816/PR (Relator Min. Carlos Velloso, Relator p/ Acórdão: Ministro Sepúlveda Pertence, Tribunal Pleno, DJ 10.12.2006), a Execução contra a Fazenda Pública, processada inicialmente sob o rito do precatório (art. 730 do CPC), sofre a incidência do art. 1°-D da Lei 9.494/1997 ("Não serão devidos honorários advocatícios pela Fazenda Pública nas execuções não embargadas"). No mesmo sentido as seguintes decisões da Corte Suprema: RE 679.164 AgR, Relator Ministro Luiz Fux, Primeira Turma, DJe-042 de 4.3.2013; RE 649.274, AgR-segundo, Relator Ministro Luiz Fux, Primeira Turma, DJe-022 de 31.1.2013; RE 599.260 ED, Relator Ministro Celso de Mello (decisão monocrática), DJe-105 de 4.6.2013; RE 724.774, Relator: Min. Ricardo Lewandowski (decisão mo-

nocrática), DJe-123 de 26.6.2013; RE 668.983, Relatora Ministra Cármen Lúcia (decisão monocrática), DJe-102 de 29.5.2013; RE 729.674, Relator Ministro Dias Toffoli, DJe-193 de 1º.10.2013.

3. O STJ realinhou sua jurisprudência à posição do STF no julgamento do REsp 1.298.986/RS (Rel. Ministro Herman Benjamin, Primeira Seção, DJe 5.12.2013).

4. A renúncia ao valor excedente ao previsto no art. 87 do ADCT, manifestada após a propositura da demanda executiva, não autoriza o arbitramento dos honorários, porquanto, à luz do princípio da causalidade, a Fazenda Pública não provocou a instauração da Execução, uma vez que se revelava inicialmente impositiva a observância do art. 730 CPC, segundo a sistemática do pagamento de precatórios. Como não foram opostos Embargos à Execução, tem, portanto, plena aplicação o art. 1º-D da Lei 9.494/1997. No mesmo sentido: REsp 1.386.888/RS, Rel. Ministra Eliana Calmon, DJe 18.9.2013; REsp 1.406.732/RS, Rel. Ministra Eliana Calmon, Segunda Turma, DJe 7.2.2014; AgRg no REsp 1.411.180/RS, Rel. Ministro Mauro Campbell Marques, Segunda Turma, DJe 11.12.2013.

5. Recurso Especial não provido. Acórdão submetido ao regime do art. 543-C do CPC e da Resolução 8/2008 do STJ.

- (REsp 1406296/RS, Rel. Ministro HERMAN BENJAMIN, PRIMEIRA SEÇÃO, julgado em 26/02/2014, DJe 19/03/2014)

12.1.7 REsp repetitivo nº 1372243/SE: possibilidade de emenda da certidão de dívida ativa

TRIBUTÁRIO E PROCESSUAL CIVIL. RECURSO ESPECIAL REPRESENTATIVO DA CONTROVÉRSIA. ART. 543-C DO CPC. RESOLUÇÃO N. 8/2008 DO STJ. EXECUÇÃO FISCAL AJUIZADA CONTRA PESSOA JURÍDICA EMPRESARIAL. FALÊNCIA DECRETADA ANTES DA PROPOSITURA DA AÇÃO EXECUTIVA. CORREÇÃO DO POLO PASSIVO DA DEMANDA E DA CDA. POSSIBILIDADE, A TEOR DO DISPOSTO NOS ARTS. 284 DO CPC E 2º, § 8º, DA LEI N. 6.830/80. HOMENAGEM AOS PRINCÍPIOS DA CELERIDADE E ECONOMIA PROCESSUAL. INEXISTÊNCIA DE VIOLAÇÃO DA ORIENTAÇÃO FIXADA PELA SÚMULA 392 DO SUPERIOR TRIBUNAL DE JUSTIÇA.

1. Na forma dos precedentes deste Superior Tribunal de Justiça, "a mera decretação da quebra não implica extinção da personalidade jurídica do estabelecimento empresarial. Ademais, a massa falida tem exclusivamente personalidade judiciária, sucedendo a empresa em todos os seus direitos e obrigações. Em consequência, o ajuizamento contra a pessoa jurídica, nessas condições, constitui mera irregularidade, sanável nos termos do art. 284 do CPC e do art. 2º, § 8º, da Lei 6.830/1980" (REsp 1.192.210/RJ, Rel. Min. Herman Benjamin, Segunda Turma, DJe 4/2/2011).

2. De fato, por meio da ação falimentar, instaura-se processo judicial de concurso de credores, no qual será realizado o ativo e liquidado o passivo, para, após, confirmados os requisitos estabelecidos pela legislação, promover-se a dissolução da pessoa jurídica, com a extinção da respectiva personalidade. A massa falida, como se sabe, não detém personalidade jurídica, mas personalidade judiciária – isto é, atributo que permite a participação nos processos instaurados pela empresa, ou contra ela, no Poder Judiciário. Nesse sentido: REsp 1.359.041/SE, Rel. Ministro Castro Meira, Segunda Turma, julgado em 18/6/2013, DJe 28/6/2013; e EDcl no REsp 1.359.259/SE, Rel. Ministro Mauro Campbell Marques, Segunda Turma, julgado em 2/5/2013, DJe 7/5/2013.

3. Desse modo, afigura-se equivocada a compreensão segundo a qual a retificação da identificação do polo processual – com o propósito de fazer constar a informação de que a parte executada se encontra em estado falimentar – implicaria modificação ou substituição do polo passivo da obrigação fiscal.

4. Por outro lado, atentaria contra os princípios da celeridade e da economia processual a imediata extinção do feito, sem que se facultasse, previamente, à Fazenda Pública oportunidade para que procedesse às retificações necessárias na petição inicial e na CDA.

5. Nesse sentido, é de se promover a correção da petição inicial, e, igualmente, da CDA, o que se encontra autorizado, a teor do disposto, respectivamente, nos arts. 284 do CPC e 2º, § 8º, da Lei n. 6.830/80.

6. Por fim, cumpre pontuar que o entendimento ora consolidado por esta Primeira Seção não viola a orientação fixada pela Súmula 392 do Superior Tribunal Justiça, mas tão somente insere o equívoco ora debatido na extensão do que se pode compreender por "erro material ou formal", e não como "modificação do sujeito passivo da execução", expressões essas empregadas pelo referido precedente sumular.

7. Recurso especial provido para, afastada, no caso concreto, a tese de ilegitimidade passiva ad causam, determinar o retorno dos autos ao Juízo de origem, a fim de que, facultada à exequente a oportunidade para emendar a inicial, com base no disposto no art. 284 do CPC, dê prosseguimento ao feito como entender de direito. Acórdão submetido ao regime estatuído pelo art. 543-C do CPC e Resolução STJ 8/2008.

- (REsp 1372243/SE, Rel. Ministro NAPOLEÃO NUNES MAIA FILHO, Rel. p/ Acórdão Ministro OG FERNANDES, PRIMEIRA SEÇÃO, julgado em 11/12/2013, DJe 21/03/2014)

12.1.8 REsp repetitivo nº 1347736/RS: possibilidade de execução de forma autônoma dos honorários de sucumbência mediante requisição de pequeno valor quando o valor principal da condenação seguir o regime dos precatórios.

CONSTITUCIONAL, ADMINISTRATIVO E PROCESSUAL CIVIL. RECURSO ESPECIAL REPRESENTATIVO DE CONTROVÉRSIA. ART. 543-C DO CPC E RESOLUÇÃO STJ N. 8/2008. EXECUÇÃO CONTRA A FAZENDA PÚBLICA. HONORÁRIOS ADVOCATÍCIOS. DESMEMBRAMENTO DO MONTANTE PRINCIPAL SUJEITO A PRECATÓRIO. ADOÇÃO DE RITO DISTINTO (RPV). POSSIBILIDADE. DA NATUREZA DOS HONORÁRIOS ADVOCATÍCIOS.

1. No direito brasileiro, os honorários de qualquer espécie, inclusive os de sucumbência, pertencem ao advogado; e o contrato, a decisão e a sentença que os estabelecem são títulos executivos, que podem ser executados autonomamente, nos termos dos arts. 23 e 24, § 1º, da Lei 8.906/1994, que fixa o estatuto da Ordem dos Advogados do Brasil.

2. A sentença definitiva, ou seja, em que apreciado o mérito da causa, constitui, basicamente, duas relações jurídicas: a do vencedor em face do vencido e a deste com o advogado da parte adversa. Na primeira relação, estará o vencido obrigado a dar, fazer ou deixar de fazer alguma coisa em favor do seu adversário processual. Na segunda, será imposto ao vencido o dever de arcar com os honorários sucumbenciais em favor dos advogados do vencedor.

3. Já na sentença terminativa, como o processo é extinto sem resolução de mérito, forma-se apenas a segunda relação, entre o advogado e a parte que deu causa ao processo, o que revela não haver acessoriedade

necessária entre as duas relações. Assim, é possível que exista crédito de honorários independentemente da existência de crédito "principal" titularizado pela parte vencedora da demanda.

4. Os honorários, portanto, constituem direito autônomo do causídico, que poderá executá-los nos próprios autos ou em ação distinta.

5. Diz-se que os honorários são créditos acessórios porque não são o bem da vida imediatamente perseguido em juízo, e não porque dependem de um crédito dito "principal". Assim, não é correto afirmar que a natureza acessória dos honorários impede que se adote procedimento distinto do que for utilizado para o crédito "principal". Art. 100, § 8º, da CF.

6. O art. 100, § 8º, da CF não proíbe, nem mesmo implicitamente, que a execução dos honorários se faça sob regime diferente daquele utilizado para o crédito dito "principal". O dispositivo tem por propósito evitar que o exequente se utilize de maneira simultânea – mediante fracionamento ou repartição do valor executado – de dois sistemas de satisfação do crédito (requisição de pequeno valor e precatório).

7. O fracionamento vedado pela norma constitucional toma por base a titularidade do crédito. Assim, um mesmo credor não pode ter seu crédito satisfeito por RPV e precatório, simultaneamente. Nada impede, todavia, que dois ou mais credores, incluídos no polo ativo da mesma execução, possam receber seus créditos por sistemas distintos (RPV ou precatório), de acordo com o valor que couber a cada qual.

8. Sendo a execução promovida em regime de litisconsórcio ativo voluntário, a aferição do valor, para fins de submissão ao rito da RPV (art. 100, § 3º da CF/88), deve levar em conta o crédito individual de cada exequente. Precedentes de ambas as Turmas de Direito Público do STJ.

9. Optando o advogado por executar os honorários nos próprios autos, haverá regime de litisconsórcio ativo facultativo (já que poderiam ser executados autonomamente) com o titular do crédito dito "principal".

10. Assim, havendo litisconsórcio ativo voluntário entre o advogado e seu cliente, a aferição do valor, para fins de submissão ao rito da RPV, deve levar em conta o crédito individual de cada exequente, nos termos da jurisprudência pacífica do STJ.

11. O fracionamento proscrito pela regra do art. 100, § 8º, da CF ocorreria apenas se o advogado pretendesse receber seus honorários de

sucumbência parte em requisição de pequeno valor e parte em precatório. Limitando-se o advogado a requerer a expedição de RPV, quando seus honorários não excederam ao teto legal, não haverá fracionamento algum da execução, mesmo que o crédito do seu cliente siga o regime de precatório. E não ocorrerá fracionamento porque assim não pode ser considerada a execução de créditos independentes, a exemplo do que acontece nas hipóteses de litisconsórcio ativo facultativo, para as quais a jurisprudência admite que o valor da execução seja considerado por credor individualmente considerado. RE 564.132/RS, submetido ao rito da repercussão geral .

12. No RE 564.132/RS, o Estado do Rio Grande do Sul insurge-se contra decisão do Tribunal de Justiça local que assegurou ao advogado do exequente o direito de requisitar os honorários de sucumbência por meio de requisição de pequeno valor, enquanto o crédito dito "principal" seguiu a sistemática dos precatórios. Esse recurso foi submetido ao rito da repercussão geral, considerando a existência de interpretações divergentes dadas ao art. 100, § 8º, da CF.

13. Em 3.12.2008, iniciou-se o julgamento do apelo, tendo o relator, Ministro Eros Grau, negado provimento ao recurso, acompanhado pelos votos dos Ministros Menezes Direito, Cármen Lúcia, Ricardo Lewandowski e Carlos Ayres Brito. O Ministro Cezar Peluso abriu a divergência ao dar provimento ao recurso. Pediu vista a Ministra Ellen Gracie. Com a aposentadoria de Sua Excelência, os autos foram conclusos ao Min. Luiz Fux em 23.4.2012.

14. Há, portanto, uma maioria provisória, admitindo a execução de forma autônoma dos honorários de sucumbência mediante RPV, mesmo quando o valor "principal" seguir o regime dos precatórios.

15. Não há impedimento constitucional, ou mesmo legal, para que os honorários advocatícios, quando não excederem ao valor limite, possam ser executados mediante RPV, ainda que o crédito dito "principal" observe o regime dos precatórios. Esta é, sem dúvida, a melhor exegese para o art. 100, § 8º, da CF, e por tabela para os arts. 17, § 3º, da Lei 10.259/2001 e 128, § 1º, da Lei 8.213/1991, neste recurso apontados como malferidos.

16. Recurso especial não provido. Acórdão sujeito ao regime do art. 543-C do CPC e da Resolução STJ n. 8/2008.

- (REsp 1347736/RS, Rel. Ministro CASTRO MEIRA, Rel. p/ Acórdão Ministro HERMAN BENJAMIN, PRIMEIRA SEÇÃO, julgado em 09/10/2013, DJe 15/04/2014)

12.1.9 REsp repetitivo nº 1363163/SP: inaplicabilidade do art. 20, da Lei 10.522/2002 às execuções fiscais propostas pelos Conselhos Regionais de Fiscalização Profissional (arquivamento sem baixa das execuções de valores inferiores a R$10.000,00)

PROCESSUAL CIVIL. RECURSO ESPECIAL. EXECUÇÃO FISCAL. CONSELHOS DE FISCALIZAÇÃO PROFISSIONAL. DÉBITOS COM VALORES INFERIORES A R$ 10.000,00. ARQUIVAMENTO SEM BAIXA. IMPOSSIBILIDADE. ARTIGO 20, DA LEI 10.522/02. INAPLICABILIDADE. LEI 12.514/11. PRINCÍPIO DA ESPECIALIDADE. RECURSO ESPECIAL REPETITIVO, SUJEITO AO REGIME DO ARTIGO 543-C, DO CPC.

1. Recurso especial no qual se debate a possibilidade de aplicação do artigo 20 da Lei 10.522/02 às execuções fiscais propostas pelos Conselhos Regionais de Fiscalização Profissional.

2. Da simples leitura do artigo em comento, verifica-se que a determinação nele contida, de arquivamento, sem baixa, das execuções fiscais referentes aos débitos com valores inferiores a R$ 10.000,00 (dez mil reais) destina-se exclusivamente aos débitos inscritos como dívida ativa da União, pela Procuradoria da Fazenda Nacional ou por ela cobrados.

3. A possibilidade / necessidade de arquivamento do feito em razão do valor da execução fiscal foi determinada pela Lei 10.522/02, mediante critérios específicos dos débitos de natureza tributária cuja credora é a União, dentre os quais os custos gerados para a administração pública para a propositura e o impulso de demandas desta natureza, em comparação com os benefícios pecuniários que poderão advir de sua procedência.

4. Não há falar em aplicação, por analogia, do referido dispositivo legal aos Conselhos de Fiscalização Profissional, ainda que se entenda que as mencionadas entidades tenham natureza de autarquias, mormente porque há regra específica destinada às execuções fiscais propostas pelos Conselhos de Fiscalização Profissional, prevista pelo artigo 8º da Lei n. 12.514/2011, a qual, pelo Princípio da Especialidade, deve ser aplicada no caso concreto.

5. A submissão dos Conselhos de fiscalização profissional ao regramento do artigo 20 da Lei 10.522/02 configura, em última análise, vedação ao direito de acesso ao poder judiciário e à obtenção da tutela jurisdicional adequada, assegurados constitucionalmente, uma vez que

cria obstáculo desarrazoado para que as entidades em questão efetuem as cobranças de valores aos quais têm direito.

6. Recurso especial provido. Acórdão sujeito ao regime do artigo 543-C, do CPC.

- (REsp 1363163/SP, Rel. Ministro BENEDITO GONÇALVES, PRIMEIRA SEÇÃO, julgado em 11/09/2013, DJe 30/09/2013)

12.1.10 REsp repetitivo nº 1330473/SP: execuções fiscais propostas pelos Conselhos Regionais de Fiscalização Profissional e prerrogativa de intimação pessoal dos representantes judiciais respectivos.

ADMINISTRATIVO. RECURSO ESPECIAL REPRESENTATIVO DA CONTROVÉRSIA (ART. 543-C DO CPC). EXECUÇÃO FISCAL. CONSELHO DE FISCALIZAÇÃO PROFISSIONAL. INTIMAÇÃO PESSOAL. ART. 25 DA LEI 6.830/80. RECURSO CONHECIDO E PROVIDO.

1. Em execução fiscal ajuizada por Conselho de Fiscalização Profissional, seu representante judicial possui a prerrogativa de ser pessoalmente intimado, conforme disposto no art. 25 da Lei 6.830/80.

2. Recurso especial conhecido e provido. Acórdão submetido ao regime do art. 543-C do CPC e da Resolução STJ 8/08.

- (REsp 1330473/SP, Rel. Ministro ARNALDO ESTEVES LIMA, PRIMEIRA SEÇÃO, julgado em 12/06/2013, DJe 02/08/2013)

12.1.11 REsp repetitivo nº 1337790/PR: possibilidade da Fazenda Pública recusar o oferecimento de precatório à penhora na execução fiscal

PROCESSUAL CIVIL. EXECUÇÃO FISCAL. NOMEAÇÃO DE BENS À PENHORA. PRECATÓRIO. DIREITO DE RECUSA DA FAZENDA PÚBLICA. ORDEM LEGAL. SÚMULA 406/STJ. ADOÇÃO DOS MESMOS FUNDAMENTOS DO RESP 1.090.898/SP (REPETITIVO), NO QUAL SE DISCUTIU A QUESTÃO DA SUBSTITUIÇÃO DE BENS PENHORADOS. PRECEDENTES DO STJ.

1. Cinge-se a controvérsia principal a definir se a parte executada, ainda que não apresente elementos concretos que justifiquem a incidência do princípio da menor onerosidade (art. 620 do CPC), possui direito sub-

jetivo à aceitação do bem por ela nomeado à penhora em Execução Fiscal, em desacordo com a ordem estabelecida nos arts. 11 da Lei 6.830/1980 e 655 do CPC.

2. Não se configura a ofensa ao art. 535 do Código de Processo Civil, uma vez que o Tribunal de origem julgou integralmente a lide e solucionou a divergência, tal como lhe foi apresentada.

3. Merece acolhida o pleito pelo afastamento da multa nos termos do art. 538, parágrafo único, do CPC, uma vez que, na interposição dos Embargos de Declaração, a parte manifestou a finalidade de provocar o prequestionamento. Assim, aplica-se o disposto na Súmula 98/STJ: "Embargos de declaração manifestados com notório propósito de prequestionamento não têm caráter protelatório".

4. A Primeira Seção do STJ, em julgamento de recurso repetitivo, concluiu pela possibilidade de a Fazenda Pública recusar a substituição do bem penhorado por precatório (REsp 1.090.898/SP, Rel. Ministro Castro Meira, DJe 31.8.2009). No mencionado precedente, encontra-se como fundamento decisório a necessidade de preservar a ordem legal conforme instituído nos arts. 11 da Lei 6.830/1980 e 655 do CPC.

5. A mesma ratio decidendi tem lugar in casu, em que se discute a preservação da ordem legal no instante da nomeação à penhora.

6. Na esteira da Súmula 406/STJ ("A Fazenda Pública pode recusar a substituição do bem penhorado por precatório"), a Fazenda Pública pode apresentar recusa ao oferecimento de precatório à penhora, além de afirmar a inexistência de preponderância, em abstrato, do princípio da menor onerosidade para o devedor sobre o da efetividade da tutela executiva. Exige-se, para a superação da ordem legal prevista no art. 655 do CPC, firme argumentação baseada em elementos do caso concreto. Precedentes do STJ.

7. Em suma: em princípio, nos termos do art. 9°, III, da Lei 6.830/1980, cumpre ao executado nomear bens à penhora, observada a ordem legal. É dele o ônus de comprovar a imperiosa necessidade de afastá-la, e, para que essa providência seja adotada, mostra-se insuficiente a mera invocação genérica do art. 620 do CPC.

8. Diante dessa orientação, e partindo da premissa fática delineada pelo Tribunal a quo, que atestou a "ausência de motivos para que (...) se inobservasse a ordem de preferência dos artigos 11 da LEF e 655 do

CPC, notadamente por nem mesmo haver sido alegado pela executada impossibilidade de penhorar outros bens (...)" – fl. 149, não se pode acolher a pretensão recursal.

9. Recurso Especial parcialmente provido apenas para afastar a multa do art. 538, parágrafo único, do CPC. Acórdão submetido ao regime do art. 543-C do CPC e da Resolução 8/2008 do STJ.

- (REsp 1337790/PR, Rel. Ministro HERMAN BENJAMIN, PRIMEIRA SEÇÃO, julgado em 12/06/2013, DJe 07/10/2013)

12.1.12 REsp repetitivo nº 1272827/PE: Aplicabilidade do art. 739-A, §1º do CPC/73 à execução fiscal

PROCESSUAL CIVIL. TRIBUTÁRIO. RECURSO REPRESENTATIVO DA CONTROVÉRSIA. ART. 543-C, DO CPC. APLICABILIDADE DO ART. 739-A, §1º, DO CPC ÀS EXECUÇÕES FISCAIS. NECESSIDADE DE GARANTIA DA EXECUÇÃO E ANÁLISE DO JUIZ A RESPEITO DA RELEVÂNCIA DA ARGUMENTAÇÃO (FUMUS BONI JURIS) E DA OCORRÊNCIA DE GRAVE DANO DE DIFÍCIL OU INCERTA REPARAÇÃO (PERICULUM IN MORA) PARA A CONCESSÃO DE EFEITO SUSPENSIVO AOS EMBARGOS DO DEVEDOR OPOSTOS EM EXECUÇÃO FISCAL.

1. A previsão no ordenamento jurídico pátrio da regra geral de atribuição de efeito suspensivo aos embargos do devedor somente ocorreu com o advento da Lei n. 8.953, de 13, de dezembro de 1994, que promoveu a reforma do Processo de Execução do Código de Processo Civil de 1973 (Lei n. 5.869, de 11 de janeiro de 1973 - CPC/73), nele incluindo o §1º do art. 739, e o inciso I do art. 791.

2. Antes dessa reforma, e inclusive na vigência do Decreto-lei n. 960, de 17 de dezembro de 1938, que disciplinava a cobrança judicial da dívida ativa da Fazenda Pública em todo o território nacional, e do Código de Processo Civil de 1939 (Decreto-lei n. 1.608/39), nenhuma lei previa expressamente a atribuição, em regra, de efeitos suspensivos aos embargos do devedor, somente admitindo-os excepcionalmente. Em razão disso, o efeito suspensivo derivava de construção doutrinária que, posteriormente, quando suficientemente amadurecida, culminou no projeto que foi convertido na citada Lei n. 8.953/94, conforme o evidencia sua Exposição de Motivos - Mensagem n. 237, de 7 de maio de 1993, DOU de 12.04.1994, Seção II, p. 1696.

3. Sendo assim, resta evidente o equívoco da premissa de que a LEF e a Lei n. 8.212/91 adotaram a postura suspensiva dos embargos do devedor antes mesmo de essa postura ter sido adotada expressamente pelo próprio CPC/73, com o advento da Lei n. 8.953/94, fazendo tábula rasa da história legislativa.

4. Desta feita, à luz de uma interpretação histórica e dos princípios que nortearam as várias reformas nos feitos executivos da Fazenda Pública e no próprio Código de Processo Civil de 1973, mormente a eficácia material do feito executivo a primazia do crédito público sobre o privado e a especialidade das execuções fiscais, é ilógico concluir que a Lei n. 6.830 de 22 de setembro de 1980 – Lei de Execuções Fiscais – LEF e o art. 53, §4º da Lei n. 8.212, de 24 de julho de 1991, foram em algum momento ou são incompatíveis com a ausência de efeito suspensivo aos embargos do devedor. Isto porque quanto ao regime dos embargos do devedor invocavam – com derrogações específicas sempre no sentido de dar maiores garantias ao crédito público – a aplicação subsidiária do disposto no CPC/73 que tinha redação dúbia a respeito, admitindo diversas interpretações doutrinárias.

5. Desse modo, tanto a Lei n. 6.830/80 – LEF quanto o art. 53, §4º da Lei n. 8.212/91 não fizeram a opção por um ou outro regime, isto é, são compatíveis com a atribuição de efeito suspensivo ou não aos embargos do devedor. Por essa razão, não se incompatibilizam com o art. 739-A do CPC/73 (introduzido pela Lei 11.382/2006) que condiciona a atribuição de efeitos suspensivos aos embargos do devedor ao cumprimento de três requisitos: apresentação de garantia; verificação pelo juiz da relevância da fundamentação (fumus boni juris) e perigo de dano irreparável ou de difícil reparação (periculum in mora).

6. Em atenção ao princípio da especialidade da LEF, mantido com a reforma do CPC/73, a nova redação do art. 736, do CPC dada pela Lei n. 11.382/2006 – artigo que dispensa a garantia como condicionante dos embargos – não se aplica às execuções fiscais diante da presença de dispositivo específico, qual seja o art. 16, §1º da Lei n. 6.830/80, que exige expressamente a garantia para a apresentação dos embargos à execução fiscal.

7. Muito embora por fundamentos variados – ora fazendo uso da interpretação sistemática da LEF e do CPC/73, ora trilhando o inovador caminho da teoria do "Diálogo das Fontes", ora utilizando-se de interpre-

tação histórica dos dispositivos (o que se faz agora) – essa conclusão tem sido a alcançada pela jurisprudência predominante, conforme ressoam os seguintes precedentes de ambas as Turmas deste Superior Tribunal de Justiça. Pela Primeira Turma: AgRg no Ag 1381229 / PR, Primeira Turma, Rel. Min. Arnaldo Esteves Lima, julgado em 15.12.2011; AgRg no REsp 1.225.406 / PR, Primeira Turma, Rel. Min. Hamilton Carvalhido, julgado em 15.02.2011; AgRg no REsp 1.150.534 / MG, Primeira Turma, Rel. Min. Benedito Gonçalves, julgado em 16.11.2010; AgRg no Ag 1.337.891 / SC, Primeira Turma, Rel. Min. Luiz Fux, julgado em 16.11.2010; AgRg no REsp 1.103.465 / RS, Primeira Turma, Rel. Min. Francisco Falcão, julgado em 07.05.2009. Pela Segunda Turma: AgRg nos EDcl no Ag n. 1.389.866/PR, Segunda Turma, Rei. Min. Humberto Martins,DJe de 21.9.2011; REsp, n. 1.195.977/RS, Segunda Turma, Rei. Min. Mauro Campbell Marques, julgado em 17/08/2010; AgRg no Ag n. 1.180.395/AL, Segunda Turma, Rei. Min. Castro Meira, DJe 26.2.2010; REsp, n, 1.127.353/SC, Segunda Turma, Rei. Min. Eliana Calmon, DJe 20.11.2009; REsp, 1.024.128/PR, Segunda Turma, Rei. Min. Herman Benjamin, DJe de 19.12.2008.

8. Superada a linha jurisprudencial em sentido contrário inaugurada pelo REsp. n. 1.178.883 - MG, Primeira Turma, Rel. Min. Teori Albino Zavascki, julgado em 20.10.2011 e seguida pelo AgRg no REsp 1.283.416 / AL, Primeira Turma, Rel. Min. Napoleão Nunes Maia Filho, julgado em 02.02.2012; e pelo REsp 1.291.923 / PR, Primeira Turma, Rel. Min. Benedito Gonçalves, julgado em 01.12.2011.

9. Recurso especial provido. Acórdão submetido ao regime do art. 543-C, do CPC, e da Resolução STJ n. 8/2008.

- (REsp 1272827/PE, Rel. Ministro MAURO CAMPBELL MARQUES, PRIMEIRA SEÇÃO, julgado em 22/05/2013, DJe 31/05/2013)

12.1.13 REsp repetitivo nº 1268324/PA: intimação pessoal do representante da Fazenda Pública Municipal na execução fiscal e nos embargos no primeiro e no segundo grau de jurisdição

PROCESSUAL CIVIL. RECURSO ESPECIAL. EXECUÇÃO FISCAL E EMBARGOS DO DEVEDOR. INTIMAÇÃO PESSOAL DO REPRESENTANTE DA FAZENDA PÚBLICA MUNICIPAL. PRERROGATIVA QUE TAMBÉM É ASSEGURADA NO SEGUNDO GRAU DE JURISDIÇÃO.

1. O representante da Fazenda Pública Municipal (caso dos autos), em sede de execução fiscal e respectivos embargos, possui a prerrogativa de ser intimado pessoalmente, em virtude do disposto no art. 25 da Lei 6.830/80, sendo que tal prerrogativa também é assegurada no segundo grau de jurisdição, razão pela qual não é válida, nessa situação, a intimação efetuada, exclusivamente, por meio da imprensa oficial ou carta registrada.

2. Recurso especial provido. Acórdão sujeito ao regime previsto no art. 543-C do CPC, c/c a Resolução 8/2008 - Presidência/STJ.

- (REsp 1268324/PA, Rel. Ministro MAURO CAMPBELL MARQUES, CORTE ESPECIAL, julgado em 17/10/2012, DJe 21/11/2012)

12.1.14 REsp repetitivo nº 1298407/DF: natureza pública das planilhas produzidas pela Procuradoria-Geral da Fazenda Nacional com base em dados da SRF e apresentadas em juízo para demonstrar a ausência de dedução de quantia retida na fonte e já restituída por conta de declaração de ajuste anual.

PROCESSUAL CIVIL. TRIBUTÁRIO. RECURSO REPRESENTATIVO DA CONTROVÉRSIA. ART. 543-C, DO CPC. IMPOSTO DE RENDA DA PESSOA FÍSICA. EMBARGOS À EXECUÇÃO MOVIDA CONTRA A FAZENDA PÚBLICA (ART. 741, CPC). PLANILHAS PRODUZIDAS PELA PGFN COM BASE EM DADOS DA SRF E APRESENTADAS EM JUÍZO PARA DEMONSTRAR A AUSÊNCIA DE DEDUÇÃO DE QUANTIA RETIDA NA FONTE E JÁ RESTITUÍDA POR CONTA DE DECLARAÇÃO DE AJUSTE ANUAL.

1. Não viola o art. 535, do CPC, o acórdão que decide de forma suficientemente fundamentada, não estando obrigada a Corte de Origem a emitir juízo de valor expresso a respeito de todas as teses e dispositivos legais invocados pelas partes.

2. Em sede de embargos à execução contra a Fazenda Pública cujo objeto é a repetição de imposto de renda, não se pode tratar como documento particular os demonstrativos de cálculo (planilhas) elaborados pela Procuradoria-Geral da Fazenda Nacional - PGFN e adotados em suas petições com base em dados obtidos junto à Secretaria da Receita Federal do Brasil - SRF (órgão público que detém todas as informações a respeito das declarações do imposto de renda dos contribuintes) por se

tratarem de verdadeiros atos administrativos enunciativos que, por isso, gozam do atributo de presunção de legitimidade.

3. Desse modo, os dados informados em tais planilhas constituem prova idônea, dotada de presunção de veracidade e legitimidade, na forma do art. 333, I e 334, IV, do CPC, havendo o contribuinte que demonstrar fato impeditivo, modificativo ou extintivo do direito da Fazenda Nacional, a fim de ilidir a presunção relativa, consoante o art. 333, II, do CPC. Precedentes: REsp. Nº 992.786 - DF, Segunda Turma, Rel. Min. Eliana Calmon, julgado em 10.6.2008; REsp. Nº 980.807 - DF, Segunda Turma, Rel. Min. Eliana Calmon, julgado em 27.5.2008; REsp. n. 1.103.253/DF, Segunda Turma, Rel. Min. Mauro Campbell Marques, julgado em 22.06.2010; REsp 1.095.153/DF, Primeira Turma, Rel. Min. Francisco Falcão, julgado em 16/12/2008; REsp 1.003.227/DF, Primeira Turma, Rel. Min. Benedito Gonçalves, DJe de 28.9.2009; EDcl no AgRg no REsp. n. 1.073.735/DF, Primeira Turma, Rel. Min. Luiz Fux, julgado em 25.8.2009; AgRg no REsp. n. 1.074.151/DF, Primeira Turma, Rel. Min. Arnaldo Esteves Lima, julgado em 17.8.2010.

4. Devem os autos retornar ao Tribunal a quo para que, atentando-se aos fatos e às circunstâncias constantes dos autos, inclusive às planilhas de cálculos apresentadas pela Fazenda Nacional (com presunção relativa), analise a alegada compensação, para fins do art. 741, V, do CPC.

5. Recurso especial parcialmente provido. Acórdão submetido ao regime do art. 543-C, do CPC, e da Resolução STJ n. 8/2008.

- (REsp 1298407/DF, Rel. Ministro MAURO CAMPBELL MARQUES, PRIMEIRA SEÇÃO, julgado em 23/05/2012, DJe 29/05/2012)

12.1.15 REsp repetitivo nº 1140956/SP: impossibilidade de ajuizamento da execução fiscal quando houver o depósito do montante integral do débito (art. 151, II, do CTN), que suspende a exigibilidade do crédito tributário

PROCESSUAL CIVIL E TRIBUTÁRIO. RECURSO ESPECIAL REPRESENTATIVO DE CONTROVÉRSIA. ART. 543-C, DO CPC. AÇÃO ANTIEXACIONAL ANTERIOR À EXECUÇÃO FISCAL. DEPÓSITO INTEGRAL DO DÉBITO. SUSPENSÃO DA EXIGIBILIDADE DO CRÉDITO TRIBUTÁRIO (ART. 151, II, DO CTN). ÓBICE À PROPOSITURA DA EXECUÇÃO FISCAL, QUE, ACASO AJUIZADA, DEVERÁ SER EXTINTA.

1. O depósito do montante integral do débito, nos termos do artigo 151, inciso II, do CTN, suspende a exigibilidade do crédito tributário, impedindo o ajuizamento da execução fiscal por parte da Fazenda Pública. (Precedentes: REsp 885.246/ES, Rel. Ministro MAURO CAMPBELL MARQUES, SEGUNDA TURMA, julgado em 22/06/2010, DJe 06/08/2010; REsp 1074506/SP, Rel. Ministro LUIZ FUX, PRIMEIRA TURMA, julgado em 06/08/2009, DJe 21/09/2009; AgRg nos EDcl no REsp 1108852/RJ, Rel. Ministro MAURO CAMPBELL MARQUES, SEGUNDA TURMA, julgado em 18/08/2009, DJe 10/09/2009; AgRg no REsp 774.180/RS, Rel. Ministro HUMBERTO MARTINS, SEGUNDA TURMA, julgado em 16/06/2009, DJe 29/06/2009; REsp 807.685/RJ, Rel. Ministro TEORI ALBINO ZAVASCKI, PRIMEIRA TURMA, julgado em 04/04/2006, DJ 08/05/2006; REsp 789.920/MA, Rel. Ministro FRANCISCO FALCÃO, PRIMEIRA TURMA, julgado em 16/02/2006, DJ 06/03/2006; REsp 601.432/CE, Rel. Ministro FRANCISCO PEÇANHA MARTINS, SEGUNDA TURMA, julgado em 27/09/2005, DJ 28/11/2005; REsp 255.701/SP, Rel. Ministro FRANCIULLI NETTO, SEGUNDA TURMA, julgado em 27/04/2004, DJ 09/08/2004; REsp 174.000/RJ, Rel. Ministra ELIANA CALMON, SEGUNDA TURMA, julgado em 08/05/2001, DJ 25/06/2001; REsp 62.767/PE, Rel. Ministro ANTÔNIO DE PÁDUA RIBEIRO, SEGUNDA TURMA, julgado em 03/04/1997, DJ 28/04/1997; REsp 4.089/SP, Rel. Ministro GERALDO SOBRAL, Rel. p/ Acórdão MIN. JOSÉ DE JESUS FILHO, PRIMEIRA TURMA, julgado em 27/02/1991, DJ 29/04/1991; AgRg no Ag 4.664/CE, Rel. Ministro GARCIA VIEIRA, PRIMEIRA TURMA, julgado em 22/08/1990, DJ 24/09/1990) 2. É que as causas suspensivas da exigibilidade do crédito tributário (art. 151 do CTN) impedem a realização, pelo Fisco, de atos de cobrança, os quais têm início em momento posterior ao lançamento, com a lavratura do auto de infração.

3. O processo de cobrança do crédito tributário encarta as seguintes etapas, visando ao efetivo recebimento do referido crédito: a) a cobrança administrativa, que ocorrerá mediante a lavratura do auto de infração e aplicação de multa: exigibilidade-autuação ; b) a inscrição em dívida ativa: exigibilidade-inscrição; c) a cobrança judicial, via execução fiscal: exigibilidade-execução.

4. Os efeitos da suspensão da exigibilidade pela realização do depósito integral do crédito exequendo, quer no bojo de ação anulatória, quer no de ação declaratória de inexistência de relação jurídico-tributária, ou

mesmo no de mandado de segurança, desde que ajuizados anteriormente à execução fiscal, têm o condão de impedir a lavratura do auto de infração, assim como de coibir o ato de inscrição em dívida ativa e o ajuizamento da execução fiscal, a qual, acaso proposta, deverá ser extinta.

5. A improcedência da ação antiexacional (precedida do depósito do montante integral) acarreta a conversão do depósito em renda em favor da Fazenda Pública, extinguindo o crédito tributário, consoante o comando do art. 156, VI, do CTN, na esteira dos ensinamentos de abalizada doutrina, verbis: "Depois da constituição definitiva do crédito, o depósito, quer tenha sido prévio ou posterior, tem o mérito de impedir a propositura da ação de cobrança, vale dizer, da execução fiscal, porquanto fica suspensa a exigibilidade do crédito. (...) Ao promover a ação anulatória de lançamento, ou a declaratória de inexistência de relação tributária, ou mesmo o mandado de segurança, o autor fará a prova do depósito e pedirá ao Juiz que mande cientificar a Fazenda Pública, para os fins do art. 151, II, do Código Tributário Nacional. Se pretender a suspensão da exigibilidade antes da propositura da ação, poderá fazer o depósito e, em seguida, juntando o respectivo comprovante, pedir ao Juiz que mande notificar a Fazenda Pública. Terá então o prazo de 30 dias para promover a ação. Julgada a ação procedente, o depósito deve ser devolvido ao contribuinte, e se improcedente, convertido em renda da Fazenda Pública, desde que a sentença de mérito tenha transitado em julgado" (MACHADO, Hugo de Brito. Curso de Direito Tributário. 27ª ed., p. 205/206).

6. In casu, o Tribunal a quo, ao conceder a liminar pleiteada no bojo do presente agravo de instrumento, consignou a integralidade do depósito efetuado, às fls. 77/78: "A verossimilhança do pedido é manifesta, pois houve o depósito dos valores reclamados em execução, o que acarreta a suspensão da exigibilidade do crédito tributário, de forma que concedo a liminar pleiteada para o fim de suspender a execução até o julgamento do mandado de segurança ou julgamento deste pela Turma Julgadora."

7. A ocorrência do depósito integral do montante devido restou ratificada no aresto recorrido, consoante dessume-se do seguinte excerto do voto condutor, in verbis: "O depósito do valor do débito impede o ajuizamento de ação executiva até o trânsito em julgado da ação. Consta que foi efetuado o depósito nos autos do Mandado de Segurança impetrado pela agravante, o qual encontra-se em andamento, de forma que a

exigibilidade do tributo permanece suspensa até solução definitiva. Assim sendo, a Municipalidade não está autorizada a proceder à cobrança de tributo cuja legalidade está sendo discutida judicialmente."

8. In casu, o Município recorrente alegou violação do art. 151, II, do CTN, ao argumento de que o depósito efetuado não seria integral, posto não coincidir com o valor constante da CDA, por isso que inapto a garantir a execução, determinar sua suspensão ou extinção, tese insindicável pelo STJ, mercê de a questão remanescer quanto aos efeitos do depósito servirem à fixação da tese repetitiva.

9. Destarte, ante a ocorrência do depósito do montante integral do débito exequendo, no bojo de ação antiexacional proposta em momento anterior ao ajuizamento da execução, a extinção do executivo fiscal é medida que se impõe, porquanto suspensa a exigibilidade do referido crédito tributário.

10. Recurso especial desprovido. Acórdão submetido ao regime do art. 543-C do CPC e da Resolução STJ 08/2008.

- (REsp 1140956/SP, Rel. Ministro LUIZ FUX, PRIMEIRA SEÇÃO, julgado em 24/11/2010, DJe 03/12/2010)

12.1.16 REsp repetitivo nº 1127815/SP: impossibilidade de determinação *ex officio* pelo juiz de reforço da penhora.

TRIBUTÁRIO. PROCESSUAL CIVIL. RECURSO ESPECIAL REPRESENTATIVO DE CONTROVÉRSIA. ART. 543-C, DO CPC. EMBARGOS À EXECUÇÃO FISCAL. DETERMINAÇÃO DE REFORÇO DE PENHORA PELO JUIZ EX OFFICIO. IMPOSSIBILIDADE. EXISTÊNCIA DE REQUERIMENTO PELA FAZENDA EXEQUENTE, IN CASU. INSUFICIÊNCIA DA PENHORA. ADMISSIBILIDADE DOS EMBARGOS. VIOLAÇÃO DO ART. 535 DO CPC NÃO CONFIGURADA.

1. O reforço da penhora não pode ser deferido ex officio, a teor dos artigos 15, II, da LEF e 685 do CPC. (Precedentes: REsp 958.383/PR, Rel. Ministro LUIZ FUX, PRIMEIRA TURMA, julgado em 18/11/2008, DJe 17/12/2008; REsp 413.274/SC, Rel. Ministro JOÃO OTÁVIO DE NORONHA, SEGUNDA TURMA, julgado em 01.06.2006, DJ 03.08.2006; REsp 394.523/SC, Rel. Ministro JOÃO OTÁVIO DE NORONHA, SEGUNDA TURMA, julgado em 06.04.2006, DJ 25.05.2006; REsp 475.693/RS, Rel.

Ministro LUIZ FUX, PRIMEIRA TURMA, julgado em 25.02.2003, DJ 24.03.2003; REsp nº 396.292/SC, Rel. Ministro GARCIA VIEIRA, DJ de 03.06.2002; REsp nº 53.652/SP, Rel. Ministro CESAR ASFOR ROCHA, DJ de 06.02.1995; REsp nº 53.844/SP, Rel. Ministro HÉLIO MOSIMANN, DJ de 12.12.1994)

2. O artigo 15, da Lei nº 6.830/80, dispõe que: Art. 15 – Em qualquer fase do processo, será deferida pelo Juiz: I – ao executado, a substituição da penhora por depósito em dinheiro ou fiança bancária; e II – à Fazenda Pública, a substituição dos bens penhorados por outros, independentemente da ordem enumerada no artigo 11, bem como o reforço da penhora insuficiente. (grifo nosso)

3. A seu turno, o art. 685 do CPC prevê, verbis: "Art. 685. Após a avaliação, poderá mandar o juiz, a requerimento do interessado e ouvida a parte contrária: I – reduzir a penhora aos bens suficientes, ou transferi-la para outros, que bastem à execução, se o valor dos penhorados for consideravelmente superior ao crédito do exeqüente e acessórios; Il – ampliar a penhora, ou transferi-la para outros bens mais valiosos, se o valor dos penhorados for inferior ao referido crédito.

4. Destarte, consoante a dicção dos artigos 15, II, da LEF e 685 do CPC, não é facultada ao Juízo a determinação de substituição ou reforço da penhora, ao fundamento de insuficiência do bem constrito.

5. É que o princípio do dispositivo, que vigora no Processo Civil, pressupõe que as atividades que o juiz pode engendrar ex officio não inibem a iniciativa da parte de requerê-las, não sendo verdadeira a recíproca. Em consequência, por influxo desse princípio, nas atividades que exigem a iniciativa da parte, o juiz não pode agir sem provocação.

6. In casu, verifica-se que o Juízo singular não determinou o reforço da penhora ex officio, mas motivado por requerimento expresso da Fazenda Estadual nas alegações preliminares da impugnação aos embargos à execução (fls. e-STJ 309), litteris: "Antes de refutar os argumentos que embasam os embargos à execução opostos, cumpre ressaltar que o Juízo não está garantido, ante a patente insuficiência da penhora. Isto porque o valor do bem penhorado (R$ 15.000,00) é nitidamente inferior ao valor do débito (R$ 77.033,42), conforme se depreende dos anexos extratos. Por outro lado, a ausência de depositário nomeado também configura irregularidade que obsta o recebimento dos embargos à execução, vez que a constrição é imperativa a autorizar a oposição daqueles. E, se o auto

de penhora não está regular, não se pode considerar o Juízo garantido. Assim, os Embargos à execução não deveriam ter sido recebidos, com fundamento no artigo 16, § 1º da Lei 6.830/80. Entretanto, considerando a atual fase processual, requer a ampliação da penhora, até o limite do débito atualizado, bem como a nomeação de depositário, sob pena de rejeição dos Embargos à Execução com base no dispositivo legal indicado."

7. Outrossim, em face do auto de penhora e avaliação (fls. e-STJ 226), bem como da ocorrência de intimação do executado acerca da penhora efetivada, ressoa inequívoco o preenchimento dos requisitos do art. 685 do CPC, a legitimar a decisão de ampliação da penhora. O voto condutor do aresto recorrido consignou que: "A execução teve seu trâmite normal até a fase de embargos, onde a MMª Juíza a quo verificou que a penhora não havia se aperfeiçoado diante da ausência de nomeação de depositário, bem como a divergência entre o montante do débito e o valor do bem penhorado, determinando a regularização da penhora efetivada e a intimação dos executados para reforço da penhora, sob pena de rejeição dos embargos. Como o executado foi intimado da penhora e recusou o encargo de fiel depositário, uma vez ter alienado o imóvel há mais de 5 (cinco) anos, circunstância que impossibilitou qualquer reforço da penhora –, outra alternativa não restou senão a corresponsabilização dos sócios."

8. O art. 667 do CPC é inaplicável ao caso sub judice, o qual não versa sobre segunda penhora, mas mera e simplesmente sobre reforço da primeira penhora, obviamente insuficiente, ante a divergência entre o valor do bem constrito – cerca de R$ 15.000,00 – e o do crédito exequendo – em torno de R$ 77.000,00. É cediço que somente se procede a uma segunda penhora se a primeira for anulada; se executados os bens; o produto da alienação não bastar para o pagamento do credor; se o exequente desistir da primeira penhora, por serem litigiosos os bens, ou por estarem penhorados, arrestados ou onerados, nos termos do art. 656 do CPC, sendo certo que o caso sub examine não se amolda a qualquer dessas hipóteses.

9. A insuficiência de penhora não é causa bastante para determinar a extinção dos embargos do devedor, cumprindo ao magistrado, antes da decisão terminativa, conceder ao executado prazo para proceder ao reforço, à luz da sua capacidade econômica e da garantia pétrea do acesso à justiça. (Precedentes: REsp 973.810/RS, Rel. Ministra ELIANA CALMON, SEGUNDA TURMA, julgado em 28/10/2008, DJe 17/11/2008;

REsp 739.137/CE, Rel. Ministra DENISE ARRUDA, PRIMEIRA TURMA, julgado em 23/10/2007, DJ 22/11/2007; AgRg no Ag 635829/PR, Rel. Ministro CASTRO MEIRA, DJ 18/04/2005; REsp 758266/MG, Rel. Ministro TEORI ALBINO ZAVASCKI, DJ 22/08/2005)

10. In casu, contrariamente ao alegado pelos recorrentes, o Juízo singular não procedeu à extinção da ação de embargos à execução; ao revés, fundamentando o decisum nos princípios da economia processual e da instrumentalidade das formas, determinou, a requerimento da exequente, o reforço da penhora e a regularização de atos processuais, tão logo verificada a ausência de nomeação do depositário, bem assim a divergência entre o montante do débito e o valor do bem penhorado (fls e-STJ 349/350).

11. O pleito de imediato prosseguimento dos embargos, à revelia da referida decisão judicial, não merece acolhimento, haja vista que, conquanto a insuficiência patrimonial do devedor seja justificativa plausível à apreciação dos embargos à execução sem que o executado proceda ao reforço da penhora, deve ser a mesma comprovada inequivocamente. Nesse sentido, in verbis: "Caso o devedor não disponha de patrimônio suficiente para a garantia integral do crédito exequendo, cabe-lhe comprovar inequivocamente tal situação. Neste caso, dever-se-á admitir os embargos, excepcionalmente, sob pena de se violar o princípio da isonomia sem um critério de discrímen sustentável, eis que dar seguimento à execução, realizando os atos de alienação do patrimônio penhorado e que era insuficiente para garantir toda a dívida, negando ao devedor a via dos embargos, implicaria restrição dos seus direitos apenas em razão da sua situação de insuficiência patrimonial. Em palavras simples, poder-se-ia dizer que tal implicaria em garantir o direito de defesa ao "rico", que dispõe de patrimônio suficiente para segurar o Juízo, e negar o direito de defesa ao "pobre", cujo patrimônio insuficiente passaria a ser de pronto alienado para a satisfação parcial do crédito. Não trato da hipótese de inexistência de patrimônio penhorável pois, em tal situação, sequer haveria como prosseguir com a execução, que restaria completamente frustrada." (Leandro Paulsen, in Direito Processual Tributário, Processo Administrativo Fiscal e Execução Fiscal à luz da Doutrina e da Jurisprudência, Ed. Livraria do Advogado, 5ª ed.; p. 333/334)

12. À míngua de menção, nas instâncias ordinárias acerca da comprovação de insuficiência patrimonial a justificar a recusa dos recorrentes

à ampliação da penhora determinada pelo Juízo da execução, impõe-se-lhes a regularização dos atos processuais tendentes ao prosseguimento dos embargos à execução, máxime em face do consignado no acórdão recorrido (fls. e-STJ 433), litteris: "(...) Outrossim, a execução fiscal tem por objetivo a cobrança de ICMS declarado e não pago; ao que consta, o agravado, além de ter sido sócio fundador da empresa executada, ficou à testa do negócio, de modo que evidentemente teve proveito decorrente do não repasse do valor correspondente ao tributo aos cofres públicos. E, além do mais, dissolvida irregularmente a empresa, foram seus sócios incluídos na lide e penhorados bens de sua propriedade. A pretensão da agravada encontra fundamento nos artigos 135, inciso III, do Código Tributário Nacional e 4º, inciso V, da Lei de Execução Fiscal. E, em tese, cabível é a responsabilização dos sócios pelas obrigações fiscais da empresa resultantes de atos praticados com infração da lei, considerando-se como tal a dissolução irregular da sociedade sem o pagamento dos impostos devidos, hipótese que é a dos autos."

13. O art. 535 do CPC resta incólume se o Tribunal de origem, embora sucintamente, pronuncia-se de forma clara e suficiente sobre a questão posta nos autos. Ademais, o magistrado não está obrigado a rebater, um a um, os argumentos trazidos pela parte, desde que os fundamentos utilizados tenham sido suficientes para embasar a decisão.

14. Recurso a que se nega provimento. Acórdão submetido ao regime do art. 543-C do CPC e da Resolução STJ 08/2008.

- (REsp 1127815/SP, Rel. Ministro LUIZ FUX, PRIMEIRA SEÇÃO, julgado em 24/11/2010, DJe 14/12/2010)

12.1.17 REsp repetitivo nº 957.836/SP: direito de preferência do crédito tributário de autarquia federal relativamente ao crédito da Fazenda Estadual

PROCESSUAL CIVIL. TRIBUTÁRIO. RECURSO ESPECIAL REPRESENTATIVO DE CONTROVÉRSIA. ART. 543-C, DO CPC. EXECUÇÃO FISCAL. EXISTÊNCIA DE PENHORAS SOBRE O MESMO BEM. DIREITO DE PREFERÊNCIA. CRÉDITO TRIBUTÁRIO ESTADUAL E CRÉDITO DE AUTARQUIA FEDERAL. ARTS. 187 DO CTN E 29, I, DA LEI 6.830/80. PREFERÊNCIA DO CRÉDITO TRIBUTÁRIO FEDERAL.

1. O crédito tributário de autarquia federal goza do direito de preferência em relação àquele de que seja titular a Fazenda Estadual, desde que coexistentes execuções e penhoras. (Precedentes: REsp 131.564/SP, Rel. Ministro CASTRO MEIRA, SEGUNDA TURMA, julgado em 14/09/2004, DJ 25/10/2004 ; EREsp 167.381/SP, Rel. Ministro FRANCISCO FALCÃO, PRIMEIRA SEÇÃO, julgado em 09/05/2002, DJ 16/09/2002 ; EDcl no REsp 167.381/SP, Rel. Ministro GARCIA VIEIRA, PRIMEIRA TURMA, julgado em 22/09/1998, DJ 26/10/1998 ; REsp 8.338/SP, Rel. MIN. PEÇANHA MARTINS, SEGUNDA TURMA, julgado em 08/09/1993, DJ 08/11/1993)

2. A instauração do concurso de credores pressupõe pluralidade de penhoras sobre o mesmo bem, por isso que apenas se discute a preferência quando há execução fiscal e recaia a penhora sobre o bem excutido em outra demanda executiva. (Precedentes: REsp 1175518/SP, Rel. Ministro HUMBERTO MARTINS, SEGUNDA TURMA, julgado em 18/02/2010, DJe 02/03/2010; REsp 1122484/PR, Rel. Ministra ELIANA CALMON, SEGUNDA TURMA, julgado em 15/12/2009, DJe 18/12/2009; REsp 1079275/SP, Rel. Ministro LUIZ FUX, PRIMEIRA TURMA, julgado em 17/09/2009, DJe 08/10/2009; REsp 922.497/SC, Rel. Ministro JOSÉ DELGADO, PRIMEIRA TURMA, julgado em 11/09/2007, DJ 24/09/2007)

3. In casu, resta observada a referida condição à análise do concurso de preferência, porquanto incontroversa a existência de penhora sobre o mesmo bem tanto pela Fazenda Estadual como pela autarquia previdenciária.

4. O art. 187 do CTN dispõe que, verbis: "Art. 187. A cobrança judicial do crédito tributário não é sujeita a concurso de credores ou habilitação em falência, recuperação judicial, concordata, inventário ou arrolamento. (Redação dada pela Lcp nº 118, de 2005) Parágrafo único. O concurso de preferência somente se verifica entre pessoas jurídicas de direito público, na seguinte ordem: I – União; II – Estados, Distrito Federal e Territórios, conjuntamente e pró rata; III – Municípios, conjuntamente e pró rata."

5. O art. 29, da Lei 6.830/80, a seu turno, estabelece que: "Art. 29 – A cobrança judicial da Dívida Ativa da Fazenda Pública não é sujeita a concurso de credores ou habilitação em falência, concordata, liquidação, inventário ou arrolamento Parágrafo Único – O concurso de preferência somente se verifica entre pessoas jurídicas de direito público, na seguinte ordem: I – União e suas autarquias; II – Estados, Distrito Federal e Terri-

tórios e suas autarquias, conjuntamente e pro rata; III – Municípios e suas autarquias, conjuntamente e pro rata." 6. Deveras, verificada a pluralidade de penhoras sobre o mesmo bem em executivos fiscais ajuizados por diferentes entidades garantidas com o privilégio do concurso de preferência, consagra-se a prelação ao pagamento dos créditos tributários da União e suas autarquias em detrimento dos créditos fiscais dos Estados, e destes em relação aos dos Municípios, consoante a dicção do art. 187, § único c/c art. 29, da Lei 6.830/80.

7. O Pretório Excelso, não obstante a título de obiter dictum, proclamou, em face do advento da Constituição Federal de 1988, a subsistência da Súmula 563 do STF: "O concurso de preferência a que se refere o parágrafo único do art. 187 do Código Tributário Nacional é compatível com o disposto no art. 9º, I, da Constituição Federal", em aresto assim ementado: AGRAVO REGIMENTAL NO AGRAVO DE INSTRUMENTO. AUSÊNCIA DE PREQUESTIONAMENTO. MATÉRIA INFRACONSTITUCIONAL. OFENSA INDIRETA. CONCURSO DE PREFERÊNCIA. ARTIGO 187 CTN. 1. O Tribunal a quo não se manifestou explicitamente sobre o tema constitucional tido por violado. Incidência das Súmulas ns. 282 e 356 do Supremo Tribunal Federal. 2. Controvérsia decidida à luz de legislação infraconstitucional. Ofensa indireta à Constituição do Brasil. 3. A vedação estabelecida pelo artigo 19, III, da Constituição (correspondente àquele do artigo 9º, I, da EC n. 1/69) não atinge as preferências estabelecidas por lei em favor da União. Agravo regimental a que se nega provimento. (AI 608769 AgR, Relator(a): Min. EROS GRAU, Segunda Turma, julgado em 18/12/2006, DJ 23-02-2007) 8. Recurso especial desprovido. Acórdão submetido ao regime do art. 543-C do CPC e da Resolução STJ 08/2008.

- (REsp 957.836/SP, Rel. Ministro LUIZ FUX, PRIMEIRA SEÇÃO, julgado em 13/10/2010, DJe 26/10/2010)

12.1.18 REsp repetitivo nº 1120097/SP: extinção da execução fiscal não embargada *ex ofício*, quando evidenciada a inércia da Fazenda após intimação para promover o andamento do feito

PROCESSUAL CIVIL. TRIBUTÁRIO. RECURSO ESPECIAL REPRESENTATIVO DE CONTROVÉRSIA. ART. 543-C, DO CPC. EXECUÇÃO FISCAL. AUSÊNCIA DE CITAÇÃO. INÉRCIA DA EXEQUENTE. ABANDONO DA CAUSA. EXTINÇÃO DE OFÍCIO. EXECUÇÃO NÃO

EMBARGADA. EXIGÊNCIA DE REQUERIMENTO DO EXECUTADO. DESNECESSIDADE NAS HIPÓTESES DE NÃO FORMAÇÃO DA RELAÇÃO BILATERAL. SÚMULA 240/STJ. INAPLICABILIDADE.

1. A inércia da Fazenda exequente, ante a intimação regular para promover o andamento do feito e a observância dos artigos 40 e 25 da Lei de Execução Fiscal, implica a extinção da execução fiscal não embargada ex officio, afastando-se o Enunciado Sumular 240 do STJ, segundo o qual "A extinção do processo, por abandono da causa pelo autor, depende de requerimento do réu". Matéria impassível de ser alegada pela exequente contumaz. (Precedentes: AgRg nos EDcl no Ag 1259575/AP, Rel. Ministro HAMILTON CARVALHIDO, PRIMEIRA TURMA, julgado em 23/03/2010, DJe 15/04/2010; AgRg no Ag 1093239/RS, Rel. Ministro MAURO CAMPBELL MARQUES, SEGUNDA TURMA, julgado em 01/10/2009, DJe 15/10/2009 ; REsp 1057848/SP, Rel. Ministro TEORI ALBINO ZAVASCKI, PRIMEIRA TURMA, julgado em 18/12/2008, DJe 04/02/2009; EDcl no AgRg no REsp 1033548/SP, Rel. Ministro CASTRO MEIRA, SEGUNDA TURMA, julgado em 02/12/2008, DJe 17/12/2008; AgRg no REsp 885.565/PB, Rel. Ministra DENISE ARRUDA, PRIMEIRA TURMA, julgado em 21/10/2008, DJe 12/11/2008; REsp 820.752/PB, Rel. Ministro CASTRO MEIRA, SEGUNDA TURMA, julgado em 19/08/2008, DJe 11/09/2008; REsp 770.240/PB, Rel. Ministro LUIZ FUX, PRIMEIRA TURMA, julgado em 08/05/2007, DJ 31/05/2007 ; REsp 781.345/MG, Rel. Ministro FRANCISCO FALCÃO, PRIMEIRA TURMA, julgado em 29/06/2006, DJ 26/10/2006 ; REsp 688.681/CE, Rel. Ministro JOSÉ DELGADO, PRIMEIRA TURMA, julgado em 17/02/2005, DJ 11/04/2005)

2. É que a razão para se exigir o requerimento de extinção do processo pela parte contrária advém primacialmente da bilateralidade da ação, no sentido de que também assiste ao réu o direito à solução do conflito. Por isso que o não aperfeiçoamento da relação processual impede presumir-se eventual interesse do réu na continuidade do processo, o qual, "em sua visão contemporânea, é instrumento de realização do direito material e de efetivação da tutela jurisdicional, sendo de feição predominantemente pública, que não deve prestar obséquios aos caprichos de litigantes desidiosos ou de má-fé". (REsp 261789/MG, Rel. Ministro SÁLVIO DE FIGUEIREDO TEIXEIRA, QUARTA TURMA, julgado em 13/09/2000, DJ 16/10/2000)

3. In casu, a execução fiscal foi extinta sem resolução de mérito, em virtude da inércia da Fazenda Nacional ante a intimação do Juízo a quo para que desse prosseguimento ao feito, cumprindo o que fora ordenado no despacho inicial, razão pela qual é forçoso concluir que a execução não foi embargada e prescindível, portanto, o requerimento do devedor.

4. Recurso especial desprovido. Acórdão submetido ao regime do art. 543-C do CPC e da Resolução STJ 08/2008.

- (REsp 1120097/SP, Rel. Ministro LUIZ FUX, PRIMEIRA SEÇÃO, julgado em 13/10/2010, DJe 26/10/2010)

12.1.19 REsp repetitivo nº 1158766/RJ: facultatividade da reunião de execuções fiscais contra o mesmo devedor, por conveniência da unidade da garantia da execução

PROCESSUAL CIVIL. TRIBUTÁRIO. RECURSO ESPECIAL REPRESENTATIVO DE CONTROVÉRSIA. ART. 543-C, DO CPC. CUMULAÇÃO SUPERVENIENTE. REUNIÃO DE VÁRIAS EXECUÇÕES FISCAIS CONTRA O MESMO DEVEDOR. ART. 28 DA LEI 6.830/80. FACULDADE DO JUIZ.

1. A reunião de processos contra o mesmo devedor, por conveniência da unidade da garantia da execução, nos termos do art. 28 da Lei 6.830/80, é uma faculdade outorgada ao juiz, e não um dever. (Precedentes: REsp 1125387/SP, Rel. Ministro LUIZ FUX, PRIMEIRA TURMA, julgado em 08/09/2009, DJe 08/10/2009; AgRg no REsp 609.066/PR, Rel. Ministra DENISE ARRUDA, PRIMEIRA TURMA, julgado em 21/09/2006, DJ 19/10/2006 ; EDcl no AgRg no REsp 859.661/RS, Rel. Ministro HUMBERTO MARTINS, SEGUNDA TURMA, julgado em 02/10/2007, DJ 16/10/2007; REsp 399657/SP, Rel. Ministro JOÃO OTÁVIO DE NORONHA, SEGUNDA TURMA, julgado em 16/02/2006, DJ 22/03/2006; AgRg no Ag 288.003/SP, Rel. Ministra ELIANA CALMON, SEGUNDA TURMA, julgado em 18/05/2000, DJ 01/08/2000 ; REsp 62.762/RS, Rel. Ministro ADHEMAR MACIEL, SEGUNDA TURMA, julgado em 21/11/1996, DJ 16/12/1996)

2. O artigo 28, da lei 6.830/80, dispõe: "Art. 28 – 0 Juiz, a requerimento das partes, poderá, por conveniência da unidade da garantia da execução, ordenar a reunião de processos contra o mesmo devedor."

3. A cumulação de demandas executivas é medida de economia processual, objetivando a prática de atos únicos que aproveitem a mais de um processo executivo, desde que preenchidos os requisitos previstos no art. 573 do CPC c/c art. 28, da Lei 6.830/80, quais sejam: (i) identidade das partes nos feitos a serem reunidos; (ii) requerimento de pelo menos uma das partes (Precedente: Resp 217948/SP, Rel. Min. Franciulli Netto, DJ 02/05/2000) ; (iii) estarem os feitos em fases processuais análogas; (iv) competência do juízo.

4. Outrossim, a Lei de Execução Fiscal impõe como condição à reunião de processos a conveniência da unidade da garantia, vale dizer, que haja penhoras sobre o mesmo bem efetuadas em execuções contra o mesmo devedor, vedando, dessa forma, a cumulação sucessiva de procedimentos executórios, de modo que é defeso à Fazenda Pública requerer a distribuição de uma nova execução, embora contra o mesmo devedor, ao juízo da primeira.

5. Não obstante a possibilidade de reunião de processos, há que se distinguir duas situações, porquanto geradoras de efeitos diversos: (i) a cumulação inicial de pedidos (títulos executivos) em uma única execução fiscal, por aplicação subsidiária das regras dos arts. 292 e 576 do CPC, em que a petição inicial do executivo fiscal deve ser acompanhada das diversas certidões de dívida ativa; (ii) a cumulação superveniente, advinda da cumulação de várias ações executivas (reunião de processos), que vinham, até então, tramitando isoladamente, consoante previsão do art. 28, da Lei 6.830/80.

6. A cumulação de pedidos em executivo fiscal único revela-se um direito subjetivo do exequente, desde que atendidos os pressupostos legais. (Precedentes: REsp 1110488/SP, Rel. Ministro BENEDITO GONÇALVES, PRIMEIRA TURMA, julgado em 25/08/2009, DJe 09/09/2009; REsp 988397/SP, Rel. Ministra ELIANA CALMON, SEGUNDA TURMA, julgado em 05/08/2008, DJe 01/09/2008; REsp 871.617/SP, Rel. Ministro LUIZ FUX, PRIMEIRA TURMA, julgado em 25/03/2008, DJe 14/04/2008)

7. Ao revés, a reunião de diversos processos executivos, pela dicção do art. 28, da LEF, ressoa como uma faculdade do órgão jurisdicional, não se tratando de regra cogente, máxime em face do necessário juízo de conveniência ou não da medida, o que é aferível casuisticamente.

8. O Sistema Processual Brasileiro, por seu turno, assimila esse poder judicial de avaliação da cumulação de ações, como se observa no litisconsórcio recusável ope legis (art. 46, parágrafo único do CPC) e na cumulação de pedidos (art. 292 e parágrafos do CPC).

9. In casu, restou assentada, no voto condutor do acórdão recorrido, a inobservância aos requisitos autorizadores da cumulação de demandas executivas, verbis: "O julgador de piso fundamentou sua decisão no fato de que o número excessivo de executivos fiscais, em fases distintas, importará em tumulto no processamento dos mesmos, verbis: "Tendo em vista o número excessivo de executivos fiscais com fases distintas, conforme informação de fl. 37/44, indefiro o pedido de reunião dos feitos pela dificuldade que causaria ao processamento dos mesmos." Não há qualquer demonstração, por parte da exequente, de que todas as ações se encontram na mesma fase procedimental, de modo que, em juízo de cognição sumária, se afigura correta a decisão do magistrado." 10. Recurso Especial desprovido. Acórdão submetido ao regime do art. 543-C do CPC e da Resolução STJ 08/2008.

- (REsp 1158766/RJ, Rel. Ministro LUIZ FUX, PRIMEIRA SEÇÃO, julgado em 08/09/2010, DJe 22/09/2010)

12.1.20 REsp repetitivo nº 1185036/PE: possibilidade de condenação da Fazenda Pública em honorários advocatícios em razão do acolhimento de exceção de pré-executividade em execução fiscal

PROCESSUAL CIVIL. EXECUÇÃO FISCAL. EXCEÇÃO DE PRÉ-EXECUTIVIDADE. FAZENDA PÚBLICA SUCUMBENTE. CONDENAÇÃO EM HONORÁRIOS ADVOCATÍCIOS. POSSIBILIDADE.

1. É possível a condenação da Fazenda Pública ao pagamento de honorários advocatícios em decorrência da extinção da Execução Fiscal pelo acolhimento de Exceção de Pré-Executividade.

2. Recurso Especial parcialmente conhecido e, nessa parte, provido. Acórdão sujeito ao regime do art. 543-C do CPC e ao art. 8º da Resolução STJ 8/2008.

- (REsp 1185036/PE, Rel. Ministro HERMAN BENJAMIN, PRIMEIRA SEÇÃO, julgado em 08/09/2010, DJe 01/10/2010)

12.1.21 REsp repetitivo nº 1144687/RS: possibilidade de citação mediante carta precatória dirigida à Justiça Estadual na execução fiscal ajuizada perante a Justiça Federal e cabimento da antecipação das despesas com o deslocamento do oficial de justiça para cumprimento da carta precatória

PROCESSUAL CIVIL. RECURSO ESPECIAL REPRESENTATIVO DE CONTROVÉRSIA. ARTIGO 543-C, DO CPC. EXECUÇÃO FISCAL PROPOSTA NO JUÍZO FEDERAL. PENHORA E AVALIAÇÃO DE BENS DO EXECUTADO. EXPEDIÇÃO DE CARTA PRECATÓRIA. POSSIBILIDADE. AUTARQUIA FEDERAL. ANTECIPAÇÃO DAS DESPESAS COM O DESLOCAMENTO/CONDUÇÃO DO OFICIAL DE JUSTIÇA PARA CUMPRIMENTO DE CARTA PRECATÓRIA. CABIMENTO.

1. A citação, no âmbito de execução fiscal ajuizada perante a Justiça Federal, pode ser realizada mediante carta precatória dirigida à Justiça Estadual, ex vi do disposto no artigo 1.213, do CPC, verbis: "As cartas precatórias, citatórias, probatórias, executórias e cautelares, expedidas pela Justiça Federal, poderão ser cumpridas nas comarcas do interior pela Justiça Estadual."

2. O artigo 42, da Lei 5.010/66, determina que os atos e diligências da Justiça Federal podem ser praticados em qualquer Comarca do Estado ou Território pelos Juízes locais ou seus auxiliares, mediante a exibição de ofício ou mandado em forma regular, sendo certo que a carta precatória somente deve ser expedida quando for mais econômica e expedita a realização do ato ou diligência.

3. O parágrafo único do artigo 15, da Lei 5.010/66, com a redação dada pela Lei 10.772/2003, dispõe que: "Sem prejuízo do disposto no art. 42 desta Lei e no art. 1.213 do Código de Processo Civil, poderão os Juízes e auxiliares da Justiça Federal praticar atos e diligências processuais no território de qualquer dos Municípios abrangidos pela seção, subseção ou circunscrição da respectiva Vara Federal".

4. Consequentemente, revela-se cabível a expedição de carta precatória, pela Justiça Federal, a ser cumprida pelo Juízo Estadual, uma vez configurada a conveniência do ato processual, devidamente fundamentada pelo juízo deprecante.

5. A União e suas autarquias são isentas do pagamento de custas dos serviços forenses que sejam de sua responsabilidade, ex vi do disposto no caput do artigo 39, da Lei 6.830/80, verbis: "Art. 39 – A Fazenda Pública não está sujeita ao pagamento de custas e emolumentos. A prática dos atos judiciais de seu interesse independerá de preparo ou de prévio depósito. Parágrafo Único – Se vencida, a Fazenda Pública ressarcirá o valor das despesas feitas pela parte contrária."

6. O artigo 27, do CPC, por seu turno, estabelece que "as despesas dos atos processuais, efetuados a requerimento do Ministério Público ou da Fazenda Pública, serão pagas ao final, pelo vencido".

7. Entrementes, a isenção do pagamento de custas e emolumentos e a postergação do custeio das despesas processuais (artigos 39, da Lei 6.830/80, e 27, do CPC), privilégios de que goza a Fazenda Pública, não dispensam o pagamento antecipado das despesas com o transporte dos oficiais de justiça ou peritos judiciais, ainda que para cumprimento de diligências em execução fiscal ajuizada perante a Justiça Federal.

8. É que conspira contra o princípio da razoabilidade a imposição de que o oficial de justiça ou o perito judicial arquem, em favor do Erário, com as despesas necessárias para o cumprimento dos atos judiciais.

9. A Súmula 190/STJ, ao versar sobre a execução fiscal processada perante a Justiça Estadual, cristalizou o entendimento de que: "Na execução fiscal, processada perante a justiça estadual, cumpre a fazenda publica antecipar o numerário destinado ao custeio das despesas com o transporte dos oficiais de justiça."

10. O aludido verbete sumular teve por fundamento tese esposada no âmbito de incidente de uniformização de jurisprudência, segundo a qual: "Na execução fiscal, a Fazenda Pública não está sujeita ao pagamento de custas e emolumentos; já as despesas com transporte dos oficiais de justiça, necessárias para a prática de atos fora do cartório, não se qualificam como custas ou emolumentos, estando a Fazenda Pública obrigada a antecipar o numerário destinado ao custeio dessas despesas. Uniformização de jurisprudência acolhida no sentido de que, na execução fiscal, a Fazenda Pública está obrigada a antecipar o valor destinado ao custeio de transporte dos oficiais de justiça." (IUJ no RMS 1.352/SP, Rel. Ministro Ari Pargendler, Primeira Seção, julgado em 26.02.1997)

11. A Primeira Seção, em sede de recurso especial representativo de controvérsia, consolidou jurisprudência no sentido de que: (i) "A isenção de que goza a Fazenda Pública, nos termos do art. 39, da Lei de Execuções Fiscais, está adstrita às custas efetivamente estatais, cuja natureza jurídica é de taxa judiciária, consoante posicionamento do Pretório Excelso (RE 108.845), sendo certo que os atos realizados fora desse âmbito, cujos titulares sejam pessoas estranhas ao corpo funcional do Poder Judiciário, como o leiloeiro e o depositário, são de responsabilidade do autor exequente, porquanto essas despesas não assumem a natureza de taxa, estando excluídas, portanto, da norma insculpida no art. 39, da LEF. Diferença entre os conceitos de custas e despesas processuais."; e que (ii) "de acordo com o disposto no parágrafo único art. 39 da Lei 6.830/80, a Fazenda Pública, se vencida, é obrigada a ressarcir a parte vencedora no que houver adiantado a título de custas, o que se coaduna com o art. 27, do Código de Processo Civil, não havendo, desta forma, riscos de se criarem prejuízos à parte adversa com a concessão de tal benefício isencional." (REsp 1.107.543/SP, julgado em 24.03.2010).

12. Ocorre que, malgrado o oficial de justiça integre o corpo funcional do Poder Judiciário, a ausência de depósito prévio do valor atinente às despesas com o deslocamento necessário ao cumprimento do ato judicial implica na oneração de terceiro estranho à relação jurídica processual instaurada entre a Fazenda Pública e o devedor, o que, notadamente, não se coaduna com o princípio constitucional da legalidade (artigo 5º, II, da Constituição da República Federativa do Brasil: "ninguém será obrigado a fazer ou deixar de fazer alguma coisa senão em virtude de lei").

13. Precedentes do STJ exarados no âmbito de execuções fiscais ajuizadas pela Fazenda Nacional e por autarquias federais: EREsp 22.661/SP, Rel. Ministro Milton Luiz Pereira, julgado em 22.03.1994, DJ 18.04.1994; EREsp 23.337/SP, Rel. Ministro Garcia Vieira, Rel. p/ Acórdão Min. Hélio Mosimann, julgado em 18.05.1993, DJ 16.08.1993; REsp 113.194/SP, Rel. Ministro Ari Pargendler, Segunda Turma, julgado em 03.04.1997, DJ 22.04.1997; REsp 114.666/SC, Rel. Ministro Adhemar Maciel, Segunda Turma, julgado em 03.04.1997, DJ 28.04.1997; REsp 126.131/PR, Rel. Ministro Antônio de Pádua Ribeiro, Segunda Turma, julgado em 12.06.1997, DJ 04.08.1997; REsp 109.580/PR, Rel. Ministro Demócrito Reinaldo, Primeira Turma, julgado em 03.04.1997, DJ 16.06.1997; REsp 366.005/RS,

Rel. Ministra Eliana Calmon, Segunda Turma, julgado em 17.12.2002, DJ 10.03.2003; AgRg no Ag 482778/RJ, Rel. Ministro Castro Meira, Segunda Turma, julgado em 02.10.2003, DJ 17.11.2003; AgRg no REsp 653.135/SC, Rel. Ministra Eliana Calmon, Segunda Turma, julgado em 27.02.2007, DJ 14.03.2007; REsp 705.833/SC, Rel. Ministro Mauro Campbell Marques, Segunda Turma, julgado em 07.08.2008, DJe 22.08.2008; REsp 821.462/SC, Rel. Ministro Teori Albino Zavascki, Primeira Turma, julgado em 16.10.2008, DJe 29.10.2008; e REsp 933.189/PB, Rel. Ministro Luiz Fux, Primeira Turma, julgado em 20.11.2008, DJe 17.12.2008).

14. Precedentes das Turmas de Direito Público exarados no âmbito de execuções fiscais ajuizadas pela Fazenda Pública Estadual: REsp 250.903/SP, Rel. Ministro Franciulli Netto, Segunda Turma, julgado em 01.10.2002, DJ 31.03.2003; REsp 35.541/SP, Rel. Ministro Milton Luiz Pereira, Primeira Turma, julgado em 13.09.1993, DJ 04.10.1993;

REsp 36.914/SP, Rel. Ministro Hélio Mosimann, Segunda Turma, julgado em 13.10.1993, DJ 22.11.1993; e REsp 50.966/SP, Rel. Ministro Garcia Vieira, Primeira Turma, julgado em 17.08.1994, DJ 12.09.1994).

15. Destarte, ainda que a execução fiscal tenha sido ajuizada na Justiça Federal (o que afasta a incidência da norma inserta no artigo 1º, § 1º, da Lei 9.289/96), cabe à Fazenda Pública Federal adiantar as despesas com o transporte/condução/deslocamento dos oficiais de justiça necessárias ao cumprimento da carta precatória de penhora e avaliação de bens (processada na Justiça Estadual), por força do princípio hermenêutico ubi eadem ratio ibi eadem legis dispositio.

16. Recurso especial desprovido. Acórdão submetido ao regime do artigo 543-C, do CPC, e da Resolução STJ 08/2008.

- (REsp 1144687/RS, Rel. Ministro LUIZ FUX, PRIMEIRA SEÇÃO, julgado em 12/05/2010, DJe 21/05/2010)

12.1.22 REsp repetitivo nº 1107543/SP: deferimento imediato da certidão requerida pela Fazenda Pública a cartório extrajudicial, sem necessidade de pagamento antecipado das custas correspondentes

PROCESSUAL CIVIL. TRIBUTÁRIO. RECURSO ESPECIAL REPRESENTATIVO DE CONTROVÉRSIA. ART. 543-C, DO CPC. EXECUÇÃO FISCAL. PAGAMENTO ANTECIPADO PARA EXPEDIÇÃO DE OFÍCIO

AO CARTÓRIO DE TÍTULOS E DOCUMENTOS E CIVIL DE PESSOAS JURÍDICAS PELA FAZENDA PÚBLICA. DESNECESSIDADE. ART. 39, DA LEI Nº 6.830/80. ART. 27, DO CPC. DIFERENÇA ENTRE OS CONCEITOS DE CUSTAS E DESPESAS PROCESSUAIS. PRECEDENTES.

1. A certidão requerida pela Fazenda Pública ao cartório extrajudicial deve ser deferida de imediato, diferindo-se o pagamento para o final da lide, a cargo do vencido. (Precedentes: AgRg no REsp 1013586/SP, Rel. Ministro MAURO CAMPBELL MARQUES, SEGUNDA TURMA, julgado em 21/05/2009, DJe 04/06/2009; REsp 1110529/SP, Rel. Ministra ELIANA CALMON, SEGUNDA TURMA, julgado em 05/05/2009, DJe 21/05/2009; AgRg no REsp 1034566/SP, Rel. Ministro LUIZ FUX, PRIMEIRA TURMA, julgado em 10/02/2009, DJe 26/03/2009; REsp 1036656/SP, Rel. Ministra ELIANA CALMON, PRIMEIRA SEÇÃO, julgado em 11/03/2009, DJe 06/04/2009; REsp 1015541/SP, Rel. Ministro CASTRO MEIRA, SEGUNDA TURMA, julgado em 22/04/2008, DJe 08/05/2008)

2. O Sistema Processual exonera a Fazenda Pública de arcar com quaisquer despesas, pro domo sua, quando litiga em juízo, suportando, apenas, as verbas decorrentes da sucumbência (artigos 27 e 1.212, parágrafo único, do CPC). Tratando-se de execução fiscal, é textual a lei quanto à exoneração, consoante se colhe dos artigos 7º e 39, da Lei nº 6.830/80, por isso que, enquanto não declarada inconstitucional a lei, cumpre ao STJ velar pela sua aplicação.

3. A isenção de que goza a Fazenda Pública, nos termos do art. 39, da Lei de Execuções Fiscais, está adstrita às custas efetivamente estatais, cuja natureza jurídica é de taxa judiciária, consoante posicionamento do Pretório Excelso (RE 108.845), sendo certo que os atos realizados fora desse âmbito, cujos titulares sejam pessoas estranhas ao corpo funcional do Poder Judiciário, como o leiloeiro e o depositário, são de responsabilidade do autor exequente, porquanto essas despesas não assumem a natureza de taxa, estando excluídas, portanto, da norma insculpida no art. 39, da LEF. Diferença entre os conceitos de custas e despesas processuais.

4. Ressalte-se ainda que, de acordo com o disposto no parágrafo único art. 39 da Lei 6.830/80, a Fazenda Pública, se vencida, é obrigada a reembolsar a parte vencedora no que houver adiantado a título de custas, o que se coaduna com o art. 27, do Código de Processo Civil, não havendo, desta forma, riscos de se criarem prejuízos à parte adversa com a concessão de tal benefício isencional.

5. Mutatis mutandis, a exoneração participa da mesma ratio essendi da jurisprudência da Corte Especial que imputa a despesa extrajudicial da elaboração de planilha do cálculo àquele que pretende executar a Fazenda Pública.

6. Recurso especial provido, para determinar a expedição da certidão requerida pela Fazenda Pública, cabendo-lhe, se vencida, efetuar o pagamento das custas ao final. Acórdão submetido ao regime do art. 543-C do CPC e da Resolução STJ 08/2008.

- (REsp 1107543/SP, Rel. Ministro LUIZ FUX, PRIMEIRA SEÇÃO, julgado em 24/03/2010, DJe 26/04/2010)

12.1.23 REsp repetitivo nº 1045472/BA: possibilidade de substituição da CDA pela Fazenda Pública até a prolação da sentença dos embargos para fins de correção de erro material ou formal e vedação da modificação do sujeito passivo da execução.

PROCESSO CIVIL. RECURSO ESPECIAL REPRESENTATIVO DE CONTROVÉRSIA. ARTIGO 543-C, DO CPC. PROCESSO JUDICIAL TRIBUTÁRIO. EXECUÇÃO FISCAL. IPTU. CERTIDÃO DE DÍVIDA ATIVA (CDA). SUBSTITUIÇÃO, ANTES DA PROLAÇÃO DA SENTENÇA, PARA INCLUSÃO DO NOVEL PROPRIETÁRIO. IMPOSSIBILIDADE. NÃO CARACTERIZAÇÃO ERRO FORMAL OU MATERIAL. SÚMULA 392/STJ.

1. A Fazenda Pública pode substituir a certidão de dívida ativa (CDA) até a prolação da sentença de embargos, quando se tratar de correção de erro material ou formal, vedada a modificação do sujeito passivo da execução (Súmula 392/STJ).

2. É que: "Quando haja equívocos no próprio lançamento ou na inscrição em dívida, fazendo-se necessária alteração de fundamento legal ou do sujeito passivo, nova apuração do tributo com aferição de base de cálculo por outros critérios, imputação de pagamento anterior à inscrição etc., será indispensável que o próprio lançamento seja revisado, se ainda viável em face do prazo decadencial, oportunizando-se ao contribuinte o direito à impugnação, e que seja revisada a inscrição, de modo que não se viabilizará a correção do vício apenas na certidão de dívida. A certidão é um espelho da inscrição que, por sua vez, reproduz os termos do lançamento. Não é possível corrigir, na certidão, vícios do

lançamento e/ou da inscrição. Nestes casos, será inviável simplesmente substituir-se a CDA." (Leandro Paulsen, René Bergmann Ávila e Ingrid Schroder Sliwka, in "Direito Processual Tributário: Processo Administrativo Fiscal e Execução Fiscal à luz da Doutrina e da Jurisprudência", Livraria do Advogado, 5ª ed., Porto Alegre, 2009, pág. 205).

3. Outrossim, a apontada ofensa aos artigos 165, 458 e 535, do CPC, não restou configurada, uma vez que o acórdão recorrido pronunciou-se de forma clara e suficiente sobre a questão posta nos autos. Saliente-se, ademais, que o magistrado não está obrigado a rebater, um a um, os argumentos trazidos pela parte, desde que os fundamentos utilizados tenham sido suficientes para embasar a decisão, como de fato ocorreu na hipótese dos autos.

4. Recurso especial desprovido. Acórdão submetido ao regime do artigo 543-C, do CPC, e da Resolução STJ 08/2008.

- (REsp 1045472/BA, Rel. Ministro LUIZ FUX, PRIMEIRA SEÇÃO, julgado em 25/11/2009, DJe 18/12/2009)

12.1.24 REsp repetitivo nº 1090898/SP: inviabilidade de substituição do bem penhorado por precatório na execução fiscal

PROCESSUAL CIVIL. RECURSO ESPECIAL REPRESENTATIVO DE CONTROVÉRSIA. ART. 543-C DO CPC. RESOLUÇÃO STJ N.º 08/2008. EXECUÇÃO FISCAL. SUBSTITUIÇÃO DE BEM PENHORADO POR PRECATÓRIO. INVIABILIDADE.

1. "O crédito representado por precatório é bem penhorável, mesmo que a entidade dele devedora não seja a própria exequente, enquadrando-se na hipótese do inciso XI do art. 655 do CPC, por se constituir em direito de crédito" (EREsp 881.014/RS, 1ª Seção, Rel. Min. Castro Meira, DJ de 17.03.08).

2. A penhora de precatório equivale à penhora de crédito, e não de dinheiro.

3. Nos termos do art. 15, I, da Lei 6.830/80, é autorizada ao executado, em qualquer fase do processo e independentemente da aquiescência da Fazenda Pública, tão somente a substituição dos bens penhorados por depósito em dinheiro ou fiança bancária.

4. Não se equiparando o precatório a dinheiro ou fiança bancária, mas a direito de crédito, pode o Fazenda Pública recusar a substituição por quaisquer das causas previstas no art. 656 do CPC ou nos arts. 11 e 15 da LEF.

5. Recurso especial representativo de controvérsia não provido. Acórdão sujeito à sistemática do art. 543-C do CPC e da Resolução STJ n.º 08/2008.

- (REsp 1090898/SP, Rel. Ministro CASTRO MEIRA, PRIMEIRA SEÇÃO, julgado em 12/08/2009, DJe 31/08/2009)

12.1.25 REsp repetitivo nº 1100156/RJ: possibilidade de decretação de ofício da prescrição ocorrida antes da propositura da execução fiscal

TRIBUTÁRIO E PROCESSO CIVIL. EXECUÇÃO FISCAL. IPTU. PRESCRIÇÃO. DECLARAÇÃO DE OFÍCIO. VIABILIDADE.

1. Em execução fiscal, a prescrição ocorrida antes da propositura da ação pode ser decretada de ofício, com base no art. 219, § 5º do CPC (redação da Lei 11.051/04), independentemente da prévia ouvida da Fazenda Pública. O regime do § 4º do art. 40 da Lei 6.830/80, que exige essa providência prévia, somente se aplica às hipóteses de prescrição intercorrente nele indicadas. Precedentes de ambas as Turmas da 1ª Seção.

2. Recurso especial desprovido. Acórdão sujeito ao regime do art. 543-C do CPC e da Resolução STJ 08/08.

- (REsp 1100156/RJ, Rel. Ministro TEORI ALBINO ZAVASCKI, PRIMEIRA SEÇÃO, julgado em 10/06/2009, DJe 18/06/2009)

12.2 TESES FIRMADAS EM RECURSOS EXTRAORDINÁRIOS COM RECONHECIMENTO DE REPERCUSSÃO GERAL PELO STF

12.2.1 AI 841548 RG: Inconstitucionalidade do reconhecimento às entidades paraestatais dos privilégios processuais concedidos à Fazenda Pública em execução por quantia certa.

RECURSO. AGRAVO DE INSTRUMENTO CONVERTIDO EM EXTRAORDINÁRIO. RITO DE EXECUÇÃO. QUANTIA EM DINHEIRO.

PARAESTATAIS. REPERCUSSÃO GERAL RECONHECIDA. PRECEDENTES. REAFIRMAÇÃO DA JURISPRUDÊNCIA. RECURSO IMPROVIDO. É INCOMPATÍVEL COM A CONSTITUIÇÃO O RECONHECIMENTO ÀS ENTIDADES PARAESTATAIS DOS PRIVILÉGIOS PROCESSUAIS CONCEDIDOS À FAZENDA PÚBLICA EM EXECUÇÃO DE PAGAMENTO DE QUANTIA EM DINHEIRO.

- (AI 841548 RG, Relator(a): Min. MINISTRO PRESIDENTE, julgado em 09/06/2011, REPERCUSSÃO GERAL - MÉRITO DJe-167 DIVULG 30-08-2011 PUBLIC 31-08-2011 EMENT VOL-02577-02 PP-00335)

12.2.2 RE 657686: vedação constitucional da compensação unilateral de débitos em proveito exclusivo da Fazenda Pública, ainda que os valores envolvidos não estejam sujeitos ao regime de precatórios, mas apenas à sistemática da requisição de pequeno valor.

Ementa: RECURSO EXTRAORDINÁRIO COM REPERCUSSÃO GERAL. DIREITO CONSTITUCIONAL. REGIME DE EXECUÇÃO PECUNIÁRIA DA FAZENDA PÚBLICA. COMPENSAÇÃO DE DÉBITOS PERANTE A FAZENDA PÚBLICA COM CRÉDITOS SUJEITOS A REQUISIÇÃO DE PEQUENO VALOR. IMPOSSIBILIDADE. JULGAMENTO DAS ADI'S 4357 E 4425 PELO PLENÁRIO DO SUPREMO TRIBUNAL FEDERAL. EMENDA CONSTITUCIONAL Nº 62/2009. INCONSTITUCIONALIDADE DA SISTEMÁTICA DE COMPENSAÇÃO EM PROVEITO EXCLUSIVO DA FAZENDA PÚBLICA. EMBARAÇO À EFETIVIDADE DA JURISDIÇÃO (CRFB, ART. 5º, XXXV), DESRESPEITO À COISA JULGADA MATERIAL (CRFB, ART. 5º XXXVI), OFENSA À SEPARAÇÃO DOS PODERES (CRFB, ART. 2º) E ULTRAJE À ISONOMIA ENTRE O ESTADO E O PARTICULAR (CRFB, ART. 1º, CAPUT, C/C ART. 5º, CAPUT). ENTENDIMENTO QUE SE APLICA NA MESMA EXTENSÃO ÀS REQUISIÇÕES DE PEQUENO VALOR. RECURSO EXTRAORDINÁRIO A QUE SE NEGA PROVIMENTO. 1. A compensação de tributos devidos à Fazenda Pública com créditos decorrentes de decisão judicial caracteriza pretensão assentada em norma considerada inconstitucional (art. 100, §§ 9º e 10, da Constituição da República, com redação conferida pela EC nº 62/2009). 2. O Plenário do Supremo Tribunal Federal, ao julgar as ADIs nº 4.357 e 4.425, assentou a inconstitucionalidade dos §§ 9º e 10 do art. 100 da Constituição da República, com redação conferida pela EC nº 62/2009, forte no argumento de que a compensação dos débitos da Fazenda Pública inscritos em precatórios embaraça a efetividade da jurisdição (CRFB, art.

5º, XXXV), desrespeita a coisa julgada material (CRFB, art. 5º, XXXVI), vulnera a Separação dos Poderes (CRFB, art. 2º) e ofende a isonomia entre o Poder Público e o particular (CRFB, art. 5º, caput), cânone essencial do Estado Democrático de Direito (CRFB, art. 1º, caput). 3. Destarte, não se revela constitucionalmente possível a compensação unilateral de débitos em proveito exclusivo da Fazenda Pública mesmo que os valores envolvidos estejam sujeitos ao regime de pagamento por requisição de pequeno valor (RPV). 4. Recurso extraordinário a que se nega provimento.

- (RE 657686, Relator(a): Min. LUIZ FUX, Tribunal Pleno, julgado em 23/10/2014, ACÓRDÃO ELETRÔNICO REPERCUSSÃO GERAL – MÉRITO DJe-239 DIVULG 04-12-2014 PUBLIC 05-12-2014)

12.2.3 ARE 723307 Manif-RG: vedação do fracionamento da execução pecuniária contra a Fazenda Pública para que uma parte seja paga antes do trânsito em julgado, por meio de Complemento Positivo, e outra depois do trânsito, mediante Precatório ou Requisição de Pequeno Valor.

Constitucional e Previdenciário. 2. Execução contra a Fazenda Pública. Obrigação de fazer. Fracionamento da execução para que uma parte seja paga antes do trânsito em julgado, por meio de Complemento Positivo, e outra depois do trânsito, mediante Precatório ou RPV. Impossibilidade. 3. Repercussão geral da questão constitucional reconhecida. 4. Reafirmação de jurisprudência. Precedentes. 5. Conhecimento do agravo e provimento do recurso extraordinário para afastar o fracionamento da execução.

- (ARE 723307 Manif-RG, Relator(a): Min. GILMAR MENDES, julgado em 08/08/2014, PROCESSO ELETRÔNICO DJe-206 DIVULG 26-09-2016 PUBLIC 27-09-2016)

12.2.4 RE 889173 RG: Observância do art. 100 da Constituição para o pagamento de valores devidos pela Fazenda Pública entre a data da impetração do mandado de segurança e a efetiva implementação da ordem concessiva.

EMENTA: RECURSO EXTRAORDINÁRIO. CONSTITUCIONAL E PROCESSUAL. MANDADO DE SEGURANÇA. VALORES DEVIDOS ENTRE A DATA DA IMPETRAÇÃO E A IMPLEMENTAÇÃO DA ORDEM CON-

CESSIVA. SUBMISSÃO AO REGIME DE PRECATÓRIOS. REPERCUSSÃO GERAL RECONHECIDA. REAFIRMAÇÃO DE JURISPRUDÊNCIA.

- (RE 889173 RG, Relator(a): Min. LUIZ FUX, julgado em 07/08/2015, PROCESSO ELETRÔNICO REPERCUSSÃO GERAL - MÉRITO DJe-160 DIVULG 14-08-2015 PUBLIC 17-08-2015)

12.2.5 ARE 925754 RG: possibilidade de execução individual de sentença condenatória genérica proferida contra a Fazenda Pública em ação coletiva visando à tutela de direitos individuais homogêneos (inexistência de violação ao art. 100, §8, da Constituição)

Ementa: ADMINISTRATIVO E PROCESSUAL CIVIL. RECURSO EXTRAORDINÁRIO COM AGRAVO. EXECUÇÃO INDIVIDUAL DE SENTENÇA PROFERIDA EM AÇÃO COLETIVA PROPOSTA CONTRA A FAZENDA PÚBLICA. PAGAMENTO POR MEIO DE REQUISIÇÃO DE PEQUENO VALOR - RPV. INEXISTÊNCIA DO FRACIONAMENTO DE QUE TRATA O § 8º DO ART. 100 DA CONSTITUIÇÃO. REPERCUSSÃO GERAL CONFIGURADA. REAFIRMAÇÃO DA JURISPRUDÊNCIA. 1. Não viola o art. 100, § 8º, da Constituição Federal a execução individual de sentença condenatória genérica proferida contra a Fazenda Pública em ação coletiva visando à tutela de direitos individuais homogêneos. 2. Agravo conhecido para negar provimento ao recurso extraordinário, com o reconhecimento da repercussão geral do tema e a reafirmação da jurisprudência sobre a matéria.

- (ARE 925754 RG, Relator(a): Min. TEORI ZAVASCKI, julgado em 17/12/2015, ACÓRDÃO ELETRÔNICO REPERCUSSÃO GERAL - MÉRITO DJe-020 DIVULG 02-02-2016 PUBLIC 03-02-2016)

12.2.6 RE 592619: impossibilidade de fracionamento do valor de precatório em execução para fins de pagamento das custas processuais por meio de requisição de pequeno valor

Recurso Extraordinário. 2. Alegação de ofensa ao art. 87 do ADCT e ao § 4º do art. 100 da Constituição Federal. Ocorrência. 3. Fracionamento do valor de precatório em execução de sentença, com o objetivo de efetuar o pagamento das custas processuais por meio de requisição de pequeno valor (RPV). Impossibilidade. 4. Recurso extraordinário provido.

- (RE 592619, Relator(a): Min. GILMAR MENDES, Tribunal Pleno, julgado em 08/09/2010, REPERCUSSÃO GERAL – MÉRITO DJe-218 DIVULG 12-11-2010 PUBLIC 16-11-2010 EMENT VOL-02431-01 PP-00179 RTJ VOL-00219-01 PP-00603 RSJADV dez., 2010, p. 41-43 RJTJRS v. 46, n. 280, 2011, p. 29-34)

12.2.7 RE 568645: possibilidade de pagamento singularizado de valores devidos a litisconsorte em caso de litisconsórcio facultativo simples (inexistência de violação ao art. 100, §8º, da Constituição)

> EMENTA: REPERCUSSÃO GERAL. DIREITO CONSTITUCIONAL E PROCESSUAL CIVIL. VEDAÇÃO CONSTITUCIONAL DE FRACIONAMENTO DE EXECUÇÃO PARA FRAUDAR O PAGAMENTO POR PRECATÓRIO. ART. 100, § 8º (ORIGINARIAMENTE § 4º), DA CONSTITUIÇÃO DA REPÚBLICA. LITISCONSÓRCIO FACULTATIVO SIMPLES. CONSIDERAÇÃO INDIVIDUAL DOS LITISCONSORTES: CONSTITUCIONALIDADE. RECURSO EXTRAORDINÁRIO AO QUAL SE NEGA PROVIMENTO. 1. Ausência de prequestionamento quanto à alegação de inconstitucionalidade da Resolução n. 199/2005 do Tribunal de Justiça de São Paulo e quanto ao fracionamento dos honorários advocatícios. Incidência das Súmulas 282 e 356. 2. A execução ou o pagamento singularizado dos valores devidos a partes integrantes de litisconsórcio facultativo simples não contrariam o § 8º (originariamente § 4º) do art. 100 da Constituição da República. A forma de pagamento, por requisição de pequeno valor ou precatório, dependerá dos valores isoladamente considerados. 3. Recurso extraordinário ao qual se nega provimento.

- (RE 568645, Relator(a): Min. CÁRMEN LÚCIA, Tribunal Pleno, julgado em 24/09/2014, ACÓRDÃO ELETRÔNICO REPERCUSSÃO GERAL – MÉRITO DJe-223 DIVULG 12-11-2014 PUBLIC 13-11-2014)

12.2.8 RE 693112: validade da penhora de bens de pessoa jurídica de direito privado, realizada antes da sucessão desta pela União (execução sem a sistemática de precatórios)[7]

Decisão: O Tribunal, por unanimidade e nos termos do voto do Relator, apreciando o tema 355 da repercussão geral, negou provimento

7. Até o fechamento desta edição, o acórdão respectivo não havia sido publicado, porquanto o julgamento se deu no dia 09.02.2017.

ao recurso extraordinário e fixou a seguinte tese: "É válida a penhora em bens de pessoa jurídica de direito privado, realizada anteriormente à sucessão desta pela União, não devendo a execução prosseguir mediante precatório". Ausente, justificadamente, a Ministra Cármen Lúcia (Presidente). Falaram, pela União, a Dra. Grace Maria Fernandes Mendonça, Advogada-Geral da União, e, pelo recorrido Vitor Ribeiro da Silva, o Dr. Gustavo Teixeira Ramos. Presidiu o julgamento o Ministro Dias Toffoli (Vice-Presidente). Plenário, 09.02.2017.

12.3 SÚMULAS DO SUPERIOR TRIBUNAL DE JUSTIÇA E DO SUPREMO TRIBUNAL FEDERAL RELATIVAS À EXECUÇÃO E À FAZENDA PÚBLICA

12.3.1 Súmula nº 190 do STJ

Na execução fiscal, processada perante a Justiça Estadual, cumpre à Fazenda Pública antecipar o numerário destinado ao custeio das despesas com o transporte dos oficiais de justiça.

- (Súmula 190, PRIMEIRA SEÇÃO, julgado em 11/06/1997, DJ 23/06/1997, p. 29331)

12.3.2 Súmula nº 279 do STJ

É cabível execução por título extrajudicial contra a Fazenda Pública.

- (Súmula 279, CORTE ESPECIAL, julgado em 21/05/2003, DJ 16/06/2003, p. 415)

12.3.3 Súmula nº 345 do STJ

São devidos honorários advocatícios pela Fazenda Pública nas execuções individuais de sentença proferida em ações coletivas, ainda que não embargadas.

- (Súmula 345, CORTE ESPECIAL, julgado em 07/11/2007, DJ 28/11/2007, p. 225)

12.3.4 Súmula nº 392 do STJ

A Fazenda Pública pode substituir a certidão de dívida ativa (CDA) até a prolação da sentença de embargos, quando se tratar de correção de erro material ou formal, vedada a modificação do sujeito passivo da execução.

- (Súmula 392, PRIMEIRA SEÇÃO, julgado em 23/09/2009, DJe 07/10/2009)

12.3.5 Súmula nº 406 do STJ

A Fazenda Pública pode recusar a substituição do bem penhorado por precatório.

- (Súmula 406, PRIMEIRA SEÇÃO, julgado em 28/10/2009, REPDJe 25/11/2009, DJe 24/11/2009)

12.3.6 Súmula nº 521 do STJ

A legitimidade para a execução fiscal de multa pendente de pagamento imposta em sentença condenatória é exclusiva da Procuradoria da Fazenda Pública.

- (Súmula 521, TERCEIRA SEÇÃO, julgado em 25/03/2015, DJe 06/04/2015)

12.3.7 Súmula vinculante nº 47 do STF

Os honorários advocatícios incluídos na condenação ou destacados do montante principal devido ao credor consubstanciam verba de natureza alimentar cuja satisfação ocorrerá com a expedição de precatório ou requisição de pequeno valor, observada ordem especial restrita aos créditos dessa natureza.

12.3.8 Súmula nº 255 do STF

Sendo ilíquida a obrigação, os juros moratórios, contra a Fazenda Pública, incluídas as autarquias, são contados do trânsito em julgado da sentença de liquidação.

12.3.9 Súmula nº 277 do STF

São cabíveis embargos, em favor da Fazenda Pública, em ação executiva fiscal, não sendo unânime a decisão.

12.3.10 Súmula nº 620 do STF

A sentença proferida contra Autarquias não está sujeita a reexame necessário, salvo quando sucumbente em execução de dívida ativa.

12.3.11 Súmula nº 655 do STF

A exceção prevista no art. 100, caput, da Constituição, em favor dos créditos de natureza alimentícia, não dispensa a expedição de precatório, limitando-se a isentá-los da observância da ordem cronológica dos precatórios decorrentes de condenações de outra natureza.

Referências Bibliográficas

ALMEIDA, Rafael Alves de; ALMEIDA, Tânia; e CRESPO, Mariana Hernandez. **Tribunal Multiportas: investindo no capital social para maximizar o sistema de solução de conflitos no Brasil**. Rio de Janeiro: Editora FGV, 2012, p. 28, capturado em 15.06.2015, disponível em http://bibliotecadigital.fgv.br/dspace/bitstream/handle/10438/10361/Tribunal%20Multiportas.pdf?sequence=1.

AMARAL, Guilherme Rizzo. Capítulo VI: Do cumprimento de sentença que reconheça a exigibilidade de obrigação de fazer, de não fazer ou de entregar coisa. In: WAMBIER, Teresa Arruda Alvim et al. **Breves Comentários ao Novo Código de Processo Civil**. 3. ed. São Paulo: Revista dos Tribunais, 2016. p. 1555-1567.

ANDRIGUI, Nancy e FOLEY, Gláucia Falsarella. **Sistema multiportas: o Judiciário e o consenso. Tendências e Debates**. Folha de São Paulo, 24 de junho de 2008.

ARENHART, Sergio Cruz. **A prisão civil como meio coercitivo**. Disponível em: https://www.academia.edu/214441/A_PRIS%C3%83O_CIVIL_COMO_MEIO_COERCITIVO, capturado em 10.03.2016

ASSIS, Araken de. **Manual da execução**. São Paulo: Revista dos Tribunais, 2013.

BUENO, Cássio Scarpinella. **O poder público em juízo**. 3. Ed. São Paulo: Saraiva, 2000.

CABRAL. Antonio do Passo. **Convenções processuais**. Salvador: Jus Podivm, 2006.

CANTOARIO, Diego Martinez Fervenza. **Tutela específica das obrigações de fazer e não fazer no novo CPC: primeiras observações**. In: Didier Jr, Fredie (coordenador geral). **Novo CPC doutrina selecionada, v. 5: execução**. Salvador, Juspodivm, 2015, pp. 111/141.

CIMARDI, Cláudia Aparecida. **A execução contra a Fazenda Pública no Projeto do CPC**. Disponível em http://www2.senado.leg.br/bdsf/bitstream/handle/id/242886/000923094.pdf?sequence=1, capturado em 15.01.2015.

CUNHA, Leonardo José Carneiro da. **A Fazenda Pública em juízo**. 5. Ed. São Paulo: Dialética, 2014.

______. **A Fazenda Pública em Juízo**. 13. Ed. Rio de Janeiro: Forense, 2016.

DALL´AGNOL JÚNIOR, Antônio Janyr. **Sobre o sequestro constitucional**. In **Estudos em homenagem ao Prof. Ovídio A. Baptista da Silva**. Porto Alegre: Fabris, 1989.

DI PIETRO, Maria Sylvia Zanella. **As possibilidades de arbitragem em contratos administrativos.** Disponível em: http://www.conjur.com.br/2015-set-24/interesse--publico-possibilidades-arbitragem-contratos-administrativos2, capturado em 01.02.2017.

DIDIER JR., Fredie, CUNHA, Leonardo Carneiro da, BRAGA, Paula Sarno e OLIVEIRA, Rafael Alexandria de. **Curso de Direito Processual Civil: Execução.** Salvador: JusPodivm, 2017.

DIDIER JR., Fredie. **Curso de Direito Processual Civil: introdução ao direito processual civil, parte geral e processo de conhecimento.** Salvador: JusPodivm, 2015.

______. **Sobre a teoria geral do processo, essa desconhecida.** Salvador: JusPodivm, 2012.

DONIZETTI, Elpídio. **Curso Didático de Direito Processual Civil.** 16. Ed. São Paulo: Atlas, 2012.

GOUVEIA, Lúcio Grassi de. **Cognição Processual Civil: Atividade Dialética e Cooperação Intersubjetiva na Busca da Verdade Real.** In: Fredie Didier Jr. (Org.). Leituras Complementares de Processo Civil. Salvador: Jus Podivm, 2007.

KLIPPEL, Rodrigo; BASTOS, Antonio Adonias. **Manual de Processo Civil.** Rio de Janeiro: Ed. Lúmen Juris, 2011.

MARINONI, Luiz Guilherme. **Técnica Processual e tutela dos direitos.** São Paulo: Revista dos Tribunais, 2004.

MARINONI, Luiz Guilherme; ARENHART, Sérgio Cruz. **Curso de Processo Civil, v. 3 – Execução.** São Paulo: Editora Revista dos Tribunais, 2008.

MARQUES, Cláudia Lima. **Diálogo entre o Código de Defesa do Consumidor e o novo Código Civil: do "diálogo das fontes" no combate às cláusulas abusivas.** Revista de Direito do Consumidor nº 45. Ano 12, janeiro/março de 2003, pp.71/93.

NEVES, Daniel Amorim Assumpção. **Manual de direito processual civil: volume único.** Salvador: JusPodivm, 2016.

NOGUEIRA, Pedro Henrique. **Negócios jurídicos processuais.** Salvador: Jus Podivm, 2016.

NOLASCO, Rita Dias. **Capítulo V: da execução contra a Fazenda Pública.** In: WAMBIER, Teresa Arruda Alvim et al. **Breves Comentários ao Novo Código de Processo Civil.** 3. ed. São Paulo: Revista dos Tribunais, 2016. p. 2251-2256.

NUNES, Dierle. **Novo CPC promove equilíbrio entre magistrados e advogados.** Disponível em http://www.conjur.com.br/2014-dez-17/dierle-nunes-cpc-promove--equilibrio-entre-juizes-advogados, capturado em 15.06.2015.

______. **Processualismo constitucional democrático e o dimensionamento das técnicas para a litigiosidade repetitiva. A litigância de interesse público e as tendências "não compreendidas" de padronização decisória.** In Revista de Processo. São Paulo, Ano 38, n. 199, set. 2011.

PEIXOTO, Marco Aurélio Ventura. **A Fazenda Pública no Novo Código de Processo Civil.** In ADONIAS, Antonio; DIDIER JR., Fredie (coordenadores). **Projeto do**

Novo Código de Processo Civil – 2ª série. Estudos em homenagem a José Joaquim Calmon de Passos. Salvador: Ed. Jus Podivm, 2012.

PEIXOTO, Marco Aurélio Ventura; BELFORT, Renata Cortez Vieira. **O cumprimento de sentença contra a Fazenda Pública no novo CPC.** In ARAÚJO, José Henrique Mouta; CUNHA, Leonardo Carneiro da; RODRIGUES, Marco Antonio (coord). **Fazenda Pública (Coleção Repercussões do Novo CPC, v.3).** 2. Ed. Salvador: Editora Jus Podivm, 2016.

PEIXOTO, Renata Cortez Vieira. **A audiência obrigatória de conciliação e de mediação no CPC/2015: uma proposta de compatibilização do art. 334 com o modelo multiportas e com a razoável duração do processo.** In PEIXOTO, Renata Cortez Vieira; SOUSA, Rosalina Freitas Martins de; ANDRADE, Sabrina Dourado França (Coord). **Temas Relevantes de Direito Processual Civil: Elas escrevem.** Recife: Editora Armador, 2016.

PEREIRA, Hélio do Valle. **Manual da Fazenda Pública em Juízo.** 2. Ed. Rio de Janeiro: Renovar, 2006.

QUEIROZ, Ricardo de Lima Souza Queiroz. **Incidente de desconsideração da PJ deve ser afastado em execução fiscal.** Disponível em: http://www.conjur.com.br/2016--fev-08/ricardo-queiroz-desconsideracao-pj-nao-cabe-execucao-fiscal. Capturado em 10.10.2016.

RODRIGUES, Marco Antonio. **A Fazenda Pública no processo civil.** 2. Ed. São Paulo: Atlas, 2016.

SILVA, Ovídio A. Baptista da. **Do processo cautelar.** Rio de Janeiro: Forense, 1999.

TALAMINI, Eduardo. **Tutela relativa aos deveres de fazer e de não fazer e sua extensão aos deveres de entrega de coisa.** São Paulo: Revista dos Tribunais, 2003.

TARTUCE, Flávio. **Manual de Direito Civil: volume único.** Rio de Janeiro: Forense; São Paulo: Método, 2013.

TALAMINI, Eduardo. **A (in)disponibilidade do interesse público: consequências processuais (composições em juízo, prerrogativas processuais, arbitragem, negócios processuais e ação monitória) – versão atualizada para o CPC/2015.** In: Revista de Processo. Ano 42, vol. 264, ps. 85/94.São Paulo: Revista dos Tribunais, fev/2017.

THAMAY, Renan Faria Krüger; RODRIGUES, Rafael Ribeiro. **Primeiras Reflexões sobre a Execução de Título Executivo Extrajudicial do CPC/73 ao CPC/2015: Aplicabilidade da Súmula 317 do STJ.** *In* DIDIER Jr., Fredie; MACEDO, Lucas Buril de; PEIXOTO, Ravi; FREIRE, Alexandre: **Novo CPC doutrina selecionada, v. 5: execução.** Salvador: Jus Podivm, 2015.

THEODORO JÚNIOR, Humberto. **Curso de Direito Processual Civil: processo de execução e cumprimento de sentença, processo cautelar e tutela de urgência.** Vol. II. Rio de Janeiro: Forense, 2013.

VIANA, Juvêncio Vasconcelos. **Novas considerações acerca da execução contra a Fazenda Pública.** In **Revista Dialética de Direito Processual.** n. 5. São Paulo: Editora Dialética, 2003.

EDITORA *Jus*PODIVM

www.editorajuspodivm.com.br

Pré-impressão, impressão e acabamento

GRÁFICA SANTUÁRIO

grafica@editorasantuario.com.br
www.graficasantuario.com.br
Aparecida-SP